대원불교
학술총서

41

대원불교
학술총서
41

# 반야심경 새롭게 읽기

*The Heart Attack Sutra*
(심장마비경)

카를 브룬횔츨(Karl Brunnhölzl) 지음
권선아 옮김

운주사

THE HEART ATTACK SUTRA:
A New Commentary on the Heart Sutra By Karl Brunnhölzl

## 발간사

오늘날 인류 사회는 4차 산업혁명을 통해 완전히 새로운 세상을 맞이하고 있습니다. 전통적인 인간관과 세계관이 크게 흔들리면서, 종교계에도 새로운 변혁이 불가피하게 되었습니다. 이런 상황에서 대한불교진흥원은 다음과 같은 취지로 대원불교총서를 발간하려고 합니다.

첫째로, 현대 과학의 발전을 토대로 불교를 현대적으로 재해석할 필요가 있습니다. 불교는 어느 종교보다도 과학과 가장 잘 조화될 수 있는 종교입니다. 이런 평가에 걸맞게 불교를 현대적 용어로 새롭게 이해할 수 있도록 하려고 합니다.

둘째로, 현대 생활에 맞게 불교를 이해할 필요가 있습니다. 불교가 형성되던 시대 상황과 오늘날의 상황은 너무나 많이 변했습니다. 이런 변화된 상황에서 부처님의 가르침을 제대로 이해할 수 있도록 하려고 합니다.

셋째로, 불교의 발전과정을 종합적으로 이해할 필요가 있습니다. 북방불교, 남방불교, 티베트불교, 현대 서구불교 등은 같은 뿌리에서 다른 꽃들을 피웠습니다. 세계화 시대에 부응하여 이들 발전을 한데 묶어 불교에 대한 총체적 이해가 가능하도록 하려고 합니다.

대원불교총서는 대한불교진흥원의 장기 프로젝트의 하나로서

두 종류로 출간될 예정입니다. 하나는 대원불교학술총서이고 다른 하나는 대원불교문화총서입니다. 학술총서는 학술성과 대중성 양 측면을 모두 갖추려고 하며, 문화총서는 젊은 세대의 관심과 감각에 맞추려고 합니다.

본 총서 발간이 한국불교 중흥에 조금이나마 기여할 수 있기를 바랍니다.

불기 2570년(서기 2026년) 1월

(재)대한불교진흥원

# 추천사

"미트라 카를 브룬휠츨은 생동감 있는 유머와 깊은 학문적 통찰로 『반야심경』의 심오함을 현대 독자들이 이해할 수 있도록 실용적이고 친근한 방식으로 탁월하게 풀어낸다. 그는 인도와 티베트의 위대한 수행자들과 함께 『반야심경』의 지혜를 성찰하도록 우리를 초대한다. 오늘날 영감을 불러일으키는 서구 불교의 스승들이 늘어나는 가운데, 카를처럼 탁월한 식견을 지닌 스승을 만나게 된 것은 참으로 큰 축복이다."

— 족첸 뾘롭(Dzogchen Ponlop), 『감정 구출』, 『반역하는 붓다』, 『죽음 너머의 마음』 저자

# 서 문

## 『반야심경』 해설

# 서 문

## 상식을 뛰어넘는 경전 『반야심경』

한국, 일본, 베트남, 티베트, 몽골, 부탄, 중국, 인도와 네팔의 일부 지역, 그리고 최근 미주와 유럽에서도 여전히 활발하게 전개되고 있는 대승불교 전통에서 가장 자주 읽히고 독송되는 경전이 『반야심경』이라는 것은 의심할 여지가 없습니다. 수많은 사람들이 『반야심경』은 지혜의 핵심이고, 사물의 참모습에 대한 설명이며, 대승불교의 핵심 가르침을 담고 있고, 모든 반야부 경전(부처님의 법의 수레바퀴를 두 번째로 굴린 경전)의 정수이며, 공空에 대한 간결한 설명을 담고 있다는 등, 『반야심경』이 무엇이고 무엇이 아닌지에 대해 다양한 언급들을 해 왔습니다. 따라서 『반야심경』의 실제 내용을 살펴보기 전에 먼저 불교 전통 안에서 그 배경과 "반야바라밀다"와 "공성"의 의미에 대해 간략히 살펴보는 것이 도움이 될 수 있습니다.

간단히 말해, 『반야심경』에 대해 확실히 말할 수 있는 것은 이 경전이 정말로 상식을 뛰어넘는다는 것입니다. 읽어 보면 도무지 말이 되지 않습니다. 글쎄, 처음과 끝은 말이 될지 모르지만 중간에 있는 것은 모두 완전히 정교한 모순처럼 들립니다. 그런데 이것은 반야부 경전의 기본 특징이라고 할 수 있습니다. 우리가 만약 "없다"라는 단어를 좋아한다면 이 경전을 좋아할지도 모릅니다. 왜냐하면 이 경전에서 주로 쓰이는 단어가 바로 "없다"이기 때문입니다. 이것도 없고, 저것도 없고, 모든 것이 없다라고 합니다. 『반야심경』이 지혜에 관한 경전이라고도 할 수 있지만, 그것은 상식을 뛰어넘는 지혜에 관한 경전입니다. 읽을 때는 말도 안 되는 소리처럼 들리지만 실제로는 말도 안 되는 것처럼 들리는 그 부분이 곧 지혜의 측면이 등장하는 곳입니다. (모든 반야부 경전이 그렇듯이) 『반야심경』은 우리의 모든 일반적인 개념의 틀, 경직된 생각, 신념 체계, 영적인 길과 관련하여 기준으로 삼을 수 있는 것들을 잘라 내고 해체하고 무너뜨립니다. 이것은 사유와 개념뿐만 아니라 보고 듣고 냄새 맡고 맛보고 만지는 지각의 차원, 자신과 타인에 대해 정서적으로 반응하는 차원 같은 아주 근본적인 데서도 일어납니다. 이 경은 우리가 발을 딛고 서 있던 기반을 송두리째 걷어 내며, 우리가 생각할 수 있는 모든 것은 물론, 심지어 생각조차 할 수 없는 많은 것들마저 남김없이 해체합니다. 이것을 가리켜 "비범한 지혜"라고 부릅니다. 하지만 『반야심경』은 우리가 윤회의 세계에서 맨정신으로 사는 데 해로울 수도 있다는 경고를 드려야 할 것 같습니다. 상가락시따(Sangharakshita)는 『금강경』에 대해 다음과 같이 말했는데, 이것은 『반야심경』을 포함한 모든 반야부 경전에도 해당됩니다.

> 이성적 논리에 갇힌다면, 경전이 드러내는 궁극의 진리와 만날 수 없다. 『금강경』이 진짜 말하려는 것은 체계적인 학술적 설명이 아니다. 『금강경』은 우리의 근본적인 무명을 깨뜨리기 위해 이쪽저쪽에서 망치질을 해 댄다. 논리정연한 사고로 모든 것을 정리한다고 해서 일이 쉬워지는 것이 아니다. 『금강경』은 혼란스럽고, 거슬리고, 짜증스럽고, 불만족스러울 것이다. 그리고 어쩌면 그런 것이 당연하다. 만약 이 모든 것이 깔끔하고 명료하게 정리되어 있고 빈틈이 없다면 우리는 지혜의 완성을 얻었다고 생각할 위험에 빠질 수 있다.*

『반야심경』을 바라보는 또 다른 관점은 그것이 매우 압축적인 명상 매뉴얼이라는 것입니다. 그것은 단순히 읽거나 암송하기 위한 것이 아니라 가능한 한 세세하게 그 의미를 성찰하려는 의도가 있습니다. 그것이 『반야심경』이기 때문에 "지혜 또는 통찰의 완성", 반야바라밀다의 핵심적인 본질을 전해 줍니다. 『반야심경』은 그 자체로 복잡하거나 세세하게 설명하는 경전이 아닙니다. 경전은 지금 현재의 우리, 그리고 불교의 길을 따라가면서 우리가 어떻게 변하는지, 그 길의 끝에서 우리가 무엇을 성취하는지(혹은 성취하지 못하는지)에 대한 관점에서 우리의 정신과 육체의 존재를 구성하는

* Sangharakshita 1993. p.44.

모든 요소를 성찰하기 위한 간략한 메모와 같습니다. 상세한 내용을 모두 읽고 싶다면 더 긴 반야부 경전들을 살펴봐야 합니다. 이 경전들은 티베트 불교 대장경에서 약 21,000페이지를 차지하며, 그 모든 21,000페이지가 하나같이 "없다"라고 말하고 있습니다. 가장 긴 경전 한 가지만 하더라도 십만 줄에 달하며 12권짜리 책으로 이루어져 있습니다. 『반야심경』은 말하자면 짧은 경전에 속합니다. 가장 짧은 경전은 단 한 글자로 이루어져 있고 저는 개인적으로 그것을 가장 좋아합니다. 『반야심경』은 "세존께서 왕사성 영축산에 머물고 계셨을 때"라는 일반적인 서문으로 시작해서 "아(A)"라고 말씀하신 다음, 모든 신들이 기뻐하는 것으로 끝이 납니다. 그게 전부입니다. 전해지기로는, 어떤 사람들은 "아(A)"라는 한 글자를 듣거나 읽는 것만으로도 실제로 『반야심경』의 의미를 깨닫는다고 합니다.

『반야심경』은 명상 매뉴얼일 뿐만 아니라 커다란 공안과 같습니다. 하지만 단지 *하나의* 공안이 아니라 큰 인형 속에 작은 인형이 있고 그 속에 더 작은 인형들이 계속 들어 있는 러시아 인형과도 같습니다. "없다"라는 큰 공안 안에 "눈이 없다", "귀가 없다" 등과 같이 없다가 무엇과 관련되어 있는가에 따라 각기 다른 작은 공안들이 있습니다. 이는 그 의미가 무엇인지 생각해 보라는 초대입니다. "눈이 없다", "귀가 없다"라는 말은 매우 단순하고 간단해 보이지만 자세히 들여다보면 전혀 그렇지 않습니다. 다시 말해 이 모든 다양한 "없다"라는 문구는 『반야심경』의 주요 주제인 공의 각기 다른 각도나 다른 측면을 보여 줍니다. 공은 사물이 보이는 것처럼 존재하는 것이 아니라 환상과 같고 꿈과 같다는 것을 의미합니다. 그것들은 그 자체의 본질이나 핵심을 가지고 있지 않습니다. 그 문구 하나하나가 바로 그 메시지에 집중하게 합니다. 메시지나 시선은 실제로 다르지 않지만 우리는 그것을 다른 것들과 관련해서 바라봅니다. 눈이 없다는 것은 무엇을 의미할까요? 눈에 보이는 형상이 없다는 것은 무엇을 의미할까요? 지혜, 불성, 열반조차 없다는 것은 무엇을 의미할까요?

일반적인 불교의 관점에서 보자면 『반야심경』은 단순히 상상을 초월할 뿐만 아니라 파격적이거나 심지어 이단적이라고까지 말할 수도 있습니다. 많은 사람들이 반야부 경전에 대해 불평하는 이유는 그것이 사성제, 팔정도, 열반과 같은 불교 자체의 모든 전형적인 특징조차도 무너뜨리기 때문입니다. 반야부 경전들은 우리의 일반적인 생각, 감정, 지각이 타당하지 않으며 그것이 보이는 것처럼 실제로 존재하는 것이 아니라고 말할 뿐만 아니라, 불교가 아닌 학파, 불교 학파, 심지어 반야부 경전이 속한 전통인 대승불교의 모든 개념과 틀에 대해서도 마찬가지라고 말합니다. "우리가 가르치는 모든 것은 그저 다 잊으라"고 하는 영적 전통이 또 있을까요? 이는 마이크로소프트의 사장이 PC 사용자들에게 더 이상 윈도우 비스타를 구입하지 말고 윈도우 XP에서 윈도우 7로 바로 전환하라고 공개적으로 권고한 것과 어느 정도 비슷합니다. 기본적으로 그는 자신의 제품에 반하는 광고를 한 것입니다. 『반야심경』도 그와 비슷합니다. 대신 『반야심경』은 사지 말아야 할 것만 알려주고 무엇을 사야 할지는 알려주지 않습니다.

간단히 말해서, 『반야심경』을 한 번도 본 적 없는 사람이 『반야심경』을 읽으면 "없다, 없다, 없다."라는 말만 계속하기 때문에 이상한 얘기로 들립니다. 불교 수행을 해 온 사람이라면, 그동안 배우고 닦으려고 노력해 온 것을 모두 부정하기 때문에 역시 이상한 소리로 들릴 것입니다(어쩌면 더 이상할 수도 있습니다).

『반야심경』은 왜 "반야심경"이라고 불리는 걸까요? 주로 견해의 측면에서 대승불교의 핵심을 가르치고 있기 때문에 그렇게 이름 붙여졌습니다. 하지만 『반야심경』은 대승불교의 기본적인 동기도 암묵적으로 담고 있는데, 그것은 모든 부처님의 자애와 자비의 화신인 관자재보살의 모습으로 표현됩니다. 실제로 『반야심경』은 관자재보살이 등장하는 유일한 반야부 경전이고, 그 안에서 관자재보살은 주된 화자이기도 합니다. 그러므로 『반야심경』은 자비의 정수를 통해 공성을 가르칩니다. 어떤 의미에서 공성은 대승불교의 핵심이지만 공성의 핵심은 자비심이라고 흔히들 말합니다. 경전에서는 "자비의 마음을 가진 공성"이라는 표현을 쓰기도 합니다. 그것을 결코 잊어서는 안 됩니다. 관자재보살이 여기에 등장하는 주된 이유는 자비의 측면을 상징하고 우리가 자비를 놓치지 말아야 한다는 것을 강조하기 위해서입니다. 만약 우리가 "없다"라는 말들만 읽고 "자아가 없고", "얻음도 없고", "길도 없음"에 사로잡히게 된다면 조금 침울해지거나 우울해져서 "우리는 왜 이걸 하고 있지?" 또는 "우리는 왜 이걸 안 하고 있지?"라는 의문을 품게 될지도 모릅니다. 사실, 반야부 경전의 가르침과 대승불교의 핵심은 공성과 자비의 결합입니다. 더 방대한 반야부 경전들은 이 두 가지 측면을 광범위하게 가르치고 있습니다. 그것들은 공성뿐만 아니라 자애와 자비를 기르는 방법, 특정한 명상을 하는 방법, 수행의 길로 나아가는 방법 등 그 길에 대해서도 매우 자세하게 이야기합니다. 반야부 경전들이 항상 "없다"라고만 하는 것은 아니고 때로는 더 긍정적인 시각으로 무언가를 제시하기도 합니다. 심지어 『반야심경』에서도 마지막 부분에서는 "없다"라는 말이 없는 구절이 몇 개 나옵니다.

마치 물이 우리의 굳어 있는 마음을 부드럽게 하듯이 부드러운 마음과 자비를 키우지 않으면 공성에 대한 가르침이 우리 마음을 오히려 더욱 경직되게 할 위험이 있습니다. 우리가 공성을 이해하고 있다고 생각하지만 만약 자비심이 커지지 않거나 오히려 줄어든다면 잘못된 길로 가고 있는 것입니다. 그러므로 불자인 우리는 『반야심경』을 공부하고 독송하고 성찰하기 전에 먼저 자비심과 보리심을 일으키는 것이 좋습니다. 아니, 반드시 그래야 합니다. 모든 사람들이 스스로 마음속에서 찾을 수 있는 자비로운 부분과 연결될 수 있으면 좋겠습니다.

또 달리 말하자면 『반야심경』은 내려놓고 쉬라는 초대라고 할 수 있습니다. 『반야심경』에서 "눈이 없다", "귀가 없다"와 같이 "없다"가 들어가는 말을 모두 "우울증이 없다", "두려움이 없다", "실업이 없다", "전쟁이 없다" 등과 같은 우리의 문제들로 대체할 수 있습니다. 단순하게 들릴 수도 있지만, 그렇게 함으로써 우울증, 두려움, 전쟁, 경제 위기 같은 것들이 실제로 무엇인지 성찰할 수 있다면 그것은 매우 강력한 영향력을 발휘할 수 있습니다. 어쩌면 경전에 있는 원래의 말들보다 훨씬 더 강력할지도 모릅니다. 예를 들면, 우리는 보통 우리의 귀가 실제로 존재하는지 여부에 대해 그렇게 큰 관심을 갖지 않습니다. 그렇기 때문에 공의 의미를 성찰할 때 반야부 경전의 기본적인 원칙 가운데 하나는 그 탐색이 가능한 한 직접적인 경험과 연결되게 하는 것입니다. 그것은 단순히 정형화된 공식이나 『반야심경』을 암송하는 것이 아니라, 우리가 명백히 집착하는 현상이나 우리 자신의 자아 집착에 대해 진정으로 이해하는 것을 의미합니다. 예를 들어 『반야심경』은 "자아가 없다", "집이 없다", "배우자가 없다", "직업이 없다", "돈이 없다"라고 말하지 않습니다. 그것들은 우리가 일반적으로 관심을 갖는 것들입니다. 그러므로 『반야심경』이 우리의 삶에 더 가까워지도록 하려면 이런 것들을 채워 넣어야 합니다. 『반야심경』은 공성을 성찰하는 방법에 대한 기본적인 틀을 제시하지만 더 방대한 반야부 경전은 "눈이 없다", "귀가 없다"와 같은 것뿐만 아니라 더 많은 것들을 다룹니다. 그것들은 거의 모든 현상에 대해 다루기 때문에 우리가 각자 자신의 상황에 맞게 『반야심경』을 적용하면 됩니다.

몇몇 더 방대한 반야부 경전에는 이미 어느 정도 높은 수준의 영적 발전이나 통찰을 성취하여 번뇌와 고통으로부터 이미 해방된 사람들이 이 가르침을 경청하는 대중 가운데 있었다는 기록이 남아 있습니다. "아라한"이라고 불리는 이 사람들은 부처님이 공성에 대해 말씀하시는 것을 듣고 서로 다른 반응을 보였습니다. 어떤 이들은 '이건 말도 안 돼, 가자'라고 생각하며 그곳을 떠났습니다. 그대로 남은 사람들도 있었지만 그 가운데 일부는 심장마비를 일으켜 피를 토하고 죽었습니다. 그들은 제때 더 일찍 그 자리를 떠나지 못한 것 같습니다. 이 아라한들은 너무 큰 충격을 받아 그 자리에서 세상을 떠났습니다. 그래서 최근에 누군가가 『반야심경』을 심장마비경이라고 부르자고 제안했습니다. 거기에는 『반야심경』이 진정한 마음을 깨닫지 못하게 하는 모든 자아의 방황을 단호하게 깨뜨리며 문제의 핵심을 정면으로 직시한다는 뜻도 있을 것입니다. 어쨌든 아직까지 여기서 심장마비를 일으킨 사람은 없으니 다행입니다. 하지만 그것은 여기서 누구도 그 뜻을 이해하지 못했기 때문이라는 것이기도 하니 불행이기도 합니다.

## 공성은 내려놓기다

### 아무것도 붙잡을 것 없는 곳에 서기

『반야심경』을 비롯한 반야바라밀다 경전들은 다양한 주제를 다루고 있는데, 가장 근본적인 주제는 본질적으로 우리의 경험이 의지할 수 있는 고정된 기반이 없다는 사실입니다. 경전들은 우리가 무엇을 하든, 무엇을 말하든, 무엇을 느끼든, 그 어떤 것도 믿을 필요가 없다고 말합니다. 그 어떤 것도 붙잡을 것이 없으며, 심지어 붙잡을 것이 없다는 사실조차도 확실하지 않습니다. 그래서 이 경전들은 항상 발밑에 있는 것을 걷어 내고 우리가 가장 좋아하는 장난감을 모두 빼앗아 갑니다. 대개 누군가가 우리의 정신적인 장난감 가운데 하나를 빼앗아 가면 우리는 금세 새로운 장난감을 찾습니다. 수많은 반야부 경전이 그토록 긴 이유는 바로 그것 때문입니다. 경전은 우리가 생각할 수 있는 온갖 집착의 대상과 그 이상의 것들을 낱낱이 다루고 있지만, 우리의 마음은 여전히 새로운 것들에 집착합니다. 핵심은 우리가 결국 더 이상 새로운 집착의 대상들을 찾고 거기에 매달리려는 시도를 멈추는 상태에 이르는 것입니다. 그런 다음 그 마음의 상태가 어떻게 느껴지는지 살펴볼 필요가 있습니다. 아무것도 붙잡고 있지 않을 때, 우리 자신을 즐겁게 하려고 하지 않을 때, 마음이 밖으로 향하지 않을 때(또는 아예 아무 데도 가지 않을 때), 가야 할 곳이 없을 때 우리의 마음은 어떻게 느껴질까요?

육지에서 멀리 떨어진 바다에 있을 때 육지에 사는 새를 배에서 날려 보내면 새는 멀리 가지 못합니다. 결국 새는 내려앉을 수 있는 유일한 곳인 배로 다시 돌아오기 마련입니다. 마찬가지로 우리의 생각과 감정도 항상 어딘가로 가거나 신나는 일이 벌어지는 하늘로 날아가려고 하지만, 실제로 그것들은 마음 밖의 그 어디로도 갈 수 없고, 결국에는 그것이 생겨난 바로 그 마음속으로 다시 되돌아오게 됩니다. 그러므로 생각을 붙들어 둘 필요가 없고, 생각이 이리저리 떠돌아도 괜찮습니다. 생각들이 멀리 가더라도 걱정하거나 뒤쫓아 가거나 찾아 나서지 않아도 됩니다. 생각은 어쩔 수 없이 항상 마음속에 자리 잡을 것이기에 그 어떤 생각도 잃어버리지 않습니다. 생각들을 쫓거나 다시 가져올 필요가 없다는 뜻입니다. 근본적으로 우리는 마음에서 벗어날 수 없지만, 때때로 마음에서 벗어나 있다고 느낍니다. 하지만 우리는 결코 마음에서 벗어날 수 없고 마음 바깥에서 세상이 어떤 것인지를 볼 수 없습니다. 반야부 경전에서는 아무 데도 가지 않고, 아무것도 하지 않고, 아무것도 조작하지 않고, 그저 있는 그대로의 마음으로 돌아오는 이 근본적인 경험에 대해 이야기합니다. 우리는 대부분 그렇게 하지 않고 항상 마음이 무언가를 하게 만들려고 애씁니다.

그러므로 공은 모든 현상의 무아, 견고함이나 지속되는 어떤 것에 대한 감각 없이 현재 순간에 존재하는 것, 정확히 특정하거나 붙잡을 것 없이 마음이 무한히 펼쳐지는 순수한 경험에 대한 것입니다.

공空의 의미를 살펴보면(아래에서 더 자세히 살펴보겠습니다), 산스끄리뜨어 단어는 *슌야따*(*śūnyatā*)입니다. 문자 그대로의 *슌야*(*śūnya*)의 한 의미는 "비어 있음"과 "0"입니다. 인도 수학에서 0은 슌야이지만 서양의 "0"과는 상당히 다른 의미를 갖고 있습니다. 우리는 0을 "아무것도 없다"고 생각하지만 인도에서 *슌야*, 즉 0은 "충만함", "완전함" 또는 "온전함"을 의미합니다. 마찬가지로 "공"은 "아무것도 없음"이 아니라, 공 가운데서 그리고 공으로 인해 무엇이든 일어날 수 있다는 의미에서 "충만함"을 의미합니다. 사람들은 보통 그 어떤 것도 실제로 존재하지 않는다면 어떻게 무언가가 작동할 수 있을까라고 생각합니다. 하지만 나가르주나(Nāgārjuna)는 모든 것이 실제로 존재하지 않는다는 바로 그 이유 때문에 모든 것이 기능한다고 말했습니다. 만약 모든 것이 진정으로 존재하고 그 자체로 존재하며 그렇기 때문에 변화하지 않는다면, 사물은 그 어떤 것에도 결코 의존하지 않을 것입니다. 하지만 그렇다면 그것들은 서로 상호작용할 수도 없습니다. 왜냐하면 상호작용은 변화를 수반하기 때문입니다. 즉 모든 것이 항상 변화하기 때문에 상호작용과 기능이 가능한 것입니다.

*슌야*라는 말의 어근은 "부풀다"라는 뜻으로 속이 텅 비어 있다는 개념을 암시합니다. 이렇게 겉으로 보기에 현실처럼 느껴지는 현상들은 실재하고 견고한 것 같지만 사실 그것은 우리의 무명으로 인해 부풀어 오른 텅 빈 풍선과 비슷합니다. 우리는 무명을 통해 많은 것을 매우 큰 무엇인가로 부풀립니다. 그것들이 부풀어 오를 때 그것이 바로 *슌야*의 원, 또는 풍선입니다. 그러므로 *슌야*는 단순한 무無가 아니라, 무엇이라고 딱 꼬집어 말할 수는 없지만 그 어떤 것도 다 일어날 수 있는 무한한 현상의 공간에서 생겨나는 모든 것입니다. 이런 의미에서 *슌야따*는 모든 것이 일어날 수 있는 완전한 잠재력을 의미하며, 또한 연기적인 기원을 의미하기도 합니다. 실재하는 것처럼 보이는 것은 모두 마치 부풀어 오른 풍선과 같아서 거기에는 뜨거운 공기만 가득하고 실제로는 거의 아무것도 없습니다. *슌야*의 어원 "부풀다"가 뜻하는 것도 이것입니다. 의심하지 않는 한 겉으로 보이는 우리의 현실은 "괜찮아" 보이지만, 공에 대해 성찰하고 명상할 때, 우리가 보통 즐기는 모든 풍선들이 터지면서 그것들이 실제로는 단지 그 안의 뜨거운 공기일 뿐임이 드러납니다.

수학에서 0의 개념을 살펴볼 때 하나의 0만 보면 아무것도 아닌 것처럼 보이지만, "100", "1000", "10억"과 같이 다른 숫자 뒤에 붙는 많은 0은 큰 의미를 갖습니다. 이는 0에서 무한한 양이 나올 수 있다는 것을 보여 줍니다. 그러므로 0은 단순한 무가 아닙니다. 마찬가지로 공은 많은 불교 문헌에서 거듭 강조되는 "아무것도 아닌 것"이 아닙니다. 그렇다고 "그 어떤 것"도 아닙니다. 보통 우리는 어떤 현상이 그 어떤 것이 아니라면 무無이고, 무가 아니라면 유有일 것이라고 생각합니다. 하지만 공은 우리가 그 무엇에 대해 말을 하거나 생각을 한다고 해도, 우리의 이원론적 마음이 어느 한 극단에 갇혀 있기 때문에 실제로는 그 어떤 것도 정확하게 특징짓지 못한다는 사실을 가리키는 단어일 뿐입니다. 그러므로 공은 틀 밖에서 생각하는 것, 즉 흑백론적인 사고나 이원론적 사고의 틀을 벗어나는 것과 같다고 말할 수 있습니다. 우리가 이원론적 사고의 테두리 안에 머무는 한 존재, 비존재, 영원성, 소멸, 선과 악은 언제나 존재합니다. 그 틀에 갇혀 있는 한 우리가 종교인이든, 과학자든, 불자든, 불가지론자이든, 그 어떤 사람이든 결코 그것을 뛰어넘을 수 없습니다. 공은 그 굴레에서 완전히 벗어나야 한다고 말합니다. 공은 우리 자신과 세상에 대한 우리의 관점 전체를 가장 급진적으로 변화시키는 것을 가리킵니다. 공은 우리가 알고 있는 그 세상의 종언을 의미할 뿐만 아니라, 이 세상이 처음부터 결코 존재하지 않았다는 것을 의미하기도 합니다. 그것이 무엇을 의미하는지 제대로 이해한다면, 그것은 너무나 두려운 것이어서 그 아라한들처럼 겁을 먹거나 심장마비를 일으킬 수도 있을 것입니다. 물론 반드시 그런 것은 아닙니다. 왜냐하면 실제로 그것을 이해하고도 심장마비를 일으키지 않은 사람들에 대한 기록 또한 있기 때문입니다. 그럼에도 불구하고 핵심은 그것이 우리가 누구인가에 대한 모든 것, 우리가 생각하는 모든 것에 질문을 던지기 때문에 발 딛고 설 곳 없는 그 무한의 공간으로 과감히 발을 들여놓는다는 것입니다. 그것은 사뭇 두려운 일입니다.

## 공, 연기, 양자물리학

어떤 의미에서 공에 대한 가르침은 양자물리학의 가르침과 유사한 점이 많습니다. 양자물리학자들은 실제로 바깥세상도 몸도 존재하지 않는다고 말합니다. 실제로 존재하는 것은 많지 않으며, 굳이 있다고 하더라도 거의 없는 수준입니다. 하지만 그들은 여전히 무언가를 찾고 있습니다. 왜냐하면 그것이 더 나아 보이기 때문이고, 우리가 붙잡을 것이 전혀 없을까 봐 두려워할 필요가 없기 때문입니다. 물리학자들이 양자장을 이야기할 때, 그것은 거의 대부분 공간과 그 안에 있는 약간의 에너지로 이루어져 있으며, 거기에는 입자조차 포함되지 않습니다. "입자"라고 말해도, 그것은 어떤 종류의 물질을 가리키는 것이 아니라 단지 관계의 통계적 확률을 나타낼 뿐입니다. 이것은 공의 개념과도 매우 유사하며, 그 자체로 독립적으로 존재하는 그 어떤 현상도 존재하지 않는다는 것을 의미합니다. 양자장에 대한 설명은 『반야심경』의 "색은 공이고, 공은 또한 색이다"라는 표현과 매우 비슷합니다. 공은 색 아닌 그 어떤 것이 아니며, 색은 공 아닌 그 어떤 것이 아닙니다. 모든 것은 서로 연결되어 있고 매 순간 끊임없이 변화하지만 그것은 전혀 파악할 수 없는 어떤 것입니다.

양자물리학에서는 우주의 한쪽 끝에 있는 전자나 미립자 하나가 변하면 우주의 다른 쪽 끝에 있는 다른 전자나 미립자도 변한다는 사실을 발견했습니다. 그러므로 이 상호의존의 원리는 우주의 특정한 영역이나 구역에 한정된 것이 아니라 정말로 무한하고 모든 곳에 두루 퍼져 있습니다. 부처님도 똑같은 말씀을 하셨는데, 연기는 원인과 조건의 무한한 그물망이라는 것입니다. 하지만 "원인과 조건"은 서로의 주위를 회전하면서 무언가를 하는 작은 것들을 의미하지는 않습니다. 왜냐하면 자세히 들여다보면 실제로는 하나도 찾을 수 없기 때문입니다. 만일 우리가 이러한 모든 원인과 조건, 그리고 그 결과를 분석하지 않으면 모든 것이 그저 잘 작동하는 것처럼 보입니다(적어도 대부분의 경우). 하지만 실제로 어떻게 작동하는지 또는 실제로 그것이 무엇인지 자세히 들여다보면 그것은 매우 불분명해집니다. 양자물리학에서도 마찬가지입니다. 물리학자들이 더 자세히 들여다보고 더 미세한 입자를 발견할수록 그 입자는 점점 더 작아지고 더 이상 "입자"라고 부를 수도 없을 정도로 찾기가 힘들어집니다. 그들은 단지 진행 중인 과정에 이름과 틀을 적용함으로써 이 불가해하고 끊임없이 변화하는 과정을 수학 방정식이나 공식처럼 조금 더 실체적인 것으로 만들 뿐입니다. 마찬가지로 부처님께서 공의 관점에서 말씀하실 때, 물리학자들이 양자역학을 이야기하는 것과 비슷한 방식으로 "색은 곧 공이고, 공은 또한 색이다"라는 공식을 쓰셨습니다. 근본적으로 우리는 무슨 일이 일어나고 있는지 결코 정확히 설명할 수 없습니다. 우리는 실험실에서 그 과정을 관찰하고 그저 "와!"라고 할 수 있을 뿐입니다. 나중에, 우리는 부처님이 제자들에게 진정한 실상에 대한 깨달음의 관점에서 사물이 어떻게 존재하는지를 설명한 것처럼, 무슨 일이 일어났는지 표현하려고 애쓸 것입니다.

## 부처님의 삼전법륜三轉法輪

### 달을 가리키는 손가락

부처님의 깨달음은 실험실에서 "와!" 하는 순간과 같았고, 처음에 부처님은 그에 대해 아무에게도 말하고 싶지 않았습니다. 『보요경(普曜經, Lalitavistara Sūtra)』에서는 이렇게 말합니다.

> 나는 감로와 같은 법을 발견했노라.
> 그것은 깊고, 평화롭고, 어떠한 기준도 없고, 빛나고, 조건이 없는 법이니라.
> 내가 그것을 어떤 사람에게 가르쳐도 그것을 이해할 수 없을 것이다.
> 그러므로 나는 그저 숲 한가운데서 침묵을 지킬 뿐이노라.*

부처님은 자신이 깨달은 마음의 진정한 본질이 무엇인지 아무도 이해하지 못할 것이라고 생각하며 한동안 그렇게 지냈습니다.

* XXV.1.

하지만 나중에 다른 이들의 권유로 가르치기 시작했고, 그 후 남은 45년 동안 오직 그 일에만 매진했습니다. 매우 이상한 일입니다. 결국 아무도 이해하지 못할 것을 어떻게 45년 동안 가르칠 수 있었을까요? 부처님 말씀처럼 마음의 본성에 대한 깨달음은 참으로 표현할 수 없고 상상할 수 없는 것이지만 그렇다고 그것이 절대로 접근할 수 없는 것이라는 의미는 아닙니다. 그것은 큰 차이입니다. 마음의 본성에 대한 깨달음은 상상할 수 없는 것이지만, 결국 그 깨달음을 경험하도록 이끄는 길은 여전히 존재합니다. 그 깨달음은 여전히 상상할 수 없는 것이지만, 우리가 그 깨달음을 경험하는 것도 상상할 수 없는 일입니다. 부처님은 이러한 통찰과 더불어 다른 사람들에게 정신적인 자유에 이르는 방법을 실제로 보여줄 수 있는 무한한 자비심과 능력을 지니고 있었기 때문에 가르칠 수 없는 것을 가르친 것입니다. 물론 우리는 맛있는 음식에 대해 말하거나 듣는 것만으로는 그 맛을 경험할 수 없습니다. 하지만 우리는 그 맛을 경험하기 위해 맛있는 음식을 만들어야겠다는 영감을 얻을 수 있습니다. 마찬가지로, 우리는 깨달음을 가리키는 말을 깨달음이라고 착각하지 않으면서도, 깨달음의 맛을 경험하기 위해 어떤 노력을 기울여야겠다는 영감을 얻을 수 있을 것입니다.

부처님은 자신의 깨달음을 전하는 여러 가지 방법이 있다는 것을 알았습니다. 그 방법은 모두 간접적인 가르침이지만, 사람들이 이 가르침을 마음속에 새기고 노력하면 부처님이 깨달은 바를 실제로 깨달을 수 있습니다. 인도의 불교 시인이자 철학자인 마명(馬鳴, Aśvaghoṣa)은 이렇게 말했습니다.

우리는 말이 없는 순수한 본질에 도달할 때까지 말에서 자유로워지기 위해 말을 사용한다.

이와 같이 불교의 가르침은 달을 가리키는 손가락과 같습니다. 문제는 손가락에 갇히면 결코 달을 볼 수 없다는 것입니다. 부처님은 45년 동안 수많은 손가락으로 달을 가리키면서 언제나 같은 달, 즉 우리 마음의 진정한 본질을 가리켰습니다. 부처님께서 그토록 많은 손가락을 쓰신 이유는, 한 사람이 단 하나의 손가락으로 달을 가리키면 우리가 달을 놓칠 수 있기 때문입니다. 하지만 많은 사람들이 온갖 방향에서 많은 손가락으로 달을 가리키면 달을 쉽게 놓치지는 않을 것입니다. 부처님께서 여러 방향에서 가리키는 손가락처럼 그토록 다양한 가르침을 주신 것도 바로 이런 까닭입니다. 물론 손가락이 서로 다른 방향에서 가리키고 있기 때문에 많은 사람들이 "이것은 저번에 말씀하신 것과 정반대다."라는 말을 했습니다. 맞습니다. 하지만 부처님은 다른 방향에서 똑같은 달을 가리키고 있었을 뿐입니다. 마치 두 사람에게 백악관 가는 길을 물어보는데 한 사람은 묻는 이의 왼편에 서 있고 다른 사람은 오른편에 서 있는 경우와 같습니다. 첫 번째 사람은 오른쪽을 가리키고 두 번째 사람은 왼쪽을 가리킬 것입니다. 둘 중에 하나가 틀렸거나 둘이 서로 모순된다고 생각한다면 핵심을 놓치고 있는 것입니다(그리고 백악관도 놓치고 있는 것입니다).

『반야심경』을 설하기 전에 부처님의 가르침 여정에서 있었던 일을 조금 더 설명하자면, 대승불교 전통에서는 부처님께서 세 단계의 가르침 주기, 즉 "법륜"이라 불리는 단계로 가르침을 펼치셨다고 전해집니다. 이것은 시간적인 순서가 아니라 내용적인 측면에서 구분한 것입니다. 부처님은 네 가지 고귀한 진리라고도 알려진, 인간의 기본적인 조건에 대해 이야기하는 것으로 시작하셨습니다. 부처님은 우리가 가장 놓지 못하는 것, 즉 고통에 대한 가르침으로 시작하셨습니다. 그런 다음 고통의 원인, 즉 고통의 근원에 대해 말씀하셨습니다. 그다음에는 우리가 실제로 모든 고통과 그 원인을 멈출 수 있다고 말씀하셨는데, 이것이 바로 세 번째 진리인 고통의 소멸입니다. 네 번째 고귀한 진리는 고통의 소멸을 이루는 방법, 곧 길입니다. 부처님은 처음부터 공에 대해 이야기하거나 반야부 경전을 가르친 것이 아닙니다. 이유는 분명합니다. 만약 그랬다면 불교가 존재하지 않았을 것이기 때문입니다. 만약 부처님이 바로 『반야심경』 같은 것을 가르쳤다면 사람들은 "미쳤어요?"라고 말하며 떠나갔을 것입니다. 대신 부처님은 네 가지 고귀한 진리를 가르침으로써 공과 같은 더 깊은 통찰을 위한 토대를 마련하려고 하셨습니다. 이것은 부처님이 사람들에게 먼저 우리의 기본적인 상황에 대해 가르쳤다는 것을 의미합니다. 더 크든 더 작든 고통은 누구에게나 두루 존재하지만 대부분의 사람들은 자신의 고통을 무시하거나 그냥 털어버리려고 합니다. 또한 고통의 원인이 무엇인지도 모르고, 고통을 영원히 없앨 수 있는지도, 고통을 없앨 수 있는 길이 있다는 사실에 대해서도 알지 못합니다. 이것이 바로 부처님이 인도 사르나트의 녹야원에서 처음 가르친 내용입니다. 부처님은 첫 가르침을 오직 다섯 사람에게 전했는데, 그들은 부처님이 보리수 아래 앉아 깨달음을 얻기 전에 고행을 함께 했던 수행의 동반자였습니다. 부처님의 처음 다섯 제자는 단지 네 가지 고귀한 진리에 대한 부처님의 가르침을 듣고 윤회로부터 해탈(아라한)을 이루었다고 전해집니다.

부처님 가르침의 두 번째 단계는 중전법륜中轉法輪으로, 『반야심경』은 이 단계에 속하는 경전입니다. 이 단계는 반야부 경전의 가르침으로 구성되어 있으며, "무상법륜無相法輪"이라고 불립니다. 이 일련의 가르침은 현재의 비하르(Bihar) 주 왕사성 근처 "영축산"이라고 불리는 인도의 한 산에서 설해진 것입니다. 부처님께서 계셨던 시기에 이 마을은 부처님과 가까운 후원자였던 매우 강력한 왕이 살던 곳이었습니다. 석가모니 부처님이 중전법륜을 펼치실 때 수많은 청중이 모였고, 경전에는 수천 명의 비구와 수천 명의 보살은 물론 신과 천인 등 인간이 아닌 수많은 존재에 대한 이야기가 등장합니다.

기회가 있다면 영축산은 정말 가 볼 만한 곳입니다. 세상에서 거기 있는 것만으로도 공을 느낄 수 있는 곳이 있다면 영축산이 바로 그런 곳입니다. 물론 이것은 제 생각일 뿐이지만, 제게는 그곳이 매우 인상적이었고, 시간과 공간을 벗어난 것 같은 느낌이 들어 그곳을 떠나고 싶지 않았습니다.

어쨌든 그 두 번째 법륜에서 부처님은 주로 공성(*śūnyatā*)에 대해 가르치셨는데, 이는 모든 것이 겉으로 보는 것과는 다르다는 의미입니다. 동시에 부처님은 자비에 대해서도 가르치셨습니다. 왜냐하면 중생들이 눈에 보이는 모습 그대로 사물이 존재한다고 믿고 집착하기 때문에 고통을 받는다고 말씀하셨기 때문입니다. 사람들은 허공에 떠 있는 누각에 집착하는데 그것은 행복에 대한 욕망을 결코 충족시킬 수 없는 곳입니다. 그렇기 때문에 깨어나서 실제로 거기에 무엇이 있는지, 그리고 어떻게 해야 행복에 더 가까이 갈 수 있는지 봐야 합니다. 부처님 같은 사람이 사물의 실상을 깨닫고, 중생들이 고통받는 이유는 존재하지 않는 미혹한 모습에 집착하기 때문임을 알게 되면, 그런 고통은 전적으로 잘못된 지각에 근거한 것이고 전혀 불필요한 것임을 알려주고 싶은 마음이 자연스럽게 일어나기 때문에 거기에서 자비심이 일어납니다. 궁극적으로 말하자면, 윤회의 고통은 소프트웨어 프로그램의 버그와 같은 오류일 뿐이며, 일어나서는 안 되는 일이지만 실제로는 일어나는 그런 것입니다. 바로 이것이 부처님께서 45년 동안 가르치신 이유입니다. 부처님은 자신이 경험한 것을 온전히 전달할 수 없다는 것을 깨달았지만, 사물의 실상이라는 관점에서 보면 전혀 필요하지도 않고 없애버릴 수 있는 고통에 빠져 있는 모든 중생을 보고 견딜 수가 없었습니다. 그렇기 때문에 부처님께서 두 번째 법륜에서 가르치신 두 가지 주요 내용은 공성과 자비입니다.

세 번째 법륜에서 부처님은 공성과 자비에 이외에 "불성佛性"에 대해서도 이야기했습니다. 제대로 이해한다면, 불성은 공성과 다른 어떤 것이 아닙니다. 하지만 단순히 공성을 객관적 대상으로 바라보거나 사실로 여기는 것과는 달리, 공성을 실제로 경험하거나 체득하는 주관적 측면을 가리키는 표현입니다. 다른 말로 하자면, 불성은 우리 마음의 공성, 즉 우리 마음의 본성인 공에 대해 말하는 것이며, 그와 동시에 명료함, 광명, 자각, 깨어 있음을 말하는 것입니다. 또한 세 번째 법륜은 부처님의 모든 가르침에서 방편적인 의미와 확정적인 의미를 구분합니다. 이런 측면에서, 세 번째 법륜은 말하자면 손가락으로 가리키는 모든 것을 명확히 하는 것입니다. 이를테면 특정 손가락이 이쪽을 가리키든 저쪽을 가리키든 그것들을 혼동하거나 서로 모순된 것으로 보지 않도록 하기 위한 것입니다.

## 깨달음의 법, 경전의 법

"법륜"의 일반적인 정의는 "경전과 깨달음으로 구성된 부처님의 가르침"입니다. 그것은 "중생을 인도하기 위해 그들의 마음의 흐름 속에서 윤회로부터의 해탈과 부처님의 일체지를 가로막는 요소들을 제거하는 것"입니다. 그러므로 이러한 법륜, 곧 가르침의 전개는 두 가지로 제시됩니다. 즉 증득證得의 법과 교설敎說의 법입니다. 이 가운데 증득의 법은 "모든 현상을 명료하게 꿰뚫는 마음에 익숙해짐으로써 성립한 청정한 법(현상)의 실상"으로 정의됩니다. 이것은 괴로움의 소멸과 괴로움의 소멸에 이르는 길로 이루어집니다. 그러므로 증득의 법이란 경전, 구전, 영상 법문, 비언어적 상징을 통해 가르침을 받아 우리 마음이 실제로 부처님의 마음이 되는 정말로 대단한 것을 말합니다. 그러므로 더 중요한 법은 증득의 법으로, 부처님이 경험한 것을 경험하거나 부처님이 경험한 것과 같아지는 것을 의미합니다.

경전에 나오는 법륜의 본질은 제자의 마음인데, 이 마음은 두 가지 모습으로 나타납니다. 첫 번째는 부처님의 설법, 즉 인과나 열반의 본성과 같은 중요한 가르침들이 말로 표현된 형태이고, 두 번째는 그 설법을 이루는 이름, 단어, 글자 같은 언어적 요소들의 집합으로 나타나는 형태입니다. 물론 이것은 공성의 관점 또는 모든 것의 상대적이고 주관적인 본질이라는 관점에서 정의한 것입니다. 이것은 실재하는 물리적인 텍스트나 가르침, 우리에게 가르침을 주는 외부의 부처, 우리 귀에 들어오는 어떤 물리적인 소리가 존재하지 않는다고 말하는 것은 아닙니다. 기본적으로 다른 모든 것과 마찬가지로 가르침의 상황은 우리 자신의 마음 바깥 그 어디에서도 일어나지 않습니다. 우리에게 나타나는 텍스트, 소리, 부처, 그리고 부처의 가르침의 모습을 취하는 것은 바로 우리 자신의 마음입니다. 하지만 그것은 저절로 무작위로 나타나는 것이 아니라 부처님의 지혜로운 마음의 안내에 따라 나타납니다. 다시 말하면, 경전의 법륜은 부처님의 일체지라는 주된 조건과 인도되어야 할 어떤 존재들의 비교적 순수한 마음의 흐름으로 구성된 인과적 조건에 의존하여, 이 존재들의 마음 자체가 단어와 글자의 형태로 나타나는 것일 뿐입니다. 부처님에게는 어떤 말을 일으킬 만한 잠재적 성향도 없고, 내적인 마음을 바깥의 소리라고 집착하는 무명도 없으므로, 궁극적으로 그런 법륜은 가르치고자 하는 부처님의 어떤 바람에서 비롯된 가르침이 아닙니다.

그러므로 가장 근본적인 수준에서 부처님이 법을 가르칠 때 그것은 마음과 마음이 직접적으로 교감하는 것입니다. 물론 대부분의 사람들에게는 그렇게 보이지 않는데, 그 까닭은 우리의 일반적인 감각과 개념적인 마음으로는 그것에 접근할 수 없기 때문입니다. 우리 같은 평범한 존재는 항상 어떤 형상이나 개념 또는 붙잡을 수 있는 무언가에 의존해야 합니다. 우리는 부처의 마음을 직접 지각할 수 없습니다. 만약 그렇다면 우리가 이미 부처일 것입니다. 그러므로 우리에게는 거울이 필요하거나 "다른 방식"의 소통이 필요합니다. 부처의 마음은 직접적으로 우리 마음에 비춰지는 것이 아니라 텍스트, 가르침, 스승 등의 형태로 비춰진다고 말할 수 있습니다. 이것이 바로 잘못된 생각, 이상한 감정, 그에 따른 미숙한 행동 같은 우리의 문제와 그 원인에 대한 치료제의 역할을 하는 것입니다.

이 경전의 법륜은 부처님의 관점에서 볼 때 왜 부처님은 실제로 단 한 마디도 가르치지 않았다고 말하는지를 보여줍니다. 경전에 따르면 부처님은 깨달음을 얻은 순간부터 열반에 드는 순간까지 단 한 마디도 하지 않으셨다고 합니다. 동시에 경전에서는 이 아무 말도 하지 않음이 끊임없는 법의 비로서 모든 중생의 필요를 충족시켰다고 말합니다. 왜냐하면 부처님의 마음은 다른 중생들의 마음에 반영되며, 그 상호작용을 통해 중생들의 마음에 어떤 일이 일어나기 때문입니다. 그 일은 글이나 가르침, 또는 그들의 마음에 대한 가르침이 되는 온갖 종류의 다른 것으로 나타날 수 있습니다. 나가르주나의 『보행왕정론(寶行王正論, Ratnavali)』은 이렇게 말합니다.

문법학자가

처음에는 알파벳을 가르치듯이
부처님께서도 인도받을 사람들이
받아들일 수 있는 만큼의 법法을 가르치셨네.

어떤 이들에게는
악업을 그치게 하기 위해 법을 가르치셨고
어떤 이에게는 복덕을 성취하게 하기 위해서
어떤 이에게는 이원성에 기초한 것을 가르치셨네.

어떤 이에게는 불이不二에 기초한 것을 설하셨고
두려운 이들에게는 심오하고 깜짝 놀랄 만한 것을,
그리고 자비로운 마음을 가진 이들에게는
깨달음의 수단인 공성을 설하셨네.*

여기서 우리는 불교 가르침의 전체를 볼 수 있습니다. 각기 다른 존재들은 서로 다른 것들을 배웠습니다. 이 모든 가르침은 달을 가리키는 손가락과 같지만 어떤 손가락은 더 직접적으로, 어떤 손가락은 더 간접적으로 가리키며, 가리키는 방식도 그 존재의 능력에 따라 다릅니다.

---

* Ⅳ. 94-96.

## 반야바라밀다 – 모든 것을 넘어서는 완전한 지혜

모든 반야부 경전과 마찬가지로, 『반야심경』은 부처님 가르침의 두 번째 단계인 공성(또는 반야바라밀다)에 관한 가르침에 속하며, "무상법륜無相法輪"이라고도 불립니다. 『반야심경』은 이렇게 말합니다.

이와 같이, 샤리뿌뜨라여, 모든 법은 공이며, 특징이 없고, ……

그렇다면 반야바라밀다란 무엇일까요? 기본적으로 그것은 "지혜의 완성" 또는 "통찰의 완성"을 의미합니다. 경전에서는 "공의 완성"이나 "현상의 본질에 대한 완성"이라는 표현을 쓰지 않습니다. 주체와 객체의 측면에서 볼 때, 공성 또는 현상의 본질은 깨달아야 할 대상으로서 객체 쪽에 더 가깝습니다. 물론 공성, 또는 현상의 본질은 어차피 그 자체로 완벽하기 때문에 완성되어야 할 것이 없습니다. 하지만 공성이나 현상의 본질에 대한 이해와 깨달음, 즉 사물의 있는 그대로의 모습에 대한 통찰에는 완성되어야 할 것이 많습니다. 이러한 통찰을 "반야般若"라고 하는데, 이는 사물을 세밀하고 철저하게 통찰함으로써 사물이 실제로 어떻게 존재하는지 보는 것을 의미합니다. 이러한 통찰이 가장 높은 경지에 이르렀을 때, 이를 "반야의 완성", 즉 반야바라밀다라고 부릅니다. 그러므로 반야바라밀다는 그 통찰의 결실 또는 결과, 곧 완전한 완성뿐만 아니라 그러한 완성에 도달하는 과정을 의미하기도 합니다. 우리가 반야바라밀다에 대해 말할 때, 우리는 우리 마음에 대해, 그리고 사물이 겉으로 보이는 것 너머에서 실제로 어떻게 존재하는지를 깨닫는 기본적인 능력에 대해 이야기하는 것입니다. 우리가 이 깨달음에 도달하는 방법은 이 반야를 수행하는 것인데, 반야는 우리가 어디선가 새롭게 만들어 내거나 가져와야 하는 것이 아닙니다. 그것은 모든 사람의 마음속에 존재하며, 그것이 온전히 꽃피도록 계발하기만 하면 됩니다. 불성이란 모든 중생의 기본적인 잠재력이 완전히 성숙해질 때까지 계발하는 것을 의미합니다.

반야는 『기네스북』에 등재된 사실을 안다거나 서울에서 부산까지 가는 방법을 아는 것과 같은 수동적인 지식을 의미하는 것이 아닙니다. 오히려 반야는 우리 마음의 활발한 탐구 의욕, 즉 사물이 실제로 어떻게 존재하는지 알고 싶어 하고, 알아내고자 하는 기본적인 호기심입니다. 이것이 바로 반야의 본질입니다. 부처님의 생애를 살펴보면 그는 바로 이렇게 시작했습니다. 부처님은 어떤 종교나 전통, 또는 행동 규범을 따르거나 답을 구하는 데서 출발하지 않았습니다. 그는 질문으로 시작했습니다. 싯다르타 왕자일 때 부처님은 (모든 부모가 그러하듯) 험한 세상으로부터 아들을 보호하고자 했던 부모님의 궁전에서 보호받는 존재로 살았습니다. 하지만 어느 날 마차를 타고 밖으로 나간 싯다르타 왕자는 전에 한 번도 본 적이 없는, 이를테면 노인 같은 사람들을 보았습니다. 그는 노인을 가리키며 마부에게 "'저 사람은 누구지?"라고 물었습니다. 마부는 "늙은 사람입니다."라고 대답했습니다. 싯다르타는 계속해서 "모든 사람에게 이런 일이 일어나는 거야?"라고 물었습니다. "네,

왕자님도 마찬가지입니다." 싯다르타가 죽어 가는 사람과 병든 사람을 보았을 때도 같은 대화가 오갔습니다. 그다음에는 나무 아래에서 명상하는 사람을 보았습니다. 마부는 "이 사람은 왕자님이 전에 보았던 모든 문제를 극복하려고 노력하는 사람입니다."라고 설명했습니다. 그때마다 싯다르타는 "나는 여기서 무슨 일이 일어나고 있는지 정말 모르겠다"고 느꼈고, 그것을 알아내려고 노력했습니다.

이것이 바로 불교적인 길의 핵심입니다. 그것은 매 순간에 실제로 무슨 일이 일어나고 있는지, 우리 마음에서 무슨 일이 일어나고 있는지, 주위에서 무슨 일이 일어나고 있는지, 다른 사람들에게 무슨 일이 일어나고 있는지 알아내려고 노력하는 것입니다. 이런 식으로 반야는 기본적인 지성, 본래적인 의미의 지성을 수반합니다. 그것은 깊은 통찰이며 사물을 정교하게 분별하고 구별하는 능력입니다. 불교의 관점에서 보면 반야에는 일상적인 반야와 초월적인 반야라는 두 가지 차원이 있습니다. 첫 번째는 학교에서 무언가를 배우거나 과학자가 되는 것과 같이 불교적인 길과는 무관한 모든 형태의 통찰이나 지혜입니다. 초월적 반야는 불교 수행의 추동력, 즉 동인이 되는 주요한 정신적 요소입니다. 이 길은 사물이 실제로 어떻게 존재하는지를 깨닫는 것에 관한 것이기 때문에 반야는 불교적인 길의 본질이라고 일컬어집니다. 그러므로 반야바라밀다는 모든 반야 중에서 가장 뛰어나고, 궁극적인 실재에 초점을 맞추며, 윤회에도 머물지 않고 개인적인 해탈과 평화라는 한계에 갇히지도 않는 대열반으로 나아가게 하기 때문에 가장 높은 차원의 초월적인 반야바라밀다라고 할 수 있습니다. 다시 말해 그것은 우리의 모든 일상적인 기준점과 경직된 생각을 해체하여, 우리가 알고 있는 모든 문제와 고통을 지닌 그 세상을 초월하게 합니다.

반야바라밀다의 또 다른 의미는 "초월적인 통찰"입니다. 우리는 무엇을 초월할까요? 우리는 모든 일상적인 집착과 문제를 초월합니다. 그것은 윤회라고도 알려져 있습니다. 우리는 어디로 가는 것일까요? 불교에서 흔히 그렇듯이 사람마다 서로 다른 답을 제시합니다. 어떤 사람들은 갈 곳이 없기 때문에 아무 데도 가지 않는다고 말합니다. 어디론가 간다는 것은 우리의 마음 밖으로 나간다는 의미일 것입니다. 사실 불교의 길은 어디론가 가는 것이 아닙니다. "길"이라고 하면 어딘가에서 시작해서 다른 어딘가에 도착하는 것처럼 들리지만, 우리가 그 사이에서 계속 걷고 있는 한 불교에서의 "길"은 "마음"과 같은 뜻입니다. 길은 인간의 기본적인 잠재력을 최대한으로 계발하는 정신적 과정을 의미합니다. 그러므로 길은 외부가 아닌 내면에서 일어나는 어떤 것입니다. 우리가 불교의 길을 가고 있는지 아닌지는 우리가 하는 말과 행동에 의해서가 아니라 주로 우리 마음속에서 무슨 일이 일어나고 있는지에 의해 결정됩니다.

반야바라밀다는 "저 너머로 갔다" 또는 "피안으로 갔다"는 뜻으로도 이해할 수 있습니다. 전통적으로 우리는 온갖 종류의 고통이 있는 윤회라는 큰 바다에 끊임없이 빠져들어간다고 합니다. 이 바다를 건너서 도착한 반대편 해안을 "열반(nirvāṇa)"이라고 부릅니다. 이것은 "처음에는 한 장소에 있다가, 그다음에는 이 바다를 건

너야 하고, 마지막으로는 다른 곳에 도착한다"고 말하는, 여전히 명백히 이원론적인 설명 가운데 하나입니다. 그러므로 이것은 임시적인 설명일 뿐입니다. 이를 더 깊이 이해하는 방법은 "'그 너머'로 간다"라는 것이 실제로 어디로 가는 것이 아니라 완전히 관점을 바꾸는 것을 의미한다고 보는 것입니다. 만일 어떤 똑같은 "장소"가 있다면 그곳에 우리가 그대로 머물지만, 그곳에서 일어나는 일과 그곳 자체에 대한 우리의 관점을 완전히 바꾸는 것입니다. 불교는 종종 정토 또는 불국토에 대해 이야기하지만 그것은 실제로 바깥의 어딘가에 존재하는 것이 아니라 우리 마음속에 있습니다. 우리가 부처의 세계에 있는지 아닌지는 우리 마음 상태에 달려 있습니다. 우리는 모두 가끔 기분이 정말 좋고 모든 것이 훌륭하고 온전히 완벽해 보이는, 마치 부처의 세계와 같은 상태를 잠시 맛볼 때가 있습니다. 하지만 기분이 정말 안 좋을 때는 햇살이 눈부시고 모든 사람이 친절하게 대해도 여전히 지옥에 있는 것처럼 느낍니다.

### 타오르는 반야의 검 – 예리하고 밝고 자비로운 호기심

우리 마음의 기본적인 탐구심과 호기심인 반야는 정확하면서도 유희적인 면모를 동시에 지니고 있습니다. 상징적으로 반야는 종종 매우 날카롭게 타오르는 양날의 검으로 그려지곤 합니다. 이러한 검은 분명히 매우 조심스럽게 다루어야 하고 조금 위협적으로 보일 수도 있습니다. 반야는 우리의 자아와 우리가 소중히 여기는 신념 체계에 위협적입니다. 왜냐하면 그것은 우리가 현실을 이해하는 기본 개념과, 세계를 구축하는 데 기반이 되는 틀을 근본적으로 무너뜨리기 때문입니다. 반야는 우리가 누구인지, 우리가 무엇을 지각하는지를 묻습니다. 이 칼은 양쪽을 모두 잘라내기 때문에 매우 견고해 보이는 객관적 현실을 자를 뿐만 아니라 그러한 현실을 경험하는 주관적 경험자 또한 자릅니다. 이러한 방식으로, 반야의 지혜는 우리 자신의 자아도취와 자기 과대평가를 꿰뚫어 볼 수 있게 해주기도 합니다. 우리가 끊임없이 자신에 대해서 자신을 속이려면 상당한 노력이 필요합니다. 반야는 우리가 스스로를 발견하는 것을 의미하며, 이를 위해서는 무엇보다도 우리가 하는 게임들을 솔직하게 바라보는 것이 필요합니다.

그렇기 때문에 수행을 해 나갈수록 반야가 훨씬 더 중요해집니다. 왜냐하면 우리의 자아 여행이 더욱 정교해지기 때문입니다. 영적이지 않을 때 우리의 자아는 그저 "나는 꽤 괜찮은 사람이다"라고 생각합니다. 하지만 영적인 존재가 되면 자아는 "이제 나도 영적이야! 이제 나는 길을 가고 있어! 나는 이제 불자야! 이제 나는 공성을 깨닫고 대자비와 부처님의 모든 자질을 닦을 수 있어!"라고 생각합니다. 그에 대해 분명히 뭔가를 해야 하는데, 이것이 바로 반야의 역할입니다. 반야에는 자기 점검 기능이 있습니다. 우리가 궤도를 벗어날 때마다, 우리의 자아 부풀리기라는 풍선이 너무 커질 때마다 반야는 풍선을 터뜨려서 우리가 있는 곳으로 되돌아오게 합니다. 반야는 정신을 차리게 하는 수단이라고 할 수 있는데, 이것은 반야가 그다지 인기가 없는 이유 가운데 하나입니다. 왜냐하면 우리는 대부분 윤회의 세계에서 자아 여행에 취해 있는 것을 즐기기 때문입니다. 반야는 우리가 훌륭한 불자라거나, 길을 가고 있다거나, 무언가를 이루었다고 자부하려는 모든 시도를 끊어버립니다. 반야부 경전들은 보살이 길을 가면서 겪을 수 있는 온갖 종류의 상황을 설명하고 있습니다. 그때마다 경전은 "그것에도 결코 매달릴 수 없다. 그것이 아무리 좋다고 생각하든, 자신이 아무리 대단하다고 생각하든, 통찰이 얼마나 환상적이든, 다 놓아버리고 계속 나아가라."라고 말합니다.

반야에는 자비라는 특성도 포함되어 있지만, 자비가 필요한 곳이라면 어디든 뚫고 나간다는 점에서 다소 엄격한 자비이기도 합니다. 단순히 기분이 나아지기를 바라는 "어리석은 자비"가 아니라 드러나야 할 것이나 우리가 내려놓아야 할 것을 헤치고 가는 자비입니다. 간단히 말해 반야는 우리가 누구인가에 대한 모든 것, 우리가 생각하는 모든 것, 우리가 지각하는 모든 것, 우리가 소중히 여기는 모든 것에 의문을 제기합니다. 반야는 우리의 가치 체계를 궁극적으로 파괴하는데, 이것은 반야가 별로 인기가 없는 또 다른 이유입니다. 그와 같이 반야는 무명뿐만 아니라 보살의 길을 걷고 있다는 자부심과 같은 자아의 교묘한 시도도 끊어 냅니다. 반야부 경전에서 끊임없이 강조하듯이, 개인적 영적 성취에 대한 화려한 환상은 다른 모든 것과 마찬가지로 근거가 없다는 것을 분명히 보고 인식해야 합니다. 이렇게 어느 지점을 비추어 주는 반야의 특성은 우리가 보지 못하는 부분을 밝혀 주는 검의 불꽃으로 상징됩니다.

반야는 이처럼 무대의 스포트라이트와 같은 기능을 하며 주연 배우를 부각시킵니다. 우리의 개인적인 드라마에서 주연 배우는 당연히 항상 "나"이고, 그다음에는 우리가 "다른 사람"이라고 부르는 조연 배우들이 있습니다. 반야는 이 주연 배우인 "나"를 잘 포착하고 부각시키는 역할을 하지만, 여기서 문제는 주연 배우가 극의 사각지대에 있다는 것입니다. 물론 주연 배우는 그것을 깨닫지 못하지만(그리고 대부분 그것을 깨닫고 싶어 하지도 않지만), 반야를 통해 "나"라는 배우는 스포트라이트가 항상 자신을 비추기 때문에 조금 더 스스로를 의식하게 될 것입니다. 거기에는 벗어날 수 없다는 느낌이 있습니다. 우리는 더 이상 우리 자신으로부터 숨거나 우리 마음속에서 무슨 일이 일어나고 있는지 모르는 척할 수 없습니다.

일반적으로 무지에는 두 가지 유형이 있습니다. 무언가를 몰라서 인터넷 검색을 하는 수동적 무지와, 가능한데도 불구하고 보거나 알기를 원하지 않는 능동적인 무지가 있습니다. 특히 우리는 종종 자신의 마음속에서 무슨 일이 일어나고 있는지, 또는 마음의 창고, 아뢰야식에 무엇이 있는지 알고 싶어 하지 않습니다. 최근에 누군가가 "내 마음은 나쁜 동네 같아서 나는 거기에 혼자 가는 것을 피한다."고 말한 것처럼 말입니다. 그것은 우리 자신의 마음을 적극적으로 회피하고 다른 사람들을 피하고 어려운 상황 등을 피하는 우리의 무명입니다. 반야는 또한 우리 자신과 우리가 하는 일을 너무 가까이에서 들여다보지 않으려고 하는 더 적극적인 무명의 경향에 대해 직접적인 해독제의 역할을 합니다. 이런 의미에서 반야는 우리 마음속에서 일어나는 일, 그리고 그 어떤 상황에서 벌어지고 있는 일을 비추어 주는 특성과 그것을 직시할 수 있는 용기 둘 다를 수반합니다. 그러므로 우리가 진정으로 반야의 검을 잡고 능숙하게 휘두르기 위해서는 용기가 필요합니다.

흔히 지식이나 통찰이 모든 정답을 찾아낸다고 생각하지만 반야는 올바른 질문을 던지는 것에 더 가깝습니다. 종종 질문이 곧 답이거나 어떤 답보다 훨씬 더 나은 경우도 있습니다. 종종 하나의 답이 그저 열 개의 새로운 질문을 낳을 뿐이기도 하고, 모든 정답을 찾아내려고 하는 것이 오히려 마음속에 더 많은 기준점을 만들어 더 큰 경직성과 문제를 야기할 수도 있습니다. 우리는 "이제 이걸 정말 잘 이해했다"고 생각할 수 있지만, 이것은 종종 "나는 안다", "나는 이해했다"는 자아의 영토를 확장하는 것에 지나지 않습니다. 우리는 단순히 우리가 "알고 있는" 것들의 모음에 항목을 하나 더 추가하는 것일 뿐입니다. 그렇기 때문에 선禪에서는 "모르는 마음"에 대해 이야기합니다. 물론 이것은 단순히 어리석다는 뜻이 아니라 뭔가를 소유하려는 노력을 내려놓고, "우리의" 지식을 내려놓고, "우리의" 성취를 내려놓으라는 뜻입니다. 우리가 정말로 어떤 통찰과 성취를 가지고 있다면 그것을 잃어버리지 않겠지만, 만일 그것을 붙잡고 교만해지면 문제가 될 수 있습니다.

반야가 자연스럽게 펼쳐지도록 내버려 둔다는 것은 우리의 기본적인 호기심이 더욱 자연스럽고 예리해지며 정해진 길을 따르지 않고 스스로 탐구를 시작하게 하는 것을 의미합니다. 반야바라밀다에 대한 가르침은 단순히 우리의 이원론적 범주의 그물을 재배열하거나 확장하는 것으로 반야를 제한하지 말라는 분명한 메시지입니다. 그러므로 반야부 경전들은 이렇게 말합니다.

“나는 반야를 수행한다”, “반야는 이것이다”, “반야는 이것과 저 것을 위한 것이다”라고 생각한다면, 이것은 반야일지 모르지만 반야바라밀다는 아니다.

반야바라밀다는 궁극적인 실재와 직접 만나는 것을 의미하므로, 해탈과 일체지로 가는 주요 고속도로와 같습니다. 그러므로 이 반야바라밀다 수행은 모든 수행과 깨달음의 으뜸이라고 말합니다. 그렇기 때문에 반야의 자질과 그것이 우리 마음에 미치는 깊고 광범위한 영향은 아무리 강조해도 지나치지 않고 경전에서 계속 칭송하는 바입니다. 경전에서는 반야바라밀다 안에서 한순간이라도 쉬는 것이 보시 같은 다른 모든 바라밀보다 훨씬 더 큰 공덕을 지니고 있으며, 실제로 그 모든 바라밀을 포함한다고 선언합니다. 『사익범천소문경(思益梵天所問經, *Brahmaviśeṣacintiparipṛcchāsūtra*)』은 이렇게 설파합니다.

숙고하지 않는 것이 보시다.
어떤 차이에도 머물지 않는 것이 지계다.
어떤 구별도 하지 않는 것이 인욕이다.
어떤 것도 받아들이거나 거부하지 않는 것이 정진이다.
집착하지 않는 것이 삼매다.
개념화하지 않는 것이 반야다.

이것은 분명히 여섯 가지 바라밀이 무엇인지에 대한 일반적인 설명과는 상당히 다릅니다. 여기에서는 그것들이 반야바라밀다에 어떻게 연결되는지 또는 반야바라밀다로 어떻게 나타나는지에 대해 설명합니다. 보시는 숙고하지 않는 것, 즉 미리 만든 계획이나 편견 없이 다른 사람의 이익을 위해 자발적으로 행동하는 것을 의미합니다. 지계는 무엇이 적절하고 부적절한 행동인가에 대해 어떤 차이도 두지 않는 것을 의미합니다. 만약 그러한 차이를 만든다면 우리는 여전히 편견에 사로잡혀 있고 여전히 해야 할 것과 하지 말아야 할 것에 집착하는 것이기 때문에 그것은 올바른 불교 계율이나 규율이 아닙니다. 반야의 관점에서 보면 우리는 여전히 이원론에 갇혀 있습니다. 진정한 인욕이란 우리에게 해로운 것과 유익한 것, 유리한 조건과 불리한 조건을 구분하지 않고 모든 현상의 평등함 속에 편안히 머무는 것을 의미합니다. 정진 또는 즐거운 노력은 덕이 되는 것은 받아들이고 덕이 되지 않는 것은 거부하는 데 집착하지 않고, 모든 현상의 공성, 평등, 원초적 순수성에 대한 자연스러운 깨달음의 표현으로 다른 사람의 이익을 위한 활동에 참여하는 것을 의미합니다. 삼매는 붙잡을 것이 없고 어떤 것에도 끌리거나 싫어하지 않으며, 그 어떤 것도 얻거나 도망칠 필요 없이 마음이 그 자체로 자유롭게 쉰다는 점에서 명상적 평정입니다. 반야는 어떤 것(주는 사람, 받는 사람, 주는 행위 등)과 관련하여 주체, 대상, 상호작용이라는 "세 가지 영역"을 개념화하지 않는 것을 의미합니다. 그러므로 어떤 기준이나 분별적인 사고로부터도 완전히 자유롭습니다. 그런 방식으로 바라밀을 실천하면 우리는 두 가지 실재—궁극적인 실재와 겉으로 보이는 상대적 실재—를 통합하는 것입니다.

반야바라밀다에 머무는 것은 법에 대한 어떤 연구나 성찰보다도, 또는 설령 오랜 세월 다른 명상을 수행한 것보다 훨씬 뛰어나다고 합니다. 또한 공양하고, 세 가지 보배에 의지하고, 보리심을 일으키고, 모든 부정성을 정화하는 최고의 방법이기도 합니다. 경전과 주석서에는 반야바라밀다에 대한 익숙함과 편안함을 나타내는 많은 징표들이 묘사되어 있습니다. 간단히 말해, 우리는 주어진 상황을 훨씬 더 명확하게 볼 수 있고 자신과 타인을 더 주의 깊고 자비롭게 대할 수 있습니다. 우리는 마음챙김과 함께 덕을 행하고, 우리의 번뇌는 약해지고, 온 마음을 다해 법을 수행하며, 산만함을 떨쳐냅니다. 일반적으로 집착, 특히 이 생에 대한 집착이 줄어듭니다.

우리가 아는 모든 것을 파괴하거나 무너뜨리고 우리의 모든 개념을 포기해야 한다는 긍정적인 측면의 반야에서, 그 핵심은 집착하지 않는 마음 상태에 도달하는 것입니다. 어쩌면 우리는 아주 짧은 순간 동안 그 어떤 것도 이루거나 피하려고 하지 않을 수도 있습니다. 그 순간 우리는 "이제 어떡하지?"라고 생각하지 않습니다. 우리는 아무것에도 집착하지 않는 바로 그 마음 상태, 아무런 의제가 없는 그 상태를 바라보고 그것이 어떤 것인지 살펴볼 필요가 있습니다. 공성은 우리가 깨달아야 하는 "공성"이라는 어떤 것에 관한 것이 아니라 우리 마음의 진정한 본질이 무엇인지 깨닫지 못하게 가로막는 모든 것을 놓아 버리는 것입니다. 마음의 본질은 지극히 단순하고 지극히 가까운 것입니다. 바로 이것이 문제인데, 그 이유는 우리가 단순한 것을 좋아하지 않기 때문입니다. 우리는 항상 정교한 것을 좋아하고, 더 정교한 것일수록 좋다고 생각합니다. 그렇기 때문에 우리는 모든 선입견과 기준점, 가치와 신념 체계를 만들어 냅니다. 그러다가 조만간 우리는 길을 잃고 더 이상 자신의 마음조차 알지 못하게 됩니다. 공성에 대한 가르침(그리고 공성을 깨닫는 것으로서의 반야바라밀다)은 온갖 인위적인 구조가 더 이상 없는 자연스러운 마음의 상태로 돌아가게 합니다. 우리는 어떤 식으로도 마음의 본질을 구성하거나 바꿀 필요가 없습니다. 우리가 할 수 있는 것은 해체하거나, 우리가 만들어 놓은 것들을 내려놓는 것, 우리의 정신적인 모래성을 허물고 그것에 집착하지 않는 것뿐입니다.

### 어머니 반야바라밀다 – 지성을 품는 직관

도상학적으로 반야바라밀다는 여성 신으로 표현됩니다. 그는 노란색을 띠고 책상다리를 하고 앉아 있습니다. 네 개의 팔을 가지고 있고, 왼손 위쪽에는 책을, 오른손 위쪽에는 타오르는 검을 들고 있으며, 아래쪽 두 팔은 명상의 자세를 취하고 있습니다. 이는 각각 공부를 통한 지식, 무명을 끊고 밝히는 것, 모든 현상의 본질을 직접적으로 통찰하는 것 등 세 가지 반야를 상징합니다. 이를 공부, 성찰, 명상(문, 사, 수)을 통해 얻은 반야라고도 하며, 그것은 개념적이고 거친 형태의 반야에서 가장 미세하고 비개념적인 형태로 발전하는 것을 나타냅니다.

**질문**: 『반야심경』에서 "무명도 없고, 무명의 다함도 없으며, 늙고 죽음도 없고, 늙고 죽음의 다함도 없다"고 말하고 이어지는 구절들은 우리의 이원론적 사고를 깨뜨리고 거기서 벗어나도록 도와주기

위한 말인가요? 제가 이 말을 할 때 그것은 저에게 도움이 되고 조금은 고요하게 만드는, 답할 수 없거나 신비한 곳으로 이끕니다. 그것에 대해 조금 말씀해 주시겠어요?

**KB**: 마법 같은 신비의 여행이요? 예, 그것은 확실히 『반야심경』의 목적 가운데 하나로, 우리의 일반적인 개념을 깨뜨리고 넘어서는 것입니다. 사실 거기에는 더 거친 개념과 더 미세한 개념이 있기 때문에 이것은 여러 다양한 수준에서 작동합니다. 하지만 매우 거친 수준의 개념에서도 그저 "눈, 귀, 코가 없다"라고 말하는 것만으로도 그것은 이미 우리가 일반적으로 생각하는 것에 크게 반하는 것입니다. 우리는 "눈도 없고, 귀도 없고, 코도 없다"는 식으로 생각하지 않습니다. 우리는 "눈도 있고, 코도 있고, 귀도 있다"고 생각합니다. 경전의 말씀은 이러한 피상적인 수준에서도 우리의 습관적 성향의 틀을 깨고 세상을 뒤흔듭니다. 그것은 그렇게 하지 않으면 너무도 견고하고 단단하게 짜여 있을 우리의 무명이라는 누에고치에 구멍을 내기 시작하는 것입니다. 작은 구멍 하나만 뚫어도 우리의 답답하고 우울한 누에고치에 맑은 공기와 빛이 조금씩 들어옵니다. 그것이 바로 자유를 향한 첫걸음입니다. 더 깊이 들어갈수록 그것은 더 심오해지고, 우리는 더 깊은 성찰과 분석으로 그것을 연결할 수 있습니다. 그럼으로써 "눈도, 귀도, 코도 없다"는 것이 실제로 무엇을 의미하는지, 그리고 사물을 실제로 존재하는 주체와 대상으로 받아들이는 우리의 뿌리 깊은 습관적인 경향과 그것이 어떻게 관련되는지를 꿰뚫어 볼 수 있습니다. 동시에 우리는 이 말을 하는 동안 자신의 마음을 들여다볼 수 있기 때문에 이 말을 독송하는 것을 직접적인 명상으로도 활용할 수 있습니다. "눈도 없고, 귀도 없고, 코도 없다"라고 말할 때 우리의 마음은 어떻게 반응하나요? 기겁을 하나요? 저항을 보이나요? 그냥 지루해지나요? 모든 불교의 가르침에는, 그리고 『반야심경』도 예외 없이, 단순한 공부의 대상이 아니라 우리의 마음을 비춰 주는 거울이 되게 하려는 의도가 깃들어 있습니다. 그러므로 무언가를 공부하거나, 독송하거나, 성찰할 때 가장 중요한 것은 그렇게 하는 동안 우리 마음이 그것에 어떻게 반응하는지를 관찰하는 것입니다.

**질문**: 『반야심경』을 단조로운 음조로 독송하거나 염송하는 경우가 많은데 그 이유가 궁금합니다.

**KB**: 여러 가지 다른 전통이 있습니다. 선종 전통에 대해서는 잘 모르겠지만, 영어 판은 선종 전통에서 주로 독송하는 방식을 따르는 것 같습니다. 단조로운 음조이긴 하지만 제대로 독송한다면, 말하자면 적절한 박자를 맞춰서 하면 실제로 거기에 큰 힘이 있습니다. 그것은 아주 지루할 수도 있고 드럼 없이도 드럼 비트처럼 매우 강력할 수도 있습니다. 그것이 전율을 불러일으키는 모닝콜이 될지, 아니면 그냥 잠들게 하는 음악이 될지는 우리에게 달려 있습니다.

**질문**: 제 생각에는 변화를 피함으로써 우리가 그 본질 이외에 어떤 의미도 부여하지 않게 하려는 것 같습니다.

**KB**: 네, 맞습니다. 단조로운 음조는 모든 현상의 공성과 평등을 상징할 뿐만 아니라 경전의 본질적 메시지인 "공의 소리"와 평등을 실제로 경험할 수 있게 하는 문이라고 볼 수 있습니다. 다시 말하지만 그런 식으로 독송하는 동안 자신의 마음을 들여다보는 것이 중요합니다. 아울러 자신의 마음이 소리, 박자, 단어, 그리고 그 의미와 어떻게 (문자 그대로 그리고 은유적인 의미에서) 조응하는지를 보는 것이 중요합니다.

**질문**: 부처님들이 한 마디도 하지 않는다면 중생들과 어떻게 소통할 수 있나요?

**KB**: 그것은 보는 관점에 따라 다르겠지만, 대승불교의 관점에서 보면 부처님과 중생 사이에는 다양한 수준의 소통이 존재합니다. 가장 피상적인 수준은 말이나 몸짓을 통한 것이지만 가장 근본적인 수준은 한 불성과 다른 불성 사이의 소통입니다. 그것은 부처의 불성과 우리의 불성이 소통하는 것입니다. 바로 그곳에서 실제 무대가 펼쳐집니다. 말이나 단어, 문자와 같이 좀 더 일반적인 수준에서 일어나는 것처럼 보이는 다른 모든 것은 마치 거울과도 같습니다. 분명히 평범한 중생의 경우 부처의 불성과 자신의 불성을 의식적으로 직접 소통하는 것은 매우 어렵기 때문에(완전히 불가능하지는 않지만), 거기에는 이를 위한 어떤 종류의 "거울"이 필요합니다. 이와 같이 우리가 알고 있는 모든 가르침은 우리 자신의 불성을 비춰 주는 거울과 같습니다. 우리가 보는 텍스트가 무엇이든, 우리가 듣는 가르침이 무엇이든, 우리가 만날 수 있는 스승이 누구이든, 그것은 거울과 같습니다. 그러므로 우리는 그것을 그저 바라보는 데만 집착하지 말고 그 가르침, 그리고 그 스승과의 상호작용 속에서 우리 자신의 마음을 바라보아야 합니다.

보통의 존재들이 부처나 불성과 관계를 맺는 방식은, 수행하는 대부분의 시간 동안, 수행자의 마음이 가르침을 받아들이고 그것을 체현하는 것입니다. 이러한 관점에서 보면 글자가 적힌 이 종이와 같은 것은 실제로 외부에 존재하는 그 어떤 것이나 물질이 아니라 우리가 "종이"라고 부르는 것 속에 나타난 우리 자신의 마음입니다. 우리가 불교의 가르침이 적힌 이 종이를 바라볼 때 이 종이는 우리에게 자신의 마음을 돌아보라는 말을 하려고 합니다. 명상도 마찬가지입니다. 예를 들어 우리가 어떤 신을 시각화한다면 그것 역시 우리 마음의 본질을 비추기 위한 거울입니다. 결국 우리에게 거울이 더 이상 필요하지 않고 우리의 마음이나 불성을 있는 그대로 볼 때 우리는 부처입니다.

일반적으로 우리는 거울을 볼 때 거울 자체에는 별로 관심이 없고 거울을 통해 보고 싶은 것, 그러니까 대개는 자신의 얼굴에 관심이 있습니다. 마찬가지로 우리가 가르침이나 스승을 볼 때 가장 중요한 것은 우리가 "바깥"에서 보는 것이 아니라 우리 안에서 보는 것입니다. 그것이 바로 불교 가르침의 핵심이고 우리 마음에 항상 적용해야 하는 것입니다. 그렇기 때문에 불교는 어떤 철학이나 이론이 아닙니다. 가르침이 어떤 것이든 그것은 우리 마음속에서 함께 섞이고 풀려야 할 어떤 것입니다. 결국 이것은 부처님이 다른 사람들에게 그들 자신의 경험과 참여를 통해서 그들의 마음의 본질을 보여 주고자 했던 프로젝트였습니다.

**질문**: 이것은 상대적인 것과 절대적인 것 사이의 경계를 거두는 것에 관한 질문입니다. 때때로 저는 보리심이 없거나 헌신이 부족한 모습, 아니면 단순히 불교 계율에 어긋나는 행동을 하게 됩니다. 그럴 때는 매우 좌절감을 느끼지만 공성의 가르침을 깊이 생각하면 갑자기 마음이 편안해지기도 합니다. 하지만 그것이 올바른 접근 방식인지 잘 모르겠습니다. 만약 저에게 보리심이 없고 열심히 노력하는데도 아무것도 일어나지 않는다고 가정해 보겠습니다. 그러면 저는 "그래, 됐어, 그저 공성일 뿐인데 왜 그렇게 열심히 노력하지?"라고 말합니다. 그러면 마음이 편안해지지만 이 접근 방식이 실제로 저에게 도움이 될지 잘 모르겠습니다.

**KB**: 근본적으로, 특히 불교의 길에서 편안하게 쉬는 것은 결코 잘못된 것이 아닙니다. 마하무드라(Mahāmudrā) 전통에 따르면 가장 많이 긴장을 푸는 사람은 최고의 명상을 할 수 있고, 중간 정도로 긴장을 푸는 사람은 중간 정도의 명상을 할 수 있습니다. 그 나머지는 어떨지 상상에 맡기겠습니다. 믿거나 말거나 공성의 진정한 의미는 바로 이완입니다. 공성의 경험은 우리가 가질 수 있는 가장 편안한 마음의 상태입니다. 그러므로 우리가 공성에 접속하거나 공성과 연결된다면, 공성이 우리 마음의 본질, 즉 근본적인 열림, 편안함, 여유로움이기 때문에 전혀 잘못된 것이 아닙니다. 이러한 마음의 본질에는 우리가 해야 할 일이나 하지 말아야 할 일이 없습니다. 이것은 분명 공성을 그 어떤 것에도 신경 쓰지 않는 무관심의 상태라고 오해하는 것과는 매우 다릅니다. 또한 우리가 그 궁극적인 경지에 이를 때까지, 모든 상대적인 불교 수행—궁극적 진리를 직접 드러내지는 않지만 그 진리에 이르도록 돕는 모든 수행—은 이런 가장 근본적인 방식으로 우리가 이완할 수 있도록 돕는 방편입니다.

그러므로 실제로 말하자면, 궁극적 견해, 즉 공空의 측면을 상대적 수행에 도입한다는 것은, 그것들의 자성 없음에 대해 반드시 논리적으로 분석하는 것을 의미하는 것도 아니고, 그것을 주된 방식으로 삼는 것도 아닙니다. 그것은 우리가 하고 있는 일에 대해 느긋해지는 것이고, 너무 긴장하거나 일중독에 빠지거나 즉각적인 성공에 연연하지 않게 하는 것을 의미합니다. 우리는 이러한 수행이 실제로 편안해지는 데 도움이 되는지, 아니면 마음이 더 피해망상적인 상태가 되는지, 긴장하는지를 살펴볼 필요가 있습니다. 만약 그렇게 되거나 완전히 좌절하게 된다면 이는 긴장을 풀어야 할 때라는 분명한 신호입니다. 물론 우리가 그 길에 있는 한, 두 가지 수준의 실재(궁극적인 것과 상대적인 것, 또는 겉으로 보이는 것)를 통합하는 것은 언제나 매우 어렵습니다. 그렇기 때문에 우리는 보통 둘 사이를 오가며 때로는 상대적인 것을 강조하고 때로는 궁극적인 것을 강조합니다. 이러한 과정을 통해 서로가 서로를 보완하기 때문에 수행의 길에서 이것은 문제가 되지 않습니다. 우리가 지치거나 실의에 빠질 때는 휴식을 취하고 애쓰는 것을 내려놓습니다. 충분히 쉬고 나면 상대적인 수행을 다시 시도할 수 있고, 이상적으로는 우리가 다음에 어떤 수행을 시도하든 그 편안함을 가져갈 수 있습니다. 이것이 견해(見, view)와 행위(行, conduct) 또는 두 가지 진리를 통합하는 방법입니다. 불교의 모든 수행은 최소한 어느 정도로 이완되지 않은 상태에서 하면 그다지 효과가 없습니다. 불교의 길은 열두 단계의 프로그램이 아닙니다. 그것은 우리의 마음이 편안해지도록 돕기 위한 것입니다. 또한 불교에 있는 수많은 수행법을 모두 일일이 실천할 필요도 없습니다. 때로는 어떤 수행법이 정말 도움이 되지 않고 마음이 점점 더 긴장된다면, 다른 방법이 필요할 것입니다.

## 토대, 길, 결실이 되는 반야바라밀다

이제 반야바라밀다에 대해 더 자세히 설명을 계속하자면, 경전들은 보통 반야바라밀다를 네 가지 유형이나 측면으로 구분합니다. 즉 "반야바라밀다"라고 하면 (1) 본연의 반야바라밀다, (2) 경전의 반야바라밀다, (3) 도의 반야바라밀다, (4) 결실의 반야바라밀다의 네 가지 가운데 하나를 의미합니다. 디그나가(Dignāga)의 『반야바라밀다원집요의론(般若波羅蜜多圓集要義論, *Prajñāpāramitārthasaṃgraha*)』에서는 이를 다음과 같이 설명합니다.

> 반야바라밀다는 비이원적 지혜이고 그것은 여래다.
> 이 실재성과 연결됨으로써 성취할 수 있는 미덕이기에
> 그것은 또한 경전과 길을 모두 가리키는 용어이기도 하다.*

본연의 반야바라밀다는 비이원적 지혜입니다. 그것은 결실과 같

* D3809, 게송 1.

으며 이는 곧 부처 또는 여래입니다. 마음의 본래 지혜와 그 완전한 현현("성취되어야 할 것")과 연결되어 있기 때문에, 반야바라밀다와 그 결실로 이끄는 길에 관련된 경전들도 "반야바라밀다"로 분류됩니다. 반야부 경전들에 대한 제8대 까르마빠의 해설에 따르면, (1) *본연의 반야바라밀다, 또는 실제적인 반야바라밀다*는 "진여입니다. 그것 아닌 다른 것이 결코 아니며, '아는 자와 알려진 것의 이원성이 없는 지혜'라는 이름을 지닌 것"으로 정의됩니다. 그러므로 본연의 반야바라밀다에는 두 가지 측면이 있습니다. 한편으로 그것은 모든 현상의 본질입니다. 하지만 그것은 단순한 대상이 아닙니다. 그것은 이 본성을 지각하는 것, 즉 주체와 대상 또는 지각하는 자와 지각되는 대상이 분리되지 않는 비개념적이고 비이원적인 지혜이기도 합니다. 이 진여가 여러 인연에 의해 생겨난 요소들에 가려질 때, 그것은 "부처의 본질을 이루는 근본 요소"라고 불립니다. 다시 말해 까르마빠는 불성佛性과 본연의 반야바라밀다가 같은 것을 가리키는 다른 이름일 뿐이라고 말합니다.

이 본연의 지혜 또는 불성이 모든 속박이나 장애에서 벗어나면 (4) *결실 반야바라밀다*라고 불립니다. 그것은 곧 법신 또는 불성과 분리될 수 없는 여래의 지혜입니다. 그러므로 이 비이원적 지혜는 이미 모든 중생에게 본연의 반야바라밀다로 존재하며, 단지 길에서 드러나게 될 뿐입니다.

(2) 이러한 의미를 가르치는 *경전의 반야바라밀다*는 "이름, 단어, 문자의 모음으로 나타나는 마음이며, 이원론적인 모습을 수반하는 제자들의 의식에서 관찰하기에 적합한 마음"입니다. 경전의 반야

바라밀다에 대한 이 정의는 위의 경전의 법에 대한 정의와 비슷합니다. 다시 말하지만 경전은 먹과 종이 같은 물질이 아니라 부처님이나 보살의 영향을 받아 여전히 이원론적인 모습을 가진 수행자들의 마음속에 그와 같이 나타나는 것을 말합니다. 왜냐하면 이것이 그들이 가르침을 인식할 수 있는 유일한 길이기 때문입니다. 이때의 가르침은 반야부 경전과 그 주석서를 말합니다.

(3) *길의 반야바라밀다*란 "명상의 평정 가운데 머물 때 비개념적인 지혜의 본성으로서 일어나는 반야바라밀다"입니다. 엄밀히 말하면 이것은 첫 번째 보살지 이후에만 발생합니다. 하지만 더 넓은 의미에서는, 그 길의 처음 단계부터 나타나는 현상의 본질에 대한 통찰이며, 심지어는 조금이라도 엿보는 것을 말합니다. 물론 처음에 그 지혜나 통찰은 비개념적인 것이 아니라 여전히 개념적인 것입니다. 그렇지만 그것이 아직 반야바라밀다가 아닌데도 여전히 반야라고 불립니다. 그것은 성장해야 하는 아기 반야와 같습니다.

때때로 텍스트들은 성문과 연각의 지혜를 가리키는 반야바라밀다에 대한 단순한 성찰에 대해서도 말합니다. 반야부 경전에서는 성문과 연각 역시 그들의 수행에서 오직 반야바라밀다에만 의존한다고 말하지만, 그들은 그것이 반야바라밀다라는 것을 알지 못하며 반야바라밀다라고 부르지도 않습니다. 일반적으로 대승불교에서는 우리가 길에서 얻을 수 있는 모든 깨달음이 반야바라밀다의 수행에서 비롯된다고 말합니다.

## 반야부 경전

이 네 가지 유형의 반야바라밀다 중에서 경전의 반야바라밀다, 즉 경전에 대해 좀 더 자세히 논의해 보겠습니다. 대승불교에 따르면 반야부 경전은 왕사성 근처의 영축산에서 석가모니 부처님이 설법한 것이지만, 그 후에 그 가치가 충분히 평가되지 않아 약 4백 년 동안 사라져 더 이상 퍼지지 않았다고 합니다. 나중에 나가르주나(Nāgārjuna)가 나가들(nāgas)로부터 돌려받았습니다. 나가(nāgas)는 엄밀히 말하면 불교에서 동물의 범주에 속하는 모든 종류의 존재입니다. 서양에서는 신화나 동화에서 용이나 땅 속의 두꺼비 또는 머리가 많은 히드라처럼 뱀 같은 동물로 묘사됩니다. 일반적으로 나가는 모든 귀중한 것을 좋아하고 수집하고 보관합니다. 반야부 경전을 관리했던 특별한 나가는 바다에 사는 것으로 알려져 있는데, 나가르주나가 열심히 설득하여 반야부 경전을 받았다고 합니다.

반야부 경전에는 아주 긴 경전부터 매우 짧은 경전까지 다양한 종류가 있습니다. 티베트 정전에는 십만 줄에서부터 단 한 음절에 이르는 23개의 경전이 포함되어 있습니다(중국 정전에는 훨씬 더 많은 반야부 경전이 있습니다). 이들 반야부 경전의 분량만 본다면 그것들은 모든 현교와 밀교의 티베트 정전 전체의 20%(21권)를 차지합니다. 티베트 전통에서는 이 스물세 권의 경전 가운데 주요한 반야부 경전을 "여섯 분의 어머니와 열한 명의 자녀"라고 부릅니다. 여섯 개의 "어머니" 반야부 경전은 십만, 이만오천, 만팔천,

만, 팔천, 그리고 『불모보덕장반야바라밀경(佛母寶德藏般若波羅蜜經, *Prajñāpāramitāsaṃcayagāthā*)』(팔천송 반야부 경전을 축약해 놓은 버전)의 행 수만 기억하면 되므로 쉽게 기억할 수 있습니다. 『반야심경』은 "열한 명의 자녀" 가운데 하나입니다.

이 모든 경전은 거의 같은 내용을 말하고 있고, 단지 얼마나 자세히 설명하느냐만 다릅니다. 『반야심경』에는"눈도 없고", "귀도 없고"와 같은 목록들이 나옵니다. 더 긴 경전에서는 이러한 목록이 극적으로 확장되어 수백 쪽에 걸쳐 "이것도 없고, 저것도 없다"라고 적혀 있습니다. 그렇기 때문에 그 경전들은 때로는 읽기가 좀 지루하기도 하고 졸음이 오기도 합니다. 이 경전을 읽는 목적은 잠자기 전에 가볍게 읽기 위한 것이 결코 아닙니다. 이 경전은 다소 자세한 내용을 담고 있는 성찰의 지침서로서 몇 번이고 반복해서 읽어야 하는 책입니다. 하지만 경전들은 이러한 온갖 목록을 제공하기만 하는 것이 아니라 무엇을 수행해야 하는가라는 측면에서 보살의 길에 대해서도 이야기합니다. 동시에 경전들은 우리가 수행하고 깨닫고 이루는 그 어떤 것에도 집착하지 말라고 곳곳에서 계속 이야기합니다. 예를 들어 어떤 경전은 보리심을 일으키는 것에 대해 자세히 설명하면서도, 동시에 보살들은 보리심이나 보리심을 일으키는 것에 머무르지 않는다고 말합니다. 이런 식으로 반야부 경전은 궁극적인 실재뿐만 아니라 상대적인 실재와 상대적인 수행에 대해서도 말하고 있습니다. 하지만 그것은 항상 궁극적인 견해와 연관되어 있습니다.

일반적으로 이 모든 경전은 한 글자로 된, 사실상 독백인 것을 제

외하고는 모두 대화의 형태로 제시됩니다. 또한 가르치는 사람은 부처님 자신이 아니라 다른 누구인 경우가 많은데, 『반야심경』에서는 관세음보살이 그 역할을 합니다. 부처님은 마지막에 "잘했다"라고만 말씀하십니다. 다른 경전에는 가르치는 사람이 여러 명 등장합니다. 주요 스승 가운데 한 사람은 수보리라는 성문인데, 샤리뿌뜨라와 많은 대화를 나눕니다. 초기 불교 전통에서 샤리뿌뜨라는 부처님의 모든 제자 가운데 가장 지혜롭지만, 반야부 경전에서는 힘든 상황을 겪는 인물로 묘사되어 있습니다. 그는 항상 질문을 하거나 의문을 제기하는 사람인데, 실제로 뭔가를 잘 이해하지 못하거나 최소한 모르는 척을 합니다. 그러면 수보리나 다른 누군가가 때로는 반문으로 대답을 하고, 그런 다음 대화가 오고 갑니다.

이와 같이 일반적으로 대부분의 경전은 오늘날 우리가 보듯 가르침이나 대화의 기록이거나 필사본입니다. 경전은 부처님 자신의 가르침이거나, 부처님으로부터 권한을 부여받았거나 축복을 받은 이들의 가르침입니다. 예를 들어 『반야심경』의 시작 부분에서 부처님은 삼매에 들어갑니다. 그런 다음 샤리뿌뜨라의 질문과 관세음보살의 대답은 모두 깊은 명상 가운데서 붓다의 마음의 축복을 받은 덕분에 일어납니다.

반야부 경전은 주로 8세기와 9세기 초에 티베트에서 번역되었고 그 후 여러 차례 개정되었습니다. 또한 반야부 경전을 해석하는 독특한 전통도 발전했습니다. 경전 자체에 대한 인도의 주석서뿐만 아니라 미륵이 쓴 『현관장엄론(現觀莊嚴論, *Abhisamayālaṃkāra*)』이라는 문헌에 대한 많은 주석서들이 있습니다. 이 문헌은 기본적으로 반야부 경전의 압축 파일과 같으며, 2만 5천 줄로 경을 최대한 압축한 것입니다. 그것은 목차나 간단한 메모와 비슷하며, 종종 "A, B, C, …"라고만 되어 있습니다. 이 문헌이 무엇을 말하는지 알려면 2만 5천 줄로 된 경전과 비교해야만 합니다. 결국 이 문헌과 인도어, 티베트어 주석은 티베트에서 반야부 경전을 해석하는 주요 근거가 되었습니다.

## 복잡한 마음, 단순한 공성

반야부 경전의 주요 주제는 크게 두 가지입니다. 하나는 당연히 앞이나 뒤, 위나 아래, 왼쪽이나 오른쪽, 그 어디에나 있는 공성입니다. 이것은 반야부 경전의 명시적인 가르침이자 명백한 주제입니다. 하지만 반야부 경전에는 숨겨진 의미도 있는데, 그것은 보살의 길과 보살지의 진전입니다. 다시 말해 공성의 가르침은 대상이나 깨달아야 할 것에 대해 말합니다. 반면에 길과 경지에 대한 가르침은 그 대상을 인식하는 주체인 보살들이 실제로 공성에 대해 명상하고 그것을 깨달을 때 초심자의 수준에서부터 부처의 경지에 이를 때까지 그들의 마음에서 일어나는 일에 대해 말하고 있습니다. 이와 같이 반야부 경전은 동전의 양면을 모두 설명합니다. 단순히 모든 것이 공하다고 말하고, 그런 다음에는 "이제 알아서 잘해 보세요!"라고 말하는 것이 아닙니다. 경전은 이 공성을 다루는 방법, 공성을 성찰하는 방법, 공성을 깨닫는 방법에 대한 지침도 함께 제시합니다.

주석 전통에서 공성에 대한 반야부 경전의 가르침은 주로 중관 문헌에서 논증을 통해 토론하고 철저하게 확립된 반면, 『현관장엄론』과 그 주석서는 경의 숨겨진 주제인 길과 보살지에 대한 주석으로 여겨집니다. 『현관장엄론』에 대한 주석서는 21개의 인도 문헌과 수백 개의 티베트 문헌으로 이루어져 있습니다. 이 과정은 매우 흥미로운데, 무엇보다 그 누구도 평생을 다 바친다고 해도 제대로 공부하고 이해할 수 없는 매우 긴 반야부 경전이 있습니다. 그런 다음 미륵은 273 게송으로 이루어진 "축약본" 『현관장엄론』을 저술했지만, 그것은 너무 짧기 때문에 우리가 이해할 수 없습니다. 그래서 인도와 티베트의 대가들이 이 짧은 문헌에 대한 주석서를 썼는데, 이는 곧 압축 파일을 다시 풀었다는 것을 의미합니다. 하지만 그 결과 원래 경전보다 훨씬 더 방대한 주석서가 나오게 되었습니다.

이 경전이 말하는 공성에 대해 생각해 보면 이것은 어떤 면에서 아주 아이러니한 일입니다. 공성은 우리가 상상할 수 있는 가장 단순하고 가장 복잡하지 않은 것인데, 이 모든 담론의 세부 사항과 모든 부수적인 요점에 대한 전체 문헌이 있습니다. 다섯 가지 길과 열 가지 경지가 있고, 각각의 길은 여러 단계로 나뉘며, 각 하위 단계마다 일정한 수의 장애를 버려야 합니다. 대부분의 사람들은 '누가 그걸 다 알고 싶어 할까? 또는 다 알 필요가 있을까? 우리에게는 이미 생각이 너무 많지 않은가? 나는 이것이 모든 기준점을 내려놓는 것이라고 생각했는데'라고 여깁니다. 물론 그 모든 세부 사항을 정말로 알고 싶어 하는 사람은 아무도 없고, 어떤 의미에서는 우리 모두 이미 그것들을 알고 있습니다. 왜냐하면 그것들이 이미 우리 마음속에 있는 수많은 기준점들의 세부 사항이기 때문입니다. 이 경전들과 주석서들이 우리의 장애에 대해 말하고 있다는 사실은, 그것들이 끝없이 복잡해 보이는 이유와 정확히 맞닿아 있습니다. 이는 우리의 마음이 본래 복잡하기 때문입니다. 공성은 지극히 단순하지만, 이 단순함을 이해하지 못하는 우리의 난해한 마음은 매우 복잡합니다. 붓다, 그리고 경전과 주석서에 나오는 다른 화자들은 정말로 그러고 싶어 하는 것은 아니지만, 우리 마음속의 매듭을 하나하나 다루어야 합니다. 그것들은 우주에 있는 매듭과 같습니다. 우리 마음의 공간에는 수많은 매듭이 있기에 그 매듭을 모두 다루다 보면 결국 이렇게 큰 책이 되어 버리는 것입니다. 그 책들을 읽다 보면 우리 마음에 어떤 특정한 매듭이 없다는 것을 발견할 수도 있지만, 확신하건대 우리는 그 책에 설명된 수많은 다른 매듭들을 발견하게 될 것입니다. 또한 우리는 종종 자신이 어떤 특정한 여행을 하고 있다는 사실을 인식하지 못하고, 다른 사람들에게는 우리에게 문제가 있다는 것이 분명하게 보이는데도 우리 자신은 그런 문제가 없는 것처럼 가장합니다. 이 수수께끼는 서양 철학자 비트겐슈타인이 다음과 같이 잘 표현했습니다.

> 철학은 왜 그렇게 복잡할까요? 철학은 전적으로 단순해야 합니다. 철학은 우리가 아무 의미 없이 만들어 놓은 사고의 매듭을 풀어 주는 역할을 합니다. 그러기 위해서는 이 매듭만큼이나 복잡한 움직임을 만들어야 합니다. 철학의 *결과*는 단순하지만, 그

것이 성공하려면 그 방법은 단순할 수가 없습니다. 철학의 복잡성은 철학의 주제가 아니라 복잡하게 엉켜 있는 우리의 이해입니다.*

이것은 흥미롭게도 부처님의 말씀, 반야부 경전의 가르침과 정확히 일치합니다. 경전을 읽어 보면 그것은 결코 단순하지 않습니다. 중관 문헌을 읽으면 훨씬 더 어렵습니다. 그리고 『현관장엄론』과 그 주석서는 중관 문헌보다 더 어렵습니다. 그럼에도 불구하고 이 모든 텍스트가 왜 그렇게 복잡한지 그 이유를 알아보는 것은 중요합니다. 그것은 그 주제가 복잡해서가 아니라 우리의 마음이 너무 복잡하기 때문입니다. 우리 마음속의 모든 매듭을 풀고 싶다면 거기에는 여러 가지 접근 방식이 있습니다. 하나씩 하나씩 풀어가려고 할 수도 있는데 그러면 그것은 시간이 많이 걸리고 모든 핵심적인 세부 사항으로 들어가게 됩니다. 물론 복잡하고 풀기 어려운 마음의 문제를 한 방에 끊어 버리려는 다른 접근법도 있습니다. 반야부 경전에서는 접근 방식이 점진적이며 급격하지 않습니다. 경전은 급격한 접근에 대해서도 이야기하지만 그것은 매우 진일보한 특정한 사람들에게만 해당됩니다. 대부분의 사람들에게 매듭을 푸는 것은 점진적인 길이며 그것은 다섯 가지 길, 열 가지 경지라고 부르는 것들로 이루어져 있습니다.

---

* K. T. 팬, 『비트겐슈타인의 철학 개념』(버클리: 캘리포니아 대학교 출판부, 1969), p.103, 주석 4에 인용됨.

티베트 전통에서 "반야바라밀다"를 주제로 말할 때, 그것은 『현관장엄론』과 그 주석서를 의미하며, 그것은 길과 경지라는 주제에 관한 것입니다. 중관은 별도의 주제이며 오로지 공성에 관한 것이지만 위에서 설명한 것처럼 그 두 주제는 상호 보완적인 관계에 있습니다. 하지만 중관은 길과 경지에 대해 거의 이야기하지 않으며 상대적 실재의 차원에서 길의 통상적인 것들의 세부 사항에는 그저 관심이 없습니다. 그들은 단지 공성에 대해 앞뒤로 이야기하고 그런 다음에는 그저 "이제 알아서 잘해 보세요!"라고 합니다. 그들은 보통 공성에 대해 명상하는 방법에 대해서조차도 이야기하지 않습니다. 명상에 대해 논하는 중관 텍스트가 몇 개 있지만 대개는 말하지 않습니다.

참고로 티베트 여성 수행자 마칙 랍된(Machig Labdrön)의 *쬐*(*Chö*)의 가르침은 본질적으로 반야바라밀다이지만 금강승의 원칙과도 일치해서 현교와 밀교 양자를 결합한 것으로 알려져 있습니다. 잠곤 꽁뜨률(Jamgön Kongtrul)에 따르면, 쬐의 가르침이 반야바라밀다와 연관되는 방식은 반야바라밀다가 우리가 나무를 베는 땅, 즉 대지와 같다는 것입니다. 땅이 없다면 베어 낼 나무도 없고, 일할 근거도 없을 것입니다. 마찬가지로 반야바라밀다는 자아를 부풀리는 생각을 끊어 내는 토대입니다. 그 생각들이 우리를 윤회에 묶어 두는 것입니다. 이 끊어 내는 일에는 반드시 어떤 근거가 있어야 하는데, 그것이 바로 반야바라밀입니다.

## 해체하고 부정하는 반야바라밀다

반야부 경전의 어려운 특징 가운데 하나는 그것이 초기 불교의 근본적인 가르침과 대조된다는 점입니다. 반야부 경전은 오온, 12연기, 네 가지 고귀한 진리, 열반 등 초기 불교의 모든 특징과 성스럽게 여겨지는 것들을 모두 버린 것처럼 보입니다. 말하자면 그것들이 모두 하수구로 사라지는 것입니다. 초기 불교에서는 어느 순간부터 가르침을 지나치게 학문적으로 접근하고 구체화하는 경향이 생겼습니다. 학자들은 부처님이 설하신 모든 말씀을 수많은 하위 범주와 온갖 종류의 개념적인 상호 연관성을 가진 범주에 집어넣었습니다. 그들은 서랍과 칸이 많은 거대한 옷장을 만들었고, 모든 것을 다 어딘가에 넣으려고 했습니다. 그들은, 실재는 다양한 사물로 구성되어 있고, 이 모든 것이 진정으로, 그리고 궁극적으로 존재한다고 이해했습니다. "다르마" 또는 현상의 목록이 있는, 이 지극히 현실적인 접근 방식은 *아비다르마*(*abhidharma*)라고 불립니다. 반야바라밀은 모든 분류와 하위분류, 그리고 모든 것을 고착화하는 강한 경향을 가진 이 아비다르마 전통에 해체적으로 접근하는 것을 주된 목표로 삼았습니다. 그러므로 반야부 경전은 모든 것을 깔끔한 범주로 나누고 이것이 실제 세계의 존재 방식이라고 생각함으로써 부처님의 가르침을 지나치게 실체화하는 경향에 대응하고 있는 것입니다.

반야부 경전을 번역하고 연구한 몇 안 되는 선구자 가운데 한 사람인 에드워드 콘즈(Edward Conze)는 반야부 경전에 대한 대승불교의 접근 방식과 초기 불교가 다른 점이 크게 다섯 가지라고 말했습니다. 첫째, 보살의 이상, 목표, 그리고 일이 아라한과 다릅니다. 아라한(Arhats)은 주로 자기 해탈에 관심이 있는 반면 보살은 모든 중생을 해탈하게 합니다. 중생을 그저 아라한이 아니라 부처로 만들기 위해 노력합니다. 여기에는 모든 중생을 이롭게 하기 위해 완벽하게 완성된 불성을 성취하고자 하는 보살의 동기가 포함됩니다. 보리심의 동기의 핵심은 다른 중생들을 고통에서 벗어나게 하려는 서원입니다. 보살은 자신을 위해 불도를 이루고자 하는 것이 아닙니다. 대개 보리심의 핵심은 부처가 되는 것이라고 생각하지만 이것은 여전히 매우 자아 지향적이기 때문에 이 점이 매우 중요합니다. 보살의 서원 또는 보리심의 진정한 핵심은 모든 중생을 고통에서 해방시키고자 하는 염원이며, 중생을 고통에서 벗어나게 할 수 있는 가장 강력하고 효율적인 상태가 바로 불성이기 때문에, 보살들은 오직 그 목표를 위해 불성을 깨달으려고 노력하는 것입니다. 다시 말해 보리심의 관점에서 볼 때 불성은 목적을 위한 수단일 뿐 결코 그 자체가 목적이 아닙니다. 사실 중생을 돕는 일이 본격적으로 시작되는 시점이 바로 불성이기 때문에 불성은 결코 목적이 아닙니다.

둘째, 반야부 경전의 지혜는 초기 불교 가르침의 지혜, 즉 개인적인 자아가 없다는 것을 깨닫거나 네 가지 고귀한 진리를 깨닫는 지혜와 대조됩니다. 이 지혜는 오직 자신의 오온을 향하고, 이 오온 안에 자아가 없다는 것을 보는 반면, 반야부 경전의 지혜는 훨씬 더 광범위합니다. 이 지혜는 모든 중생의 오온뿐만 아니라 안팎의 모든 다른 현상들을 살펴보고, 그 어떤 현상도 그 자체의 본성이 없음을 봅니다.

셋째, 반야부 경전에서는 보살이 현상을 분석해서는 안 된다고 말하는데, 이는 현상의 어떤 특징에 집착하거나 그것을 고착화해서는 안 된다는 의미입니다. 하지만 아비달마에서는 모든 것이 그 특징에 따라 긴 목록으로 분류되어 상호 참조되고 점점 더 고착화됩니다.

넷째, 아비달마에서는 초기 불교 접근 방식의 특징 가운데 하나인 무상無常의 원리를 깨달아야 할 핵심으로 여깁니다. 그 주된 접근 방식은 사물의 순간성, 즉 현상의 일어남과 머무름, 사라짐을 탐구하고 그 과정을 설명하는 것이었습니다. 이와는 대조적으로 반야부 경전에서는 일어나지도 않고, 머물지도 않고, 사라지지도 않는다는 것을 끊임없이 말합니다. 그러므로 이 경전의 특징 가운데 하나는 "모든 현상은 태어나지 않은 것"이라는 것, 이는 애초에 실제로 존재하지 않으므로, 그 어떤 진정한 일어남도 본래의 존재도 그 어떤 사라짐도 없다는 것을 의미합니다.

다섯째, 아비달마는 다양한 현상이 실재를 구성한다고 말하며, 궁극적인 실재조차도 미세한 물질 입자나 아주 작은 마음의 순간과 같은 여러 현상으로 구성되어 있으며, 이 모든 것이 실제로 존재한다고 말합니다. 반야부 경전에서는 애초에 하나의 현상도 존재하지 않기 때문에 다양한 현상은 존재하지 않는다고 말합니다. 또한 현상들 사이에 어떤 경우에도 변하지 않는 차이나 경계를 확정할 수 없기 때문에 분리된 현상도 없습니다. 이러한 모든 차이는 완전히 자의적인 개념적 명칭에 불과합니다. 예를 들어 우리는 쿠션과 그것이 놓인 매트가 서로 다른 별개의 사물이라고 생각하지만 어린 아이에게는 이것이 전혀 분명하지 않습니다. 또한 우리는 이 테이블과 카펫이 다르다고 생각하지만 시각적 지각의 측면에서 보면 그것도 분명하지 않습니다. 우리의 시야에 보이는 것만 취한다면 과연 누가 그 안의 왼쪽, 오른쪽, 위, 아래에 보이는 것이 정말 다르다고 말할 수 있을까요? 우리는 시각 영역 전체를 하나의 다채로운 객체로 볼 수도 있습니다. 그것이 우리의 시각 의식(眼識)이 우리에게 보여 주는 방식입니다. 우리가 서로 다른 대상을 구별하는 것은 오직 귀속시키는 것과 꼬리표를 통해서만 가능합니다. 우리의 눈은 이 방의 모든 것을 여러 가지 색깔로 된 하나의 커다란 조각으로 보지만, 우리의 개념적 마음은 다른 사람들이 다른 쿠션과 의자에 앉아 있고, 다른 옷을 입고 있다는 등의 경계를 만듭니다.

## 길 없는 길

반야바라밀다를 정제하고 드러내는 정신적인 길에서 무엇인가가 경험되는 동안, 반야 자체는 모든 실체화 너머에 있고, 생각할 수도 없고 헤아릴 수도 없는 것이지만, 그 깨달음은 점진적으로 일구어져야 합니다. 전통적으로 그러한 경험과 깨달음은 "길(道)과 경지(地)"라는 개념적 틀에서 논의되는데, 이 틀은 반야부 경전의 숨겨진 의미를 보여 줍니다. 불교에서 "길"과 "경지"는 주로 내면의 영적 발달, 그러니까 우리 마음이 자신의 공간을 여행하면서 자신의 본질에 도달하는 것을 의미합니다("마음"은 때때로 "길"과 동의어로 쓰이기도 합니다). 다시 말해 이것은 초심자 단계부터 완전한 불성에 이르기까지 다양한 방식으로 특정한 마음 상태와 통찰을 계발하고 이에 익숙해지는 연속적인 과정을 의미하며, 이 과정에서 점점 더 긍정적이고 강력한 정신적 특징이 자연스럽게 나타납니다.

"길"을 뜻하는 산스끄리뜨어 *마르가*(*mārga*)는 동사 어근 *마르그*(*mārg*)("추구하다", "노력하다", "찾아내다", "가다" 또는 "움직이다")에서 파생되었으며 "(바른) 방식", "길", "코스", "통로", "탐색", "탐구", "방법", "양식", "수행", "암시" 또는 "어떤 일이 어떻게 일어날지 나타내는" 등의 광범위한 의미를 지니고 있습니다. 다시 말해 그 길 전체는 탐색에 관한 것입니다. 우리는 질문을 찾고, 답을 찾고, 실재의 진정한 본질이 무엇인지 찾습니다. *마르가*는 "어떤 일이 어떻게 일어나고 있는지를 암시하거나 나타내는 것"이라는 뜻도 있기 때문에 그 길은 여행자와 여행 안내자 모두를 위한 길입니다. 우리의 탐색뿐만 아니라 스승에게 받는 가르침 역시 길입니다. 그것은 마치 가리키는 손가락과 같습니다.

다섯 가지 불교의 길은 경치 좋은 소풍 장소로 떠나는 여행과도 같습니다. 먼저 우리는 소풍 바구니, 다양한 음식, 자동차 연료 같은 준비물을 챙겨야 합니다. 이것은 여행에 필요한 여러 가지 것들을 모으는 축적의 길(또는 장비)에 해당합니다. 다음으로는 차를 타고 소풍 장소로 향하는 도로 위를 달립니다. 물론 이미 안내 책자를 읽었기 때문에 목적지에 가까워지는 동안 길을 잘 파악하고 목적지를 계속 상상합니다. 만약 안내 책자를 잘 읽었다면, 아직 목적지에 도착하지 않았더라도 그곳을 머릿속에 아주 선명하게 떠올릴 수 있습니다. 그것은 준비의 길입니다. 어떤 의미에서 우리는 여기서 결실(果)을 다루고 있지만, 그것은 아직 개념적인 수준에 머물러 있습니다. 그럼에도 불구하고 이를 통해 우리는 최종 목적지에 가까워지고 있는 것입니다. 결국 우리는 그곳에 도착해서 멋진 풍경을 볼 수 있는데, 이는 견도(見道, the path of seeing)와 같습니다. 우리는 처음으로 눈앞에 있는 장소를 직접 보게 되고 더 이상 안내 책자가 필요하지 않게 됩니다. 우리는 어울려 돌아다니면서 풍경과 주변의 세세한 것까지 살펴보고 점점 더 익숙해집니다. 우리는 금세 다른 곳으로 가지 않고 소풍 장소의 나무 하나, 바위 하나, 꽃 한 송이까지 모두 알게 됩니다. 이것이 바로 명상의 길, 즉 익숙해짐의 길입니다. 그것은 처음 도착했을 때 그저 대충 보고 지나쳤던 것의 모든 세세한 부분과 면면들에 완전히 익숙해지는 길입니다. 마침내 우리는 그곳을 속속들이 알게 됩니다. 우리는 완전히 편안함을 느끼고 마음대로 돌아다닐 수 있게 됩니다. 우리는 그곳의 모든 것을 기억하고 다른 사람들에게 완벽할 만큼 자세하게 설명할 수도 있습니다. 이것은 더 이상 배울 것이 없는 길, 그 길의 마지막 결과입니다.

부처가 되는 길에서 우리는 어떻게 반야바라밀다를 수행할까요? 다섯 가지 길과 열 가지 경지에 대한 더 이론적인 측면을 넘어서서, 실제로 반야를 경험한다는 측면에서, 이러한 길과 경지에 대한 점진적이고 심오한 깨달음의 핵심은 우리 존재의 근본적인 토대 없음(groundlessness), 그리고 길이 없음(無道, no path)이라는 개념과 친구가 되는 것입니다. 기술적인 측면을 넘어서서, 다섯 가지 길(五道)과 열 가지 경지(十地, 보디삿뜨바의 단계)를 경험하는 것의 핵심은 실제로 반야바라밀다를 체험하는 것입니다. 이 원리는 윤회나 번뇌의 현상뿐만 아니라 열반이나 정화된 현상, 이를테면 일체지인 불성의 궁극적 결실에 이르는 모든 길에서의 온갖 경험, 깨달음, 행위에도 적용됩니다. 에드워드 콘즈는 반야부 경전의 명시적 주제와 암묵적 주제, 즉 공성과 그것을 깨닫는 길 모두를 이렇게 정리했습니다.

> 수천 줄에 달하는 반야부 경전은 다음 두 문장으로 요약할 수 있다. 1) 보살(또는 부처될 사람)이 되어야 한다. 이를테면 그는 모든 중생을 위한 지혜의 완성을 통해 얻은 바로 그 일체지에 만족하는 보살이다. 2) 보살, 일체지, "존재", 지혜의 완성, 성취와 같은 것은 존재하지 않는다. 이 두 가지 모순된 사실을 모두 받아들이는 것이 곧 완전함이다.*

가레스 스파르햄(Gareth Sparham)은 이렇게 말했습니다.

> 하리〔바드라〕에 따르면, 반야부 경전의 메시지는 그 모든 길과 그 결과가 허망한 마음으로 이루어진 표면적인 수준에서 작동

* 에드워드 콘즈, 반야바라밀다 문헌(그레이븐 헤지: 무톤 앤 코, 1960), 15쪽.

하는 반면, 그 아래 이를테면 궁극적인 차원에서는 본질적인 본성이 비어 있다는 것이다.*

나가르주나의 『보리자량론(菩提資糧論, *Bodhisambhāra*)』은 이렇게 말합니다.

보살은 중생을 이롭게 한다.
하지만 그 어떤 중생도 보지 않는다.
이것은 참으로 매우 어려운 점이다.
아주 훌륭하고 헤아릴 수 없다.**

하지만 보살의 길에 대한 실제 수행의 관점에서 보면 그 길은 단순히 "모순된 사실을 받아들이는" 문제가 아닙니다. 오히려 이 길은 두 가지 실재, 즉 겉으로 보이는 실재와 궁극적인 실재를 점점 더 철저하게 이해하고, 결국 이 두 가지 실재가 서로 다른 차원이 아니라 보통 사람들의 혼란스러운 이원론적인 마음과 사물의 실상을 직접 경험하는 사람들의 비대상적인 지혜의 마음이라는 서로 다른 관점임을 깨닫는 것입니다. 계속 수행해 나아가면 결국 전자는 후자 안에서 용해될 것입니다. 이러한 관점에서 보면 모순적인

* 가레스 스파르햄, 번역, 브리티와 알로카의 아비사마야라, 1권: 최초의 아비사마야(캘리포니아 프리몬트: 자인 출판사, 2006), p.xxvii.

** 계송 72.

듯한 것들이 사실은 전혀 그렇지 않습니다. 이것은 두 가지 실재의 결합을 깨닫는 것, 즉 반야와 ***방편***(*upāya*)의 결합입니다.

반야부 경전이 수행이나 명상의 교본이기 때문에, 수행할 때는 두 차원의 실재를 통합하는 것이 중요합니다. 즉 경전의 명시적인 가르침—공성 또는 사물이 실제로 어떻게 존재하는지에 대한 관점—과 실제 수행을 조화시켜야 한다는 의미입니다. 이 두 가지가 처음에는 양극단이고 정반대인처럼 보일 수 있지만, 그것이 바로 핵심적인 생각입니다. 반야부 경전의 메시지는 단순히 모든 것이 공하고, 그것으로 끝이고, 우리는 아무것도 할 필요가 없다는 것이 아닙니다. 오히려 보살은 많은 일을 합니다. 그러므로 우리는 두 가지 차원의 실재에 동시에 참여합니다. 비록 각기 다른 수행의 단계에 따라 그 비중이 달라질 수 있다고 해도 말입니다. 초심자는 보통 견해를 기억하는 것과 실제 무엇을 해야 할지 사이를 오갑니다. 하지만 발전해 감에 따라 이 두 가지 집중 대상은 서로 분리할 수 없을 정도로 가까워집니다. 이것을 "지혜와 방편의 결합"이라고 하는데, 이는 대승불교의 길의 특징이고 종종 새의 두 날개에 비유되기도 합니다. 하나의 날개로는 날기가 매우 어렵기 때문에 지혜와 방편이라는 두 날개가 필요합니다. 즉 단순히 지혜를 갖는 것만으로는 충분하지 않고 그 지혜를 삶에서 능숙하게 적용해야 합니다. 우리는 마음뿐만 아니라 몸과 말로도 이루어져 있고, 몸과 말과 마음의 장애(obscuration)도 가지고 있습니다. 그러므로 평범한 일상에서 다양한 방식으로 그 지혜나 통찰을 통해 자신과 타인 모두를 이롭게 할 수 있도록 노력해야 합니다.

## 때를 씻은 비누는 헹구어 내듯

부처님께서 깨달으신 것처럼 중생은 근본적으로 혼란에 빠져 있습니다. 자신의 실체를 제대로 알지 못하는 것입니다. 바로 그 혼란 때문에 고통을 더욱더 키우는 온갖 일을 합니다. 혼란은 겉으로 보기에 견고하고 실제로 존재하는 것 같은 사물과 사람에 집착하는 데서 생깁니다. 궁극적으로 진정한 자유를 얻기 위한 핵심은 이러한 혼란, 그리고 그에 따른 행동과 문제는 실제로 일어나는 것이 아님을 깨닫는 것입니다. 하지만 동시에 우리가 그것을 완전히 깨닫지 못한다면, 바로 그 혼란을 제대로 극복하기 위해서 그 혼란과 함께해야만 합니다. 이것은 꿈을 꾸고 깨어나는 것과 비슷합니다. 악몽에서 깨어나면 더 이상 문제가 되지 않지만, 악몽 속에 있는 한은 자각몽 훈련이나 꿈을 바꿀 수 있는 능력처럼 악몽을 직접 다룰 수 있는 수단을 가지는 것이 좋습니다. 그러려면 먼저 그것이 꿈이라는 것을 인식해야 한다는 뜻인데, 인식을 한다고 해서 꿈에서 깨어나는 것은 아니고 꿈의 경험은 여전히 존재합니다. 그런 다음 더 능숙해지면, 악몽 속에서 우리를 쫓는 호랑이와 이야기하고, 호랑이를 쓰다듬어 주고 놀아 주는 것처럼, 실제로 꿈과 함께 작업하면서 꿈을 바꿀 수 있습니다. 아직 깨어 있지는 않지만 호랑이에게 잡아먹히는 것과 같은 악몽의 경험에 무력하게 끌려가는 것보다는 그것이 훨씬 낫습니다. 뿐만 아니라 그런 식으로 꿈을 꾸면 실제로 깨어나는 것에 더 가까워집니다.

마찬가지로 보살들은 윤회하는 삶이 꿈이나 환상에 불과하다는 것을 인식합니다. 하지만 처음에는 그것을 더 이상 실재로 받아들이지 않더라도 꿈은 여전히 계속 나타납니다. 그러므로 그들은 이 꿈이라는 실재를 다루는데, 그 실재는 완전히 유연하고 변화 가능하기 때문에 훨씬 다루기가 수월합니다. 마침내 그들은 조건 지어진 존재의 악몽에서 벗어나 불성의 밝고 화창한 대낮으로 깨어납니다. 그렇기 때문에 윤회(saṃsāra)라는 꿈에 완전히 갇힌 채 오로지 그 차원의 경험만 다루지 않으려면 두 차원을 하나로 모으는 것이 중요합니다. 언제나 우리가 진정으로 원하는 것은 그 꿈에서 깨어나는 것이라는 더 큰 관점을 마음에 새겨야 합니다.

반야부 경전에 따르면, 실제로 모든 번뇌와 장애는 물론 그 해결책까지도 완전히 비현실적이고, 본질이 없으며, 처음부터 존재하지도 않았다는 점에서 똑같습니다. 그렇긴 하지만 이것을 완전히 깨달아 살아 있는 경험이 될 때까지, 그 길은 점점 더 미세해지는 장애에 점점 더 정제된 해결책을 적용하는, 환상과 같은 방식으로 이루어집니다. 아무리 정교한 해독제라도 그 대상이 없어지면 결국 내려놓아야 합니다. 현상의 진실하고 변하지 않는 본질이라는 관점에서 보면, 버려야 할 것이나 해독제로 보이는 것은 모두 일시적인 장애에 불과합니다. 하지만 도의 관점에서 보자면 우리는 이 사실을 정확히 인식하기 위해 노력해야 합니다. 중국의 유명한 여성 불교 스승인 공시 다오렌은 목욕탕 벽에 이런 시를 썼습니다.

정말 아무것도 존재하지 않는다면 무엇을 씻는 것일까?
아주 작은 때조차 어디서 올 수 있는 것일까?

비록 물과 때의 차이를 보지 못해도
여기에 들어가면 모든 것을 깨끗이 씻어야 하네.

이것은 기본적으로 길(道)을 요약한 것입니다. 물론 궁극적으로 해야 할 일은 아무것도 없지만 샤워기 아래 가면 할 일이 있습니다. 처음부터 더럽다고 느끼지 않는다면 아무 할 일이 없습니다. 더러움이나 씻어 내야 할 것, 그리고 해결책이라는 개념이 없다면 아무 할 일이 없지만, 일단 더럽다고 느껴서 샤워실에 들어가면 무언가를 해야 합니다. 그냥 거기서 더러운 상태로 있을 수는 없습니다. 일상적인 측면에서도 샤워를 할 때 우리는 해결책을 버려야 합니다. 샤워를 할 때 때를 씻어 내는 물과 비누라는 수단을 이용합니다. 켄뽀 출뜨림 갸초 린포체(Khenpo Tsultrim Gyamtso Rinpoche)는 "몸이 더러우면 그 위에 다른 더러운 것을 바르는데, 이를 우리는 '비누'라고 부른다."라고 말합니다. 우리는 몸에 때를 그대로 두고 싶지 않고, (때를 씻어 내는 해결책) 비누도 그대로 두고 싶지 않습니다. 샤워실에 들어가서 몸에 비누를 칠한 다음 비누를 물로 씻어 내지 않은 채 다시 옷을 입지는 않습니다. 마지막으로 우리는 물(비누보다 더 미묘한 해결책)조차도 없애고 싶기 때문에 몸이 젖은 채로 옷을 입지는 않습니다. 이런 식으로 몸을 씻을 때, 우리는 몸을 더 깨끗하게 하기 위해 실제로 몸 자체에서 무언가를 없애는 것이 아니라 몸이 아닌 다른 것들을 없앱니다. *정말* 깨끗해지기 위해 염산으로 샤워를 하지는 않습니다. 그것은 효과가 있지만 오직 한 번뿐입니다.

마찬가지로 빨래를 할 때도 엄밀히 말하면 빨랫감을 세탁하거나 깨끗하게 하는 것이 아니라, 때를 닦아 내는 것일 뿐입니다. 옷은 여전히 갖고 싶기 때문입니다. 빨랫감 일부가 사라지는 것이 빨래라면 금세 더 이상 입을 옷이 없게 될 것입니다. 다시 말하지만 우리는 해결책인 세제를 뿌려 때를 씻어 낸 다음, 헹굼으로 그 해결책을 없앱니다. 일상생활에서도 해결책을 갖고 있으려는 사람은 아무도 없다는 의미입니다.

마찬가지로, 불교의 길에 있는 해결책도 그에 상응하는 장애를 없애기 위해 사용할 때만 의미가 있습니다. 일단 장애를 없앴다면 해결책도 버려야 합니다. 그렇지 않으면 해결책은 또 다른 문제나 장애가 될 뿐입니다. 마치 폐렴이 완치되었는데도 항생제를 계속 복용하여 항생제로 인해 병이 생기는 것과 같습니다(조금 더 일찍 문제가 생길 수도 있습니다). 공성의 근본적인 관점에서 볼 때, 장애와 그 해결책은 모두 문제이고, 본질적으로는 어느 쪽이 다른 쪽보다 더 나은 것이 아닙니다. 해결책의 단 한 가지 좋은 점은 자각몽과 마찬가지로 결국은 깨어나는 것에 더 가까워진다는 것입니다. 하지만 자각몽을 가지고 노는 데만 몰두한 채 그 안에서 할 수 있는 온갖 멋진 일들에 완전히 빠져든다면 우리는 결코 깨어나지 못할 것입니다. 더 좋은 꿈, 재미있는 꿈이라고 해도 꿈은 그저 꿈입니다.

버려야 할 장애와 해결책은 환영에 불과한 코끼리 한 마리가 역시 환영에 불과한 다른 코끼리를 물리치는 것과 같습니다. 또는 영화에서 착한 사람이 나쁜 사람을 무찌르는 것처럼 보이지만, 실제로는 등장인물도 싸움도 진짜가 아닌 것과 같습니다. 그래도 영화에서는 그것이 통하고 우리가 이야기에 빠져들면 그것은 우리 마음속에서도 통하고, 온갖 생각과 감정은 물론 심지어는 신체적인 반응까지 만들어 냅니다. 하지만 누가 하루 24시간 내내 영화 속에 있고 싶겠습니까?

이런 맥락에서 켄뽀 출뜨림 걈초 린포체는 종종 불교의 길은 기본적으로 더 거친 개념에 대응하는 더 미묘한 개념의 연속에 불과하다고 말합니다. 우리는 자신과 세상, 그리고 다른 모든 사람들에 대해 매우 거칠게 생각한 다음, 더 미세한 개념을 통해 그것을 잘게 자르거나 상쇄합니다. 예를 들면 우리가 사물이 실제로 존재하고 지속된다고 생각할 때, 부처님은 무상이라는 해법을 가르치셨습니다. 하지만 반야부 경전에서는 무상 또한 궁극적인 실체가 아니라고 말하기 때문에, 이것은 결코 끝이 아닙니다. 무상을 더 깊이 들여다보면 결국 공성으로 귀결됩니다. 하지만 만일 "바로 그거야"라는 생각처럼 공성을 어떤 "사물"로 만들어 버리면, 공성 또한 궁극적인 실재가 아닙니다. 부처님께서 "공성의 공"에 대해 말씀하신 이유도 바로 여기에 있습니다. 여기서 핵심은 실재에 대해 어떤 수준의 통찰을 가지고 있든지, 그것이 무상에 대한 이해이든 공성에 대한 이해이든, 우리가 그것을 붙잡거나 견고하게 하는 한 그것은 또 다른 기준점이나 다른 걸림돌이 되기 때문에 별 도움이 되지 않는다는 것입니다. 그러므로 "공성의 공"은 공성 자체나 공성의 깨달음에 대한 기준점을 놓아 버리는 것을 의미합니다. 만일 무언가를 찾았다고 생각한다면 그것은 분명 공성이 아니며, 그러므로 다른 어떤 것임에 틀림없습니다. 그래서 용수의 『중론』은 다음과 같이 말합니다.

> 승리자들은 공성이
> 모든 견해를 없애는 것이라고 가르쳤다.
> 하지만 하나의 견해인 공성에 갇힌 자들은
> 도무지 치료할 길이 없다.*

## 무위로 돌아가기

물론 반야부 경전들은 항상 기준점이 없고 비언설적인 말을 하지만, 동시에 비언설적이라고 말하는 데 있어서 극도로 언설적입니다. 이러한 장황함은 사람들의 마음이 너무 장황하기 때문입니다. 반야부 경전의 한 글자, 그저 "A"라고 말하는 데서 보듯 공성은 가장 단순합니다. 거기에는 아무 장황함도 없습니다. 그렇다면 그다음은 무엇일까요? 무엇을 할까요? 그래서 대부분의 사람들에게는 조금(또는 많이) 더 자세한 설명이 필요합니다. 우리는 다양한 반야부 경전 가운데서 자신이 원하는 정도의 자세함을 선택할 수 있습니다. 다행히 여기서는 『반야심경』만 다루고, 더 긴 경은 다루지 않겠습니다.

반야부 경전의 언어를 현대적인 용어로 표현하자면 "해체적"이

* XIII.8.

라고 할 수 있습니다. 적어도 공성의 측면에서 경전들이 가르치는 것은 대부분 무엇을 하라는 것이 아니라, "이것을 하지 마라", "저것을 하지 마라"라는 것입니다. 예를 들어 "오른발을 왼쪽 허벅지 위에 올리고 왼발을 오른쪽 허벅지 위에 올린 다음, 오른손을 왼손 위에 놓아 두 손을 무릎 위에 가지런히 얹고, 허리는 곧게 펴세요"라는 말은 명상 자세에 대한 것입니다. 여기에는 많은 개념화가 필요하고 발, 허벅지, 그리고 척추와 같은 것들이 무엇인지도 알아야 합니다. 이처럼 무엇을 어떻게 할 것인가에 대한 것은 해체적인 것이 아닙니다. 하지만 "생각하지 마", "잊어버려", "공성" 또는 "A"라는 것은 실제로 무엇인가를 *하라*는 지시가 아닙니다. 기본적으로 "지금 하는 일을 멈추라"는 말은 그 대신 무엇을 하라는 것이 아닙니다. 여기에는 열린 결말의 느낌이 있는데, 이것은 반야부 경전의 전형적인 양식이고 선禪의 전통에서도 그렇습니다. 반야부 경전은 기본적으로 그것을 완벽하게 해 냈습니다. 즉 우리가 무엇을 생각하든, 말하든, 행하든 간에, 항상 정반대의 것이나 혹은 말이 안 되는 것을 제시합니다.

보통 우리는 무엇을 할 것인지, 무엇을 해야 하는지 듣고 싶어 하는 데 고착되어 있기 때문에 『반야심경』을 다룰 때는 그것을 마음에 새겨 두는 것이 중요합니다. 우리는 해야 할 일에 대해 듣지 못하면 불안해지고 '도대체 이게 다 뭐지? 나는 단지 내가 무엇에 대해 명상해야 하는지 듣고 싶을 뿐이야. 나는 그저 내가 무엇을 해야 하는지 듣고 싶을 뿐이야.'라고 생각합니다. 하지만 반야부 경전의 가르침은 그런 점에서 매우 이해하기 어렵습니다. 경전은 많은 것을 말하지만 대부분의 말은 우리가 무엇을 해야 하는지, 무엇에 매달려야 하는지에 대한 우리의 생각을 무너뜨리고 끊어 내는 수단으로 쓰일 뿐입니다. 『반야심경』에서 눈도 없고, 귀도 없고, 코도 없고, 마음도 없고, 지혜도 없고, 얻음도 없고, 얻음이 없음도 없다고 하면 우리 마음은 계속 이리저리 오락가락합니다. "얻음이 없음"이라고 하면 '그래, 알겠어. 얻을 것은 아무것도 없구나.'라고 생각합니다. 하지만 그 다음에 "얻음이 없음도 없음"이라고 하면 '잠깐만요! 방금 정반대로 말했잖아요. 어느 쪽이 맞지요?'라고 생각합니다.

그렇다면 이제 우리에게는 무엇이 남아 있을까요? 이 두 가지 상호 배타적인 선택지 사이에서 우리의 마음은 어디에 있을까요? "얻음도 없고 얻음이 없음도 없다."는 말을 들으면 갈피를 잡을 수 없게 됩니다. 우리는 붙잡을 수 있는 것이 아무것도 없는 지점에 놓이게 되고, 이것이 바로 여기서의 핵심입니다. 다시 말하지만 이것은 *정말로* 얻음이 없다거나 얻음이 없음도 없다는 것을 깨닫는 것에 관한 것이 아닙니다. 그 핵심은 우리의 마음이 모든 장난감을 하나씩 빼앗겼을 때 어떻게 반응하는지를 바라보는 것입니다. 장난감 없는 마음은 무엇일까요? 스스로를 즐겁게 하려고 하지 않는 마음이란 무엇일까요? 아무것도, 심지어 마음 그 자체도 붙잡지 않는 마음이란 무엇일까요? 이것이 바로 반야부 경전과 선의 전통, 그리고 그와 유사한 가르침들이 말하고자 하는 근본적인 "돌아갈 수 없는 지점"입니다. 어떤 의미에서 그것들은 우리를 이원론적인 개념의 마음의 벼랑 끝으로 밀어붙입니다. 그런 다음 "무념"이라는, 아무런 기댈 곳도 없는 곳으로 뛰어드는 것은 우리 자신에게 달려 있습니다.

그렇기 때문에 선의 전통에서 "부처를 만나면 부처를 죽여라", 유명한 외침인 "무!" 같은 공안들이 있는 것입니다. 공안은 사실 사물이 어떻게 존재하는지 가르치기 위해 제시된 것이 아니라 옳고 그름, 선과 악, 우리가 안다고 생각했던 것 등을 놓아 버리게 하는 방법일 뿐입니다. 이렇게 보면 약간 비관적인 관점에서 불교의 길은 그저 실망의 연속이라고 말할 수 있습니다. 좋은 점은 딱 한 가지인데, 그것은 깨달음이 과정 속의 모든 실망을 넘어선 마지막 진리라는 것입니다. 좀 더 긍정적으로 보면, 집착하지 않는 마음을 훈련하는 복잡한 과정은 마치 최고 수준의 발레 무용수가 되기 위한 훈련과 같습니다. 그런 사람들의 움직임은 아주 가볍고 우아하며 아무런 힘이 들어가지 않는 것처럼 보이지만, 실제로 훈련은 아주 힘들고 그들은 세세한 모든 부분에 매일 계속해서 주의를 기울여야 합니다. 경직되지 않고 그 어떤 것에도 집착하지 않는 편안함은 오직 고된 훈련을 통해서만 얻을 수 있습니다. 마찬가지로 마음을 훈련한다고 해서 어느 날 갑자기 저절로 집착하지 않는 마음이 되는 것은 아닙니다. 대부분의 사람들에게는 훈련의 필요를 넘어서는 데 어느 정도 훈련이 필요합니다.

이것은 아무것도 붙잡지 않고, 집착하지 않고, 매달리지 않는 훈련을 의미하는데, 사실 이것은 무언가를 하는 훈련보다 훨씬 더 어렵습니다. 무언가를 하는 것은 우리에게 익숙한 일이고, 매우 잘하는 일입니다. 우리는 모두 붙잡고 집착하는 것에는 뛰어납니다. 아기일 때는 겨우 몇 가지에 집착하지만 점점 더 많은 것에 매이게 됩니다. 우리는 이것을 성격, 경력, 인간관계라고 부릅니다. 이 모든 것은 결국 더 많은 기준을 쌓아 가는 것을 의미합니다. 하지만 반야바라밀의 길은 정반대의 길을 가는 것입니다. 그래서 때때로 그 길은 너무 어렵고, 터무니없고, 심지어는 무섭게 느껴지기도 합니다. 우리는 성격, 경력, 인간관계, 소유, 그리고 그 밖의 모든 것에 아주 많은 투자를 해 왔는데, 『반야심경』은 "그냥 다 잊어버리라"고 합니다. 반야부 경전은 그처럼 거대한 공안 모음집과도 같습니다. 『반야심경』 역시 "이것도 아니고 저것도 아니다"라는 온갖 작은 문구 하나하나로 우리에게 겹겹이 쌓인 단단한 개념, 감정, 집착, 기준점의 고치를 깎아 내리는 하나의 공안 모음집입니다.

이 고치를 푸는 길은 선형적인 것이 아닙니다. 보통 우리는 여기서 시작해서 저기로 간다고 생각합니다. 다섯 가지 길이나 십지와 같은 불교의 길에 대한 설명들은 시작이 있고 그다음에는 선형적인 발전이 있는 것처럼 들립니다. 그리고 그 길에서 점점 더 높이 올라가야 한다는 전제가 있는 것 같습니다. 하지만 현실은 다릅니다. 그 길은 주식 시장과 비슷하고 우리는 위아래로, 앞뒤로, 돌고 돌아갑니다. 우리는 같은 문제를 거듭해서 다시 살펴보게 될 것입니다. 그것은 불교의 길의 본질이기 때문에 실제로 문제가 되지 않습니다. 수행 초기의 어느 순간에 분노나 그와 비슷한 어떤 것을 졸업하는 것이 결코 아닙니다. 이상적으로 말하면 분노가 점점 덜 빈번해지고 더 미세해지지만, 여전히 그것이 매우 강렬할 때가 있을 수 있습니다. 그럴 때 우리는 '아이고, 10년 동안 명상을 했는데도 여전히 화가 나네! 이건 나에게 효과가 없거나 내가 뭔가 잘못한 게 틀림없어!'라고 생각합니다.

우리가 화나 다른 감정, 질병이나 고통을 경험할 때, 그 모든 것은 이전에 우리가 했던 행동의 결과이고, 우리 마음속에는 그 결과들이 많이 저장되어 있다는 것을 이해해야 합니다. 길은 우리 마음에 저장된 큰 양동이를 비우는 것을 의미하지만, 모두가 알다시피 양동이의 바닥에는 항상 무언가가 갇혀 있습니다. 또한 이 모든 것이 결과라는 사실은 그것들이 나타나는 것 자체가 곧 우리 내면 체계에서 사라지고 있다는 신호임을 의미합니다. 일단 어떤 것들이 나타났다면 그것과 그것의 원인이 모두 끝난 것입니다. 이것은 우리가 그것들을 제거했고, 그것들이 다시는 돌아오지 않을 것임을 의미합니다. 하지만 중요한 점은 우리가 그에 대한 이야기와 그에 대한 부정적인 반응을 반복하거나 지속함으로써 이런 결과를 새로운 고통의 원인으로 만들어서는 안 된다는 것입니다.

요컨대 불교의 수행의 길은 A에서 B로 가는 직선이 아니라, 중간을 향해 나선형으로 나아가는 것입니다. 물론 나선형으로 나아간다면 같은 지점을 몇 번이고 다시 찾게 되겠지만, 그때마다 우리는 매번 다른 관점에서 바라보기 때문에 그것은 결코 같을 수 없습니다. 그것들은 똑같고 매우 익숙한 것처럼 보이지만 자세히 들여다보면 매번 다르다는 것을 알 수 있습니다. 반야부 경전은 그 나선형의 길을 여행하기 위한 명상 지침서입니다. 바로 그런 이유 때문에 경전을 반복해서 독송하는 것이고, 경전에 그토록 수많은 반복이 있는 것입니다. 표면적으로 그것들은 모두 똑같이 들릴 수 있습니다. 하지만 나선형 여행이라는 접근 방식에서는 겉으로 보기에 같은 단어나 지점을 보더라도 매번 다르게 느껴집니다. 그것은 마치 "똑같은" 책을 다섯 번 읽어도 매번 다른 것을 배우거나 경험하는 것과 같습니다. 똑같은 책이지만 우리의 마음과 그 마음이 읽은 내용이 상호작용하는 방식은 매번 다릅니다. 경전도 마찬가지입니다. 읽을 때마다 마음이 다른 곳에 있기 때문입니다.

# 『반야심경』 해설

이제 『반야심경』의 실제 문장을 살펴볼 차례입니다. 저의 해설은 『반야심경』에 대한 모든 인도 주석과 여러 티베트어 주석, 그리고 현대의 주석(자세한 내용은 참고 문헌 참조)을 바탕으로 한 것입니다. 『반야심경』에는 기본적으로 두 종류가 있습니다. 여기서 사용한 『반야심경』에는 프롤로그(또는 서론)와 에필로그(또는 결론)가 있고, 반야바라밀 만뜨라도 있습니다. 도입부와 결론이 없고, 만뜨라도 없는 판본도 많습니다.

## 무대와 주요 등장인물

『반야심경』의 간략한 구조는 서문 또는 경전의 배경 설명으로 시작합니다. 여기에는 경전이 어디에서, 언제, 누구에 의해 설해졌는지, 그리고 그 자리에 누가 있었는지(주요 등장인물들) 등이 포함됩니다. 특히 『반야심경』은 이 도입부가 두 부분으로 나뉘어 있습니다. 모든 반야부 경전은 "이와 같이 나는 들었다. 세존께서 왕사성 영축산에 머물고 계실 때…"로 시작됩니다. 여기서 독특한 점은 샤리뿌뜨라가 질문을 하는 동안 부처님과 관자재보살이 삼매에 들어 있다는 것입니다. 경전의 실질적인 주요 부분은 관자재보살의 짧거나 긴 대답으로 이루어져 있고, 그 뒤에 만뜨라가 이어집니다. 마지막으로 부처님이 관자재보살에게 "잘했다!"라고 말하고 청중은 이를 함께 기뻐하는 결론이 이어집니다.

앞서 설명했듯이 『반야심경』은 관자재보살이 등장하는 유일한 반야부 경전입니다. 관자재보살은 여기에 잠시 등장하기만 하는 것이 아니라 주된 스승이기도 합니다. 이것은 명시적으로 언급되지는 않았지만 자비와 길에 대한 가르침이 『반야심경』에도 포함되어 있다는 암묵적인 신호입니다. 그러므로 관자재보살은 모든 부처님의 자비를 상징하며, 자비를 근본적인 동기로 삼아 형성된 수행의 길 전체를 나타냅니다. 불교에서 자비는 모든 중생이 고통에서 벗어나기를 바라는 마음을 의미합니다. 그리고 이것은 보리심의 핵심이기도 합니다. 보리심에는 자신이 직접, 실질적으로 중생을 고통에서 벗어나게 하기 위해 성불하리라는 서원이 더해집니다. 그러므로 보리심에는 모든 중생이 고통에서 벗어나기를 바라는 단순한 바람으로서의 자비, 그리고 그 바람의 결과로 모든 중생을 위해 성불하려고 노력하는 정진이라는 두 가지 요소가 있습니다. 즉 보리심에는 우리 스스로 부처가 되어 모든 중생을 고통에서 벗어나게 하려는 개인적인 책임이 더해집니다.

보살의 주된 목표는 중생을 고통에서 해방시키는 것이며, 성불이란 그 목적을 달성하기 위한 수단입니다. 다시 말해 성불은 보리심이나 보살의 길의 부차적인 결과에 가깝다고 할 수 있습니다. 대개 성불은 그 길의 마지막 결과로 제시됩니다. 그리고 그것은 자기 자신의 이익을 위한 것으로 이해됩니다. 왜냐하면 성불이 모든 번뇌를 버리고 부처님의 지혜와 수많은 자질을 성취하는 것을 의미하기 때문입니다. 하지만 보리심의 핵심은 다른 사람을 이롭게 하는 것이므로 보살의 길의 진정한 결과는 부처가 모든 중생을 위해 펼치는 깨달음의 활동입니다. 그리고 이러한 활동은 먼저 부처가 된 다음에만 가능하기 때문에 보살은 이 상태에 이르기 위해 끊임없이 노력합니다. 전문적인 용어로, 부처의 세 가지 몸 가운데 법신은 지극한 버림과 깨달음이라는 측면에서 자신의 안녕을 표현합니다. 그것은 형상이 없고 그 어떤 차원도 없는 부처의 마음자리입니다. 다른 사람의 안녕은 두 가지 형태의 몸, 즉 보신과 화신으로 이루어지는데 각각 여러 경지에 있는 보살과 온갖 중생의 안녕을 도모합니다. 간단히 말해서, 모든 반야부 경전과 마찬가지로 『반야심경』은 공성과 능숙한 행위(또는 지혜와 방편)의 결합을 가르치고, 후자는 관자재보살에 의해 체화됩니다.

다른 반야부 경전과 비교할 때 『반야심경』에는 초기 불교의 가르침에 대한 명백한 논쟁이 없습니다. 성문과 보살 사이에 논쟁이 없고, 성문은 오히려 가르침을 이해하지 못하는 사람으로 그려집니다. 여전히 그런 요소는 반야바라밀 수행법을 묻는 샤리뿌뜨라에 의해 암묵적으로 표현됩니다.

일반적으로 "부처님의 말씀"에는 세 가지 유형이 있습니다. 부처님께서 직접 설하신 말씀이 있고, "축복에 의한 부처님의 말씀"과 "허락에 의한 부처님의 말씀"이 있습니다. 『반야심경』에는 세 가지 유형의 말씀이 모두 있습니다. 경전의 배경을 설명하는 서문은 부처님께서 직접 하신 말씀이 아니라 나중에 경전을 엮은 사람들이 추가한 것이 분명합니다. 하지만 이것은 여전히 부처님의 허락에 의한 부처님의 말씀으로 여겨집니다. 경전의 마지막에 나오는 후기도 마찬가지입니다. 경전의 주요 부분은 부처님의 축복에 의한 부처님의 말씀으로 이루어져 있습니다. 경전의 시작 부분에서 부처님은 특정한 삼매에 들어가고, 그 삼매의 힘을 통해서 샤리뿌뜨라가 질문을 던지고 관자재보살이 대답합니다. 그러므로 관자재보살이 말하는 것은 부처님 자신의 말씀으로 여겨집니다. 그리고 그것은 마지막에 부처님이 "잘했다, 잘했다. 고귀한 가문의 아들이여, 이와 같다. 고귀한 가문의 아들이여, 바로 이와 같다."라고 두 번 말해 주는 것으로 확인됩니다. 이 말씀은 부처님에 의한 세 번째 유형의 말씀, 즉 부처님이 직접 설하신 것을 나타냅니다. 어쩌면 부처님은 때때로 "이번에는 다른 사람에게 일을 맡기고, 나는 승인 도장만 찍어 주겠다."라고 생각했을지도 모릅니다. 그러므로 『반야심경』에는 부처님의 말씀으로 간주되는 세 가지, 즉 부처님이 직접 말씀하신 것, 다른 사람을 축복함으로써 그 사람을 통해 말씀하신 것, 다른 사람에게 허락을 하고 그 사람을 통해 말씀하신 것이 모두 들어 있습니다.

## 제목

### 모든 부처님의 어머니

『반야심경』의 전체 제목은 다음과 같습니다.

영광스러운 여성 반야바라밀다심경

산스끄리뜨어 *바가바띠쁘라즈냐빠라미따흐르다야수뜨라*(*Bhagavatīprajñāpāramit āhṛdayasūtra*)는 문자 그대로 "바가바띠 쁘라즈냐빠라미따의 핵심 또는 본질의 경전"을 의미합니다. 반야바라밀(prajñāpāramitā)과 경전의 의미는 이미 위에서 자세히 설명했습니다. 바가바뜨는 "재물을 소유하다", "번영하는", "영광스러운", "훌륭한", "신성한", "사랑스러운" 또는 "존귀한"을 의미합니다. 산스크리뜨어에서 반야바라밀다는 여성적인 단어이므로 이에 해당하는 여성형 단어인 바가바띠는 "신성하고 영광스러운 여성"과 같은 뜻입니다. 또한 불교에서 지혜는 여성으로 간주되는 반면, 자비나 방편은 남성으로 여겨집니다. 그러므로 반야바라밀다는 보통 "모든 부처님의 어머니"라고도 불리는 여성 신으로 묘사됩니다. 사실 그녀는 모든 부처님의 어머니일 뿐만 아니라 전통적으로 "네 가지 유형의 고귀한 자"로 묘사되는 불교적인 길의 모든 수행자, 즉 성문, 연각, 보살, 부처의 어머니이기도 합니다. 물론 반야바라밀다는 인간 세계의 어머니와 자식처럼 육체적인 의미에서 네 가지 존재의 어머니인 것은 아닙니다. 아라한, 보살, 부처라고 불리는 마음의 상태를 일으키는 것은 반야바라밀다가 무엇인지를 깨닫는 것, 즉 비개념적이고 비이원적인 지혜를 깨닫는 것입니다.

경전의 제목을 좀 더 자세히 살펴보면, *바가바뜨*(*bhagavat*)는 부처님의 일반적인 호칭이므로(『반야심경』의 서두에서 볼 수 있듯이) 반야바라밀다는 여성 부처님으로 여겨집니다. 바가바뜨는 대개 "축복받은 자"로 번역되지만 산스끄리뜨어에는 위에서 언급한 것 외에도 훨씬 더 많은 의미가 담겨 있습니다. 주석에서 바가바뜨는 "파괴하다", "갖추다", "초월하다"라는 세 가지 의미로 해석됩니다. 그것은 그 용어의 티베트어 번역에도 반영되어 있습니다. 반야바라밀다는 무엇을 파괴할까요? 우리의 장애와 마라의 활동을 파괴합니다. 마라의 활동은 온갖 종류의 안팎의 방해와 걸림돌을 가리킵니다.

둘째, 바가바띠는 여섯 가지 재물 또는 여섯 가지 부를 부여받습니다. 이 가운데 첫 번째는 "주권" 또는 "숙달"입니다. 모든 장애(번뇌장煩惱障과 소지장所知障)를 극복하고, 깨달은 마음의 유일한 주권자 또는 주인이 되는 것을 말합니다.

바가바띠가 받는 두 번째 행운은 "법의 속성들"을 갖추고 있는 것입니다. 즉 부처님의 특성인 열 가지 힘(十力), 네 가지 두려움 없는 마음(四無畏心), 그리고 열여덟 가지 독특한 자질을 포함합니다. 부처님의 다섯 가지 지혜 가운데서 다른 네 가지 지혜가 작용하는 근본적인 장에 해당하는 것은 다름 아닌 법계의 지혜입니다. 여기서 법계는 단순히 공성의 동의어가 아니라 우리 마음의 본질을 가리킵니다. 그것은 알아차림과 공성이 결합된 경험의 확장입니다. 우리 마음의 이런 본질에는 두 가지 순수성이 부여되어 있습니다. 그 자체로 그것은 언제나, 본래, 그리고 자연적으로 순수합니다. 하지만 불성의 결과라는 측면에서 보면 거기에는 더 많은 것이 있습니다. 왜냐하면 불성이란 이 마음의 본성은 그 어떤 우연한 얼룩도 없이 순수하다는 것을 의미하기 때문입니다. 이전에는 그 얼룩이 마음의 본성을 가리는 것처럼 보였지만요. 마음의 본성이 원초적으로 완전히 순수하다고 할지라도, 그 순수함을 깨닫지 못하는 중생의 관점에서 보면 그 길의 끝에는 또 다른 순수함이 있는 것처럼 보입니다. 하지만 그 마음의 본성은 이제 자연적으로 순수할 뿐만 아니라 우연한 번뇌의 얼룩도 없습니다. 예를 들어 태양이 구름 뒤에 있다 할지라도 그 자체로는 언제나 가려져 있지 않은 상태입니다. 하지만 흐린 날 구름 아래에서 바라보는 우리 관점에서는 태양이 가려져 있습니다. 하지만 이것은 태양 자체의 관점이 아니라 우리 관점에서만 그렇게 보이는 것입니다. 구름이 사라지면 태양을 볼 수 있고, 태양은 구름에 가리지 않은 듯 보입니다. 하지만 태양에게 가려진 느낌이나 어두워진 느낌을 물어본다면 태양은 "무슨 소리지요? 나에게는 늘 구름이 없었어요. 내가 가려져 있었다고 생각한다면 그것은 당신의 문제일 뿐이에요."라고 대답할 것입니다. 이와 마찬가지로 우리 마음의 본성은 본질적으로 항상 순수하고 아무런 문제도 가려짐도 없습니다. 하지만 혼란이나 무명의 관점에서 보면 먼저 가려짐이 있고 그다음에 가려짐으로부터 자유가 있는 것 같습니다. 그것은 두 번째 종류의 순수함입니다. 하지만 마음 자체의 본질이라는 관점에서 보면 그런 일은 전혀 일어나지 않았습니다. 그것은 첫 번째 종류의 순수성, 그러니까 자연적인 순수성입니다.

바가바띠가 받는 세 번째 특성 또는 재산은 "명성"입니다. 그것은 부처님의 두 가지 형태의 몸을 가리킵니다. 위에서 언급한 "두 가지 순수함을 지닌 법계"는 부처님이 아니라면 그 누구도 접근하거나 지각할 수 없는 법신을 나타냅니다. "명성"은 부처님이 세상에 알려지신 방법을 나타냅니다. 명성은 법신을 통해서가 아니라 형상의 몸을 통해 이루어집니다. 이 성품은 다섯 가지 지혜 가운데 거울과 같은 지혜에 해당합니다.

네 번째로 받는 것은 "영광"인데, 이것은 평등의 지혜를 말합니다. 다섯 번째는 "지혜"인데, 특히 분별력 있는 지혜를 의미합니다. 마지막으로 여섯 번째는 "노력"입니다. 그것은 모든 것을 다 이루는 지혜를 의미합니다.

간단히 말해, 바가바띠 쁘라즈냐빠라미따의 여섯 가지 재산 또는 풍요는 부처님의 다섯 가지 지혜와 모든 장애로부터의 자유(첫 번째 재산)입니다. 그러므로 이 여섯 가지 특성은 부처님의 두 가지 고전적인 특징인 완전한 내려놓음과 완전한 깨달음이 확장된 형태로 나타납니다. 그리고 후자는 다섯 가지 지혜로 나누어집니다.

이 다섯 가지 지혜 가운데 법신의 지혜는 바로 있는 그대로의 마음의 근본적인 본성입니다. 그것은 분리할 수 없는 광활함과 광명입니다. "법신의 지혜"라는 용어에서 "법신"은 붙잡을 것 없는 무한히 넓은 마음의 성질을 의미합니다. "지혜"는 명료한 알아차림 또는 깨어 있음을 가리킵니다.

거울과 같은 지혜란 부처님의 지혜는 모든 것을 매우 분명하게, 뒤섞이지 않은 채로 볼 수 있다는 것을 의미합니다. 모든 현상은 거울과 같은 지혜에 비추입니다. 그것은 마치 거울에 비친 것과 같습니다. 그 지혜는 거울과 마찬가지로 그 안에 비치는 어떤 것에 대해서도 전혀 편견이 없고, 그 어떤 것도 소유하려 하지 않습니다. 그 지혜는 "이것이 나다", "이것이 내 것이다", "이것이 남이다", "이것이 좋다", "이것이 나쁘다"라고 생각하지 않습니다. 거울과 같은 지혜는 그저 있는 그대로를 보여 줍니다. 그것은 파노라마 같은 순수한 알아차림입니다.

평등의 지혜는 편견이 없다는 개념을 더욱 강조합니다. 부처님의 지혜에는 나와 남이 없고, 선과 악이 없으며, 주체나 객체도 없습니다. 이 지혜에는 편견이 없다는 인지적 특성뿐만 아니라 평등이라고 하는 감정이나 정서의 특성도 포함됩니다. 그것은 곧 자신과 타인, 좋아하는 대상과 싫어하는 대상을 구분하지 않고 모든 중생에 대해 평등한 마음을 갖는 것을 의미합니다. 다시 말해 모든 것을 포괄하는, 지시하는 대상이 없는 자비를 의미합니다.

분별하는 지혜는 거울 같은 지혜에 나타나는 모든 것에 대해 아무런 편견이 없으면서도, 온갖 현상의 모든 세세한 부분을 명확하게 분별하는 것을 의미합니다. 실제로 편견을 갖지 않으면 이같이 예리하고 선명한 지각이 가능하고 그것을 강화할 수 있습니다. 이것은 일상생활에서도 나타납니다. 어떤 사람에 대해 고정된 편견을 가지면 우리는 그 사람이 눈에 들어오는 순간 그 모습을 제대로 살펴보지도 않습니다. 그리고 그 사람에 대한 편향된 정신적 이미지로 급히 가 버립니다. 그러면 그 사람이 실제로 어떤 사람인지 제대로 보지 못합니다. 마찬가지로 우리가 어떤 사람이나 사물에 대해 편견이나 경직된 생각을 갖지 않으면 모든 상황에서 무슨 일이 일어나고 있는지, 다른 중생의 마음에서 무슨 일이 일어나고 있는지, 그리고 그들이 무엇을 필요로 하는지를 명확하게 볼 수 있습니다. 지금까지 살펴본 네 가지 지혜는 지식과 동기의 두 가지 범주로 요약할 수 있습니다.

마지막 지혜는 모든 것을 성취하는 지혜입니다. 그것은 부처님이 실제로 이 모든 것에 대해 무언가를 할 수 있게 하는 힘입니다. 부처님은 모든 것을 매우 분명하고 정확하게, 그리고 편견 없이 바라봅니다. 부처님은 자신과 타인의 평등함을 보기 때문에 중생이 자신의 참된 상태에 대한 무명으로 인해 고통받는다는 것을 봅니다. 그러면 부처님은 이 고통을 없애기 위해 무언가를 하게 됩니다. 그러므로 부처님의 지혜는 단순히 모든 것에 대해 전부 다 알고 난 다음에 뒤로 물러나서 세상이 저절로 굴러가도록 내버려 두는 것이 아닙니다. 그것은 고통과 행복에 대해 그 원인을 포함해 모든 것을 아는 것, 그 앎을 통해 다른 사람을 이롭게 하려는 동기를 갖는 것, 그리고 그 이로움을 실현하는 힘이 있다는 것을 의미합니다. 이 세 가지 요소가 함께 갖추어지지 않으면 부처님의 지혜는 아무런 도움도 되지 않을 것입니다. 단순히 모든 것을 아는 것만으로는 다른 사람을 도울 수 없습니다. 다른 사람을 돕고자 하는 동기가 있더라도 그것만으로는 실제적인 도움이 되지 않고, 강력하고 효과적인 방법으로 도울 수 있는 지식과 수단을 모두 갖추어야 합니다. 이 세 가지가 다 같이 부처를 이룹니다. 바가바따는 이러한 모든 자질을 부여받고, 모든 장애와 방해물이 없어져서 그 자질을 드러낼 수 있는 존재를 의미합니다.

부처님의 다섯 가지 지혜는 서로 다른 다섯 가지 실체나 한 실체의 정적인 자질이 아니라 서로 협력하고 보완하는 다양한 과정을 의미한다는 것을 이해하는 것이 중요합니다. 그것들은 부처의 하나로 통합된 비개념적인 지혜에서 발현되는 주요 작용을 나타냅니다. 거울과 같은 지혜는 모든 것을 다 담는 TV 화면과 같아서 거기 있는 것을 단순히 그대로 반영합니다. 그럼으로써 가공하고 사용할 수 있는 "데이터"를 제공하는 것입니다. 분별의 지혜는 이 화면을 주의 깊게 바라보고, 모든 데이터를 혼동하거나 뒤섞지 않고 명확히 아는 것을 의미합니다. 평등의 지혜는 공감을 하면서도 화면에 보이는 데이터에 대해 어떠한 판단도 하지 않는 것입니다. 또한 보는 사람과 보이는 것 사이에 어떤 차이도 만들지 않는 것을 말합니다. 모든 것을 성취하는 지혜는 보이는 것에 대해 이타적으로 행동하려는 결과적인 욕구에 해당합니다.

그러므로 부처님의 비개념적인 지혜는 자신의 활동 영역 안에 있는 모든 중생과 현상을 그 어떤 편견이나 사사로운 관심 없이 반영합니다(거울과 같은 지혜). 그와 동시에 비개념적인 지혜는 이 모든 존재와 현상을 있는 그대로, 사사로이 투사하거나 덧씌우지 않고 지극히 명료한 분별력으로 모든 세세한 부분까지 지각합니다(분별하는 지혜). 비개념적인 지혜는 전적으로 비이원적인데, 그것은 지각 구조(주체와 대상의 이원성이 없음)뿐만 아니라 그것의 "정서 지능"도 가리킵니다. 그 지혜는 윤회를 피해야 할 나쁜 것으로 여기지 않고, 열반을 머물러야 할 좋은 것으로 여기지도 않습니다. 그 지혜는 어떤 사람이나 사물에 대한 집착이나 혐오가 없습니다. 그리고 본질에 있어 부처님 자신의 상태와 다르지 않은 모든 존재의 불성을 보기 때문에 그것을 보지 못하는 모든 이들에게 자연스럽게 사랑과 자비를 베풉니다(평등함의 지혜). 법신의 지혜는 이런 광대하고 심오한 앎과 자비, 깨달음의 활동이 가능하도록 무한한 공간을 제공합니다. 비개념적인 지혜는 이러한 모든 특징 덕분에 가능한, 가장 효율적인 정신적인 작용 가운데 하나입니다. 이 지혜는 도움을 받는 사람의 관점에서 볼 때 도움이 되는 부처님의 활동으로 보이는 모든 것의 밑바탕이 됩니다. 그리고 그것은 아무런 노력 없이, 미리 계획하지 않고, 어떤 방해도 받지 않는 방식으로 나타납니다(모든 것을 성취하는 지혜).

*바가바띠*(*bhagavatī*)의 세 번째 의미와 관련하여, 바가반의 음절 *반*(*vān*)(남성 명사)은 "니르바나(nirvāṇa)"의 "반(vāṇ)"으로 해석됩니다. 그런 의미에서 *바가바띠*는 초월의 성질, 특히 "어디에도 머물지 않는 열반"을 성취했다는 자질을 갖고 있습니다. 그것은 윤회에도 머물지 않고, 평화로운 개인의 안식처인 아라한의 편협한 열반에도 머물지 않는 상태입니다. 이 둘 가운데 어느 쪽에도 있지 않다면 어디에 있는 것일까요? 그저 완전히 길을 잃은 것입니다.…… 부처님은 육체적으로나 정신적으로 어느 한 곳에 얽매이지 않기 때문에 원하는 곳 어디에나, 원하는 만큼 수많은 곳에, 원하는 만큼 다

양한 모습으로 존재할 수 있습니다. 아라한은 여전히 한 곳에 묶여 있고 윤회로 돌아갈 수 없습니다. 그들은 개인적인 작은 열반에 갇혀 있습니다. 이것은 아라한은 여전히 윤회에 머물러 있는 다른 중생들을 위해 활동할 수 없다는 것을 의미합니다. 이와 달리 부처님은 윤회나 열반의 세계 가운데 그 어느 곳에나 언제든지 나타날 수 있습니다. 거기에는 아무런 장애가 없습니다. 그러므로 "어디에도 머물지 않는 열반"은 우리 자신의 이익을 위해 해탈을 얻는 전통적인 열반이 아닙니다. 그것은 전통적인 열반 그 이상입니다. 왜냐하면 부처님은 윤회에서 자유로울 뿐만 아니라 중생의 행복을 위해 여전히 활동하고 있기 때문입니다. 그들은 은퇴하지 않을 것이고, 개인의 퇴직 보험 혜택을 누리지 않을 것입니다.

*바가바띠*의 세 가지 의미—모든 장애를 파괴하는 것, 모든 특성을 갖추는 것, 윤회와 열반을 초월하는 것—는 티베트어 번역 초멘데(*chomdendé*)에도 포함됩니다. 두 가지 장애를 극복하는 것은 버림의 특성입니다. 지혜의 법신(dharmakāya)을 갖추는 것은 깨달음의 특성입니다. 초월의 특성은 윤회와 열반을 넘어서 가는 것입니다. 그 안에 어디든 나타날 수 있지만, 그에 영향을 받지 않는 것을 의미합니다.

## 모든 부처님의 어머니의 심장

제목의 다음 단어는 물리적 의미와 은유적 의미 모두에서 "심장"을 뜻하는 *흐르다야*(*hṛdaya*)입니다. 그것은 어떤 것의 중심, 핵심,

본질, 또는 최고의, 가장 소중한, 또는 가장 비밀스러운 부분을 의미합니다. 그러므로 『반야심경』은 반야부 경전의 심장과 같다고 할 수 있습니다. 그러니까 반야부 경전은 몸의 나머지 부분입니다. 『반야심경』은 공성에 대한 가르침인 반야바라밀다의 가르침의 핵심입니다. 『반야심경』은 모든 반야부 경전의 핵심 또는 정수로서, 가장 정제된 형태로 그 메시지를 담고 있습니다. 『반야심경』은 반야부 경전의 본질적인 의미를 간결하게 매우 직접적인 방식으로, 하지만 동시에 철저히 가르칩니다. 본질이라는 측면에서 볼 때, 『반야심경』에 없는 것이 더 방대한 반야부 경전에 있지는 않습니다. 그러므로 『반야심경』은 우리 몸의 중심에 있는 심장과 같습니다. 심장은 가장 핵심적인 기관으로서 몸 전체를 살아 있게 하고, 기능을 유지하게 합니다. 동양에서는 (서양에서처럼 뇌가 아닌) 심장에 마음이 있다고 여깁니다. 심장이 우리 마음과 감정이 있는 곳이라는 의미입니다. 그것은 우리 존재의 핵심입니다. 그런 면에서 『반야심경』은 부처님께서 말씀하신 모든 것의 본질 또는 핵심이라고 할 수 있습니다.

다른 반야부 경전 가운데 십만송 반야경(십만 줄로 된 것)에 있는 것은 몸통을, 이만오천송 반야경과 만팔천송 반야경에 있는 것은 다리를, 일만송 반야경과 팔천송 반야경에 있는 것은 팔을, 이천오백송 반야경에 있는 것은 머리를, 『반야바라밀다집게송(*Prajñāpāramitāsaṃcayagāthā*)』에 있는 게송들은 입을, 『금강경(金剛經, The *Diamond Cutter Sūtra*)』은 뇌를, 나머지는 발, 손, 발가락, 손가락을, 그리고 한 글자로 된 것은 몸의 터럭 한 올을 닮았다고 할 수 있습니다.

## 서두

경전의 실제 본문은 이렇게 시작됩니다.

이와 같이 나는 들었다.

이것은 모든 경전이 시작되는 기본 문구로, 경전의 말씀을 직접 들은 후에 기록한 사람이 소개하는 말입니다. 붓다의 말씀은 수백 년 동안 기록되지 않고 오직 구전으로만 전해 내려왔습니다. 멀티미디어 시대, 모든 것이 기계에 의해 디지털 형태나 하드카피로 기록되는 시대에 사는 사람들에게는 이상하고 못 미더울 수도 있습니다. 하지만 문자가 등장하고 나서도 여러 세대에 걸쳐 구전으로 지식을 전달하는 것은 전 세계의 많은 사회와 문화권에서 매우 일반적인 현상이었고 때로는 지금도 여전히 일어나고 있는 일이기도 합니다. 예를 들어 인도에서 베다는 수천 년 동안 전혀 기록되지 않고 오직 스승과 제자 사이의 구전으로만 이어졌습니다. 당시 사람들은 기억력이 더 뛰어났을 뿐만 아니라 놀랍도록 정교하고 복잡한 암기 기술을 가지고 있었습니다. 예를 들어 베다가 기록된 후에도 학생들은 한 페이지를 위로부터 아래로 한 줄씩 외우는 것이 아니라, 거꾸로 아래에서 위로, 심지어 대각선으로도 외웠습니다. 그러기 위해서 그들은 십자말풀이처럼 작은 상자가 있는 도표에 단어를 적어 넣고 어느 방향에서도 단어를 익힐 수 있도록 했습니다. 그 결과 전체 페이지를 완벽하게 기억할 수 있었습니다. 설령 어딘가에서 단어를 잊어버려도 여러 가지 기억을 돕는 방법을 통해 언제든지 그 단어를 다시 떠올릴 수 있었습니다. 구전 전승은 수천 년 동안 전통을 보존하는 전통적인 방식이었습니다. 그러므로 적어도 인도에서는 구전이 특별한 것이 아니라 지극히 일반적인 일이었습니다.

특히 붓다의 말씀에 관해서, 부처님이 입멸한 후에 제자들은 특정한 시기에 회의를 소집하곤 했습니다. 이때 부처님 가르침의 어느 한 분야에 대해 전문가로 여겨지는 최고의 아라한이 자신이 기억하는 것을 암송했습니다. 다른 사람들은 경청하면서 때때로 자신이 기억하는 것이 다를 경우 발언을 했고, 마지막으로는 참석한 사람들이 공식적인 내용에 대해 합의했습니다. 부처님의 말씀을 위임받아 많은 말씀을 기억하고 있던 대표적인 아라한 가운데 한 사람은 아난다였습니다. 그는 오랜 세월 부처님의 시중을 들었습니다. 특히 아난다는 부처님께서 반야부 경전의 보존을 맡긴 제자라고 전해집니다. 그런 의미에서 "이와 같이 나는 들었다"라는 구절은 (아난다 같은) 경전의 해설자가 "이것이 내가 부처님으로부터 들은 것이며, 내가 여러분에게 전해 주는 것이다"라고 말하는 것을 의미합니다. 부처님의 말씀은 이렇게 전해졌습니다. 마침내 가르침이 기록될 때, 끊어지지 않는 전승의 계보를 상징하기 위해서, 각 경전의 첫머리에 "이와 같이 나는 들었다"라는 문구가 그대로 남게 된 것입니다.

## 훌륭한 시간

『반야심경』의 도입부에서는 시간, 스승, 장소, 제자, 가르침의 측면에서 "다섯 가지 탁월함"을 가르친다고 합니다. 훌륭한 시간은 "이와 같이 나는 들었다. 한때……"로 나타납니다. 그다지 구체적인 시간은 아닙니다. 주석에 따르면 여기서 "때"는 부처님이 가르침을 줄 수 있을 만큼 청중의 마음속에 덕이 무르익은 때를 가리킨다고 합니다. 또한 반야부 경전이 언제 설해졌는지에 대해서는 기록들이 다릅니다. 예를 들어 모든 경전이 동시에 설해졌지만 청중들은 10만, 2만 5천, 8천 송 등 각기 다른 버전을 들었다고 말하는 경우가 많습니다. 이 경전 가운데 일부는 동시에 설해졌고 다른 일부는 그렇지 않다고 말하는 사람들도 있습니다. 심지어 어떤 주석가들은 모든 반야부 경전이 한순간에 설해졌다고 말하기도 합니다. 또 더 긴 경전을 보면 새로운 사람들이 계속 청중으로 들어왔다는 것을 알 수 있습니다. 오늘날에도 가르침의 시간이 길면 그런 경우를 볼 수 있습니다. 예를 들어 부처님은 처음에는 사람을 대상으로 가르치기 시작했는데, 갑자기 신들도 가르침을 듣고 싶어 했습니다. 그래서 부처님은 처음부터 다시 시작했습니다. 하지만 다른 방식으로 설명했고 같은 주제를 다른 각도에서 설명했습니다.

산스끄리뜨어로 "이와 같이 나는 들었다"는 ***에밤 마야 슈루땀***(*evaṃ mayā śrutam*)이라고 읽습니다. ***에밤***(*evam*)은 불교의 모든 가르침에서 매우 중요한 단어입니다. 문자 그대로는 "이와 같이"라는 뜻입니다. 하지만 이 단어의 두 음절, 에(*e*)와 밤(*vam*)은 붓다의 모든 가르침의 뿌리 음절에 해당한다고 합니다. 그것들은 경전에 나오는 모든 글자의 부모이며, 부처님이 가르친 팔만 사천 가지 법의 아버지와 어머니 같은 존재입니다. 또한 '에'와 '밤'은 각각 지혜와 방편을 상징한다고 합니다. 또는 '에'는 비움을, '밤'은 자비를 나타냅니다. 이것은 대승불교의 관점에서 부처님의 모든 가르침을 요약하는 두 가지 주된 원리입니다.

## 훌륭한 스승

『반야심경』의 훌륭한 스승은 다음과 같습니다.

세존

여기서 말하는 스승은 평범한 교육자나 강의자가 아닙니다. 그는 바가바띠 반야바라밀다의 관점에서 위에서 설명한 모든 자질을 가진, 완전히 깨어난 존재 석가모니(Śākyamuni) 부처님입니다. 부처님은 모든 미혹을 버리고 다섯 가지 지혜를 갖추었습니다. 그리고 윤회와 열반을 초월했습니다.

**질문**: 길과 경지에 대한 가르침은 매우 상세한 것 같습니다. 이 모든 가르침이 실제로 경전 어딘가에 있는 것인지 아니면 주석가들의 상상에 의한 것인지 궁금합니다.

**KB**: 흥미로운 질문입니다. 그것은 보는 관점에 따라 다릅니다.

길과 경지에 대해 주석서에 있는 많은 것들이 경전에 명시적으로 쓰여 있는 것은 아닙니다. 예를 들어 반야부 경전에는 다섯 가지 길 가운데 일부에 대해 다른 이름이 있고, 열 가지 경지의 이름은 어떤 경전에도 언급되거나 설명되어 있지 않습니다. 또한 이 경전에는 다섯 가지 길에 대해 축적의 길부터 시작하여 일반적인 순서대로 체계적으로 설명되어 있지 않습니다. 경전 곳곳에 해설자가 이 길에 대한 설명을 위해 가져온 단편적인 내용들이 있습니다. 예를 들어 경전의 한 단어만 가져와서 이를테면 이것이 '보는 길'을 설명한다고 말하는 경우도 있습니다. 그것은 저 같은 사람은 결코 짐작하지 못했을 법한 것입니다. 그렇기 때문에 반야부 경전을 피상적으로 읽거나 평범한 존재의 관점에서 보면, 이 경전에 포함된 것으로 추정되는 길과 경지에 대한 많은 가르침은 후대 사람들이 만들어 낸 것이라고 말할 수 있습니다. 다른 한편으로 이것은 부처님이 그 당시 가르치셨던 것의 의미를 우리가 얼마나 깊이 이해하느냐에 따라, 그리고 부처님이 암묵적으로 또는 은연중에 언급하셨던 것이 무엇인지에 따라 각기 다른 사람들의 마음속에 다른 무언가를 촉발했을 수도 있다고 생각합니다. 물론 부처님께서 다섯 가지 길과 열 가지 경지(십지) 등에 대해 가르치지 않으신 것은 아니며, 다른 경전에도 이에 대한 내용이 많이 있지만, 반야부 경전 자체에서는 길과 경지에 대한 주제가 전혀 명확하지 않습니다.

그렇기 때문에 이 주제를 반야부 경전의 "숨겨진 의미"라고 하며, 미륵이 『현관장엄론(*The Ornament of Clear Realization*)』을 지은 것도 같은 이유에서입니다. 그 의미는 여전히 꽤 감추어져 있지만, 실제 수행의 길과 단계(계위)에 관해서는 적어도 조금 더 명확합니다. 미륵은 보통 경전의 특정한 핵심 문구만 제시하지만, 이 문구의 정확한 의미와 전체적인 함의를 구체화하려면 여전히 주석이 필요합니다. 『현관장엄론』의 많은 부분은 전혀 명확하지 않습니다. 경전에서는 종종 단어 하나가 50쪽이나 100쪽에 걸쳐 나열되고, 그다음 단어는 또 다른 50쪽이나 100쪽 후에 등장합니다. 그러므로 이 주석서는 반야부 경전의 관점에서 보면 매우 압축된 형태의 『리더스 다이제스트(*Reader's Digest*)』와 비슷합니다. 물론 우리가 경전의 맥락 없이 읽어 보려고 하면 그 의미를 이해하기 어렵습니다. 그러므로 그것이 무엇을 의미하는지 알려면 경전과 주석서 모두 필요합니다. 하지만 다양한 주석서에서 수많은 다른 해석이 나오기도 하고 때로는 그 반대의 해석도 있습니다. 그러므로 우리는 다섯 가지 길과 열 가지 경지를 배치하는 전체 작업이 매우 유동적이고 쉽게 사라진다(evanescent)는 것을 알 수 있습니다. 그 자체로 이것은 공성에 대한 훌륭한 가르침이며, 우리는 이러한 길과 경지에서 궁극적으로 이것을 깨달아야 합니다. 다시 말해 우리는 길과 단계에 대한 이러한 모든 설명을 너무 공고한 것으로 만들거나 다른 길이 아닌 오직 하나의 길만 있는 것으로 너무 심각하게 받아들여서는 안 됩니다. 그렇지 않으면 우리는 평범하고 복잡한 윤회의 길과 단계에 갇혀 있는 우리 존재를 해방시켜 준다고 하는 똑같이 경직된 다른 길과 단계에 갇히는 원점으로 돌아오게 됩니다. 공성을 깨닫는 방법에 대한 이러한 가르침은 우리의 마음을 더 유연하고 열리고 넓고 편안하게 만들고 우리의 굳어져 버린 개념을 깨뜨리기 위한 것이지, 더 많은 골칫거리를 주기 위해 제시된 것이 아닙니다.

**질문**: 반야바라밀다 만뜨라와 같은 것을 어떻게 이용할 수 있는지, 옴 가떼 가떼 빠라가떼 파라삼가떼 보디 스와하(*OṂ GATE GATE PĀRAGATE PĀRASAṂGATE BODHI SVĀHĀ*) 만뜨라의 암송이 명상에 어떻게 활용될 수 있는지에 대해 설명해 주시겠어요?

**KB**: 이 만뜨라는 기본적으로 『반야심경』의 핵심이며, 이 만뜨라에 모든 의미가 응축되어 있다고 알려져 있습니다. 그러므로 만뜨라를 외우는 것은 『반야심경』을 아주 짧은 형태로 되풀이하는 것입니다. 또한 이 만뜨라가 다섯 가지 길을 반영한다고 하는데, 자세한 내용은 나중에 설명하겠습니다. 본질적으로 만뜨라를 외우면 공성의 관점에서 마음이 집중할 수 있도록 도와줍니다. 말 그대로 "사라지고, 사라지고, 저 너머로, 완전히 사라지고, 깨달음이 있기를"과 같은 의미입니다. 때때로 이 만뜨라는 『반야심경』에서 관자재보살이 샤리뿌뜨라의 질문에 대한 답변을 마치면서 처음으로 말했다고 전해지는데, 이때는 그가 완전히 놓아 버린 순간이라고 여겨집니다.

관자재보살은 절벽을 넘어갔고, 사라졌으며, 모든 기준점을 완전히 초월했습니다. 우리가 알고 있는 모든 것과 우리의 존재를 완전히 놓아 버린 상태입니다. 이런 의미에서 이 만뜨라는 단순히 그 상태를 상기시키는 것이 아니라, 우리가 완전히 놓아 버리는 경험에 연결될 수 있는 길을 제공합니다. 밀라레빠가 그의 노래에서 부르듯이, "마음이 가는 곳이 아닌 곳으로 가는" 경험을 연결해 주는 것입니다. 그러므로 만뜨라의 첫 부분은 길을 나타내고, 보디 스와하(BODHI SVĀHĀ)는 그 결실을 의미합니다. 근본적으로 이 만뜨라는 놓아 버리라는 것을 상기시키고 친절하게 격려하는 역할을 합니다(다른 격려가 그렇게 친절하지 않을 수 있는 것과 비교하여).

## 훌륭한 장소

다섯 가지 훌륭함 가운데 세 번째는 훌륭한 장소인데, 그것은 다음과 같습니다.

왕사성 영축산

대부분의 『반야심경』 번역본은 산스끄리뜨어 ***그리드라꾸타 빠르바따***(*gridhrakūṭa parvata*)를 "영축산"으로 번역하고 있습니다. 하지만 꾸타(*kūṭa*)는 "봉우리"와 "무리"를 의미합니다. 일반적으로 주석서에서는 후자를 의미한다고 설명합니다. 티베트어 번역에서 "봉우리" 대신 "무리" 또는 ***"집단"***(*phungpo 풍포*)이라는 단어를 사용하는 것도 이를 반영한 것입니다. 그러므로 ***그리드라꾸타***(*gridhrakūṭa*)는 독수리 무리를 의미합니다. 어떤 해설에 따르면 이 산의 바위 모양이 독수리 떼가 모여 있는 모습과 비슷해서 그런 이름이 붙여졌다고 하는데, 영축산에 가 보면 정말 그렇습니다. 산 전체가 독수리처럼 보인다고 하는 사람들도 있습니다. 산 정상에 주로 내려앉는 독수리 떼가 실제로 공성을 이해하는 존재이기 때문에 그런 이름이 나왔다고 주장하는 사람들도 있습니다. 독수리들이 그 산을 보호하기 때문에 그런 이름을 붙였다는 사람들도 있습니다. 영축산에는 시체를 먹는 새들이 많이 있습니다. 부처님이 그곳에서 가르치실 때 독수리의 형상을 한 악마가 부처님의 옷을 빼앗아 산에 떨어뜨려서 그것이 네 겹의 돌로 변했다는 설명도 있습니다. 어떤 해석을 선호하든 모든 반야부 경전이 설해진 영축산은 특별한 장소라고 여겨집니다.

## 훌륭한 대중

넷째, 훌륭한 대중은 다음과 같이 이루어져 있습니다.

구족계를 받은 많은 비구 대중, 많은 보살 대중

『반야심경』의 마지막 에필로그에서 알 수 있듯이 청중 가운데는 신, 반신, 온갖 종류의 정령 같은 수많은 존재가 있었습니다. 그러므로 여기서 명시적으로 언급된 비구와 보살의 두 대중은 청중 가운데 가장 뛰어난 존재를 가리킵니다. 여기서 "구족계를 받은 많은 비구 대중"은 상좌부 불교의 접근에서와 같이 계를 받은 승려 공동체 전체를 가리킵니다. 거기에는 구족계를 받은 비구와 비구니뿐만 아니라 사미, 사미니까지 포함됩니다. "많은 보살 대중"이 언급된 것은 대승불교를 따르는 수행자들의 공동체를 구분하기 위해서만이 아닙니다. 보살은 출가자일 수도 있고 아닐 수도 있는데, 경전에서 볼 수 있듯이 실제로 많은 보살들은 재가 수행자입니다. 초기 불교에서는 승려가 되는 것을 불교 수행자의 이상으로 매우 강조합니다. 출가자가 아닌 이상 제대로 된 수행을 할 수 없다는 것은 항상 분명하게 언급되었습니다. 재가불자의 역할은 주로 승가 대중을 위해 보시를 실천하는 것입니다. 아시아 불교 국가에서는 지금도 그렇습니다. 이와는 대조적으로 대승불교에서 보살의 길은 누구에게나 열려 있습니다. 출가자든 재가자든, 남성이든 여성이든 상관없이 모두 수행할 수 있습니다. 원래 대승불교의 가르침에서 출가 수행은 그다지 강조되지 않았는데 나중에 바뀐 것입니다.

그래서 『반야심경』에 등장하는 청중 가운데 인간은 성문, 연각, 보살의 대중으로 이루어져 있습니다. 성문은 부처님이나 다른 스승의 가르침을 듣고 다른 사람들에게 전함으로써 그 사람들도 부처님의 말씀을 듣게 하기 때문에 "듣는 자"라고 불립니다. 연각은 스승 없이 스스로 깨달음을 얻었기 때문에 "독각 부처" 또는 "자력 부처"라고 불립니다. 그들은 백 겁 동안 스승에게 의지하고 그들의 가르침을 들으면서 성문과 같은 방식으로 공부하고 수행합니다. 하지만 아라한을 성취하는 연각의 마지막 생에서는 이전 발원 기도의 공덕으로 부처님이 없는 상황에서 태어납니다. 그 시점에 그들에게는 스승이 없지만, 이전에 수행한 덕분에 뼈나 해골을 보면 즉시 거기에서 역관으로 12연기 전체를 떠올립니다.

그러니까 뼈를 보자마자 '아, 저건 죽음에서 비롯된 것이로구나. 죽음은 늙음에서 비롯된 것이고, 늙음은 태어남에서 비롯된 것이다. 태어남은 유와 취에서 비롯된 것이다.'라고 즉각적으로 생각하는 것입니다. 그들은 이런 식으로 12연기를 통해 무명까지 거슬러 올라갑니다. 그러므로 그들의 주된 명상은 12연기에 관한 것입니다. 연각에는 두 가지 유형이 있습니다. "코뿔소 같은" 연각은 혼자 머물며 수행하는 것을 더 좋아하고 누구와도 어울리지 않는 전형적인 독각 부처입니다. 두 번째는 "앵무새" 유형으로 숲이나 다른 외딴 곳에서 작은 무리를 지어 함께 수행합니다. 또한 연각은 대부분 말로 다른 사람을 가르치는 것이 아닙니다. 그들은 놀라운 신통을 보여 줌으로써 다른 사람들에게 법에 대한 영감을 불러일으킵니다.

보디삿뜨바(Bodhisattva), 곧 보살은 부처님의 대승불교 가르침을 실천하는 사람을 말합니다. ***보디삿뜨바***라는 단어를 세분화하면 ***보디***(*Bodhi*)는 "깨달음", "실현" 또는 "깨어남"을 의미하고 ***삿뜨바***(*sattva*)는 "존재", "마음" 또는 "용기 있는"을 뜻합니다. 그래서 보디삿뜨바를 "깨달음의 영웅 또는 전사"라고 부르기도 합니다. 간단히 말해, 보살은 깨달음을 위해 노력하는 존재 또는 깨달음의 마음인 보리심을 일으켜 마음속에 깨달음을 가진 존재입니다. 또한 깨달음을 위해 끊임없이 노력할 만큼 용기 있는 존재라고도 할 수 있습니다. 보살에게는 왜 깨달음을 위한 용기가 필요할까요? 보살은 세 가지를 두려워하지 않습니다. 깨달음으로 이끌어야 할 중생의 수가 무한하다는 것(보살 서원을 했기 때문에), 깨달음에 이르는 데 걸리는 시간이 끝이 없다는 것, 그리고 그 모든 일을 하기 위해 겪어야 하는 고난이 한없이 많다는 것(스스로 부처가 되는 것, 그리고 종종 같이 일하기 힘든 다른 중생들과 함께 일하는 것 둘 다)입니다. 우리 모두 잘 알고 있듯이 사람들을 돕고자 할 때 항상 즐거운 일만 있는 것은 아닙니다.

더 긴 반야부 경전의 도입부에는 일반적으로 배경에 대한 더 방대한 설명이 나옵니다. 예를 들면 성문, 연각, 보살이 가지고 있는 모든 자질에 대한 설명 등입니다. 또한 부처님이 말씀으로 가르치기 전에 실제로 행하신 일을 자세히 설명합니다. 이를테면 부처님의 기적 같은 능력(온 우주에 광명을 발하는 것 등)을 광범위하게 보여주는 것입니다. 하지만 『반야심경』에 대한 이 책에서는 그러한 설명을 다룰 필요가 없겠습니다.

## 훌륭한 가르침

다섯째, 『반야심경』의 특별한 도입부에서 훌륭한 가르침이 확인됩니다. 세부 사항이 더 많든 적든, 모든 반야부 경전에 공통적으로 나타나는 서론(또는 도입부)은 "많은 보살 대중"으로 끝이 납니다. 다음 문장은 그 훌륭한 가르침이 어떤 것이었는지를 보여 줍니다.

> 그때 세존은 현상의 다양한 모습을 살펴보는 "심오한 것에 대한 지각"이라는 삼매에 드셨다.

부처님은 이 특별한 삼매에 들었고, 그 선정 상태 또는 영감을 배경으로 『반야심경』 전체가 펼쳐집니다. 그러므로 경전의 가르침은 선정에 들어 있는 부처님의 마음에서 직접적으로 나옵니다. "현상의 다양한 모습을 살펴보는 '심오한 것에 대한 지각'이라는 삼매" 에 대해서는 많은 주석들이 "다르마"라는 단어가 여러 의미를 지니지만, 여기서는 부처님의 가르침이 아니라 현상을 뜻한다는 것을 분명히 하고 있습니다. 다르마(*dharma*)라는 단어는 어근 *드리*(*dhṛ*, "붙잡다")에서 유래했습니다. 그러므로 일반적으로 현상은 그 자체의 본질을 갖고 있거나 지니고 있는 것을 말합니다. 예를 들어 불의 본질은 뜨겁고 타오르는 것입니다. 우리는 다른 현상과 구별되는 본질을 지닌 것을 현상이라고 부릅니다. 현상의 "열거"는 현상의 여러 유형을 나열하는 것을 가리킵니다. 그것은 불교에서 잘 알려진 범주인 온, 계, 처 등과 같은 것입니다(이에 대한 자세한 내용은 아래 참조).

"심오한 것에 대한 지각"이란 무엇을 의미할까요? 그것은 다른 판본의 경전에서 산스끄리뜨어 감비라바삼보다(*gambhīrāvasaṃbodha*) 또는 감비라바바사(*gambhīrāvabhāsa*)를 어떻게 읽느냐에 따라 다양한 의미를 가질 수 있습니다. *감비라*(Gambhīra)는 "심오한"이라는 뜻입니다. *아바삼보다*(*Avasaṃbodha*)는 "완전한 지식 또는 이해", "깨달음", "지각", "관찰", "인식"을 의미하며, *아바바사*(*avabhāsa*)는 "빛", "모습", "나타남", "봄"(티베트어 번역인 *낭와*〔*nangwa*〕에 해당)을 의미합니다. 그러므로 이 삼매는 심오한 것에 대한 지각이나 비춤을 말합니다. 그것은 지각이나 비춤 자체가 심오한 것이 아니라 지각되거나 비추이는 것, 곧 현상의 심오한 본질인 공성을 말합니다. 이 삼매 안에서의 지각은 깊은 공성을 깨닫는 비개념적이고 비이원적 지혜로 이루어집니다. 이 지혜는 공空과 같이 매우 심오하고 깨닫기 어려운 것이 실제로 즉각적으로 나타날 수 있는 유일한 지각의 방식입니다. 예를 들어 호수에 해와 달과 별이 비쳐 보이는 것은 어렵지 않지만, 우주 전체가 그 끝까지 다 호수에 비치기는 어렵습니다. 그와 마찬가지로 상대적인 실재의 현상은 지각하기 쉽지만 공성이라는 궁극적인 실재를 지각하는 것은 어렵습니다.

비개념적인 지혜가 공함을 비추는 방식을 불에 공기를 불어넣는 것으로 설명한 주석서가 있습니다. 그러면 불이 더 밝아지고 그럼으로써 사물을 밝게 비추어 명확하게 볼 수 있게 합니다. 마찬가지로 이 삼매는 지혜의 불에 공기를 불어넣는 것과 같습니다. 그래서 대중이 공성을 지각할 수 있게 하는 것입니다. 이 삼매의 힘을 통해 대중은 공성이 무엇인지를 조금이나마 엿볼 수 있습니다. 이것을 이해하는 또 다른 방법은 이 삼매의 심오한 빛이 무명의 어둠을 비춘다는 것입니다. 간단히 말해서, 이 삼매는 불교의 가르침에 나오는 온갖 다양한 현상을 비추거나 지각합니다. 이는 그 현상의 심오함을 비추거나 지각하는 것입니다. 그 심오함은 곧 공성입니다. 이것은 그런 현상 자체가 환영처럼 비추이고 지각된다는 것입니다. 즉 나타나지만 궁극적으로는 찾을 수 없고 실재하지 않는다는 의미입니다.

어떤 주석서에서는 "심오한 것에 대한 지각"(즉 심오한 공성을 지각하는 것)과 "현상의 다양한 모습을 살펴보는 것"(즉 온갖 종류의 현상을 지각하는 것)이라는 두 구절이 부처님의 두 가지 지혜를 가리킨다고 설명하기도 합니다. 전자는 사물의 참모습을 깨닫는 "있는 그대로의 지혜"를 나타냅니다. 후자는 "다양성의 지혜"로, 모든 현상이 각기 다른 방식으로 나타나고 상호작용하는 것을 아는 것을 말합니다. 이 두 가지 지혜를 통해 부처님은 모든 현상의 궁극적인 본질을 알 수 있을 뿐만 아니라 복잡하고 혼란스러운 중생의 세계를 다룰 수 있습니다. 부처님이 항상 사물의 참된 모습에만 머물러 있다면, 사물의 참된 모습을 보지 못한 채 온갖 현상을 지각하는 미혹한 중생들과 관계를 맺거나 상호작용할 수 없을 것입니다. 『반야심경』에서 말한 것처럼 "공성 가운데는 형상도 없고 느낌도 없습니다." 만약 부처님들이 형상 등이 없는 공성만을 지각한다면, 형상과 느낌 등을 가지고 있고, 그것들을 지각하고, 그것들에 집착하는 중생들과 어떻게 교류할 수 있을까요?

하지만 "다양성의 지혜"는 부처님이 자신의 마음이라는 관점에서 실제로 지각하는 것을 가리키는 것은 아니라고 합니다. 그것은 그들의 모든 미혹—온, 처, 계와 같은 평범한 현상—이 사라졌기 때문입니다. 오히려 이 지혜는 우리가 TV 화면으로 무언가를 볼 때와 약간 비슷합니다. 우리는 화면에서 아프가니스탄같이 아주 먼 곳도 선명하게 볼 수 있고, 뉴스(CNN이나 Fox처럼 상업적이고 편향된 "뉴스"가 아니라, BBC처럼 공정하고 믿을 수 있는 진짜 뉴스)를 보고 있을 때 그곳에서 무슨 일이 일어나는지 알 수 있습니다. 하지만 예를 들어 아프가니스탄에서 벌어지고 있는 전쟁을 보고 있다고 해서 우리가 실제로 전쟁의 한가운데서 모든 잔혹한 상황을 경험하는 것은 아닙니다. 그러니까 우리가 총을 맞거나 폭격을 당하는 것은 아닙니다. 하지만 우리는 여전히 그곳에서 일어나는 모든 상세한 상황을 볼 수 있고, 거기에 정서적으로 반응하고 (이상적으로는 모든 희생자뿐만 아니라 공격자에게도 자비를 느끼는 등), 국경없는의사회에 기부금을 보내고 이 전쟁을 끝내기 위한 서명운동을 하는 등 무언가를 할 수도 있습니다.

이 "심오한 것에 대한 지각이라는 삼매"에서 부처님은 불성佛性이라고도 알려진 마음의 본성 안에 머물거나 쉬고 있습니다. 이 삼매의 힘은 붓다 자신의 불성의 에너지에 불을 붙여 대중에게 퍼지게 함으로써 그들에게 영향을 미칩니다. 그리고 그것은 참석한 모든 사람의 불성에 반응을 일으킵니다. 다소 거친 예를 들자면, 여러 바이올린 가운데 어느 한 바이올린의 현 하나를 당기면 그에 해당하는 다른 바이올린의 모든 현 역시 건드려지지 않고도 울려 퍼지기 시작합니다. 말하자면 부처님은 불성 교향곡 전체를 연주하고 있고, 청중 모두의 불성이 최선을 다해 함께 울려 퍼지고 있는 것입니다.

더욱이 『반야심경』의 서두에서는 부처님께서 이 삼매에 들어가신 이유가 오직 자비심 때문이었다고 말합니다. 부처님의 입장에서 보면, 그들은 어차피 항상 현상의 본질에 머물러 있기 때문에 어떤 삼매에도 들어갈 필요가 없습니다. 그들에게는 선정에 드는 것과 선정에 들지 않는 것이 분리되어 있지 않습니다. 그러므로 부처님께서 삼매에 들어갔을 때 그것은 기본적으로 교화를 위한 것, 다른 사람들을 가르치기 위한 것이었습니다. 이 삼매는 청중의 마음의 흐름을 성숙시켜서 그 삼매의 "내용" 또는 경험적 측면—즉 현상의 심오한 본질—을 그들도 지각할 수 있도록 하기 위한 것입니다.

이 삼매는 마음과 마음 사이의 즉각적이고 직접적인 전승을 나타냅니다. 그것은 관자재보살이 삼매에 들어 있는 것에서도 볼 수 있습니다. 그러므로 『반야심경』에는 적어도 두 가지 수준의 소통이 존재한다고 말할 수 있습니다. 더 분명한 수준의 소통은 샤리뿌뜨라가 묻고 관자재보살이 대답하는 동안 나머지 청중은 듣고 있다는 것입니다. 하지만 그 담론의 궁극적인 힘의 원천은 부처님의 삼매입니다. 부처님의 삼매는 청중들의 마음속에서 실제로 그 삼매가 생생하게 살아 숨 쉬게 합니다. 그러므로 샤리뿌뜨라의 질문과 관자재보살의 대답은 그 삼매의 자연스러운 흐름 또는 공명일 뿐입니다. 그들의 대화는 방편이지만 그 근원은 부처님의 마음입니다. 다른 거친 예를 들자면, 관자재보살은 라디오와 같고 그가 삼매에 들어가는 것은 마치 전원을 연결하는 것과 같습니다. 그리고 부처님의 삼매는 뉴스 앵커가 방송을 하는 것과 같습니다. 라디오에 전원을 연결하면 청중은 뉴스 앵커의 말을 들을 수 있습니다.

### 관자재보살 – 자비로운 마음과 함께 있는 공성

이렇게 우리는 관세음보살에, 그리고 부처님이 선정에 들어 있는 순간에 이르게 됩니다. 경전은 다음과 같이 말합니다.

> 고귀한 관자재보살 마하살은 깊은 반야바라밀다를 수행하면서 다음을 보았다: 그는 오온의 본성이 공이라는 것을 보았다.

그러므로 부처님 삼매의 가장 직접적인 혜택을 받은 존재는 관자재보살이었고, 그는 그 힘의 원천에 가장 가까운 존재였습니다. 부처님이 선정에 들자 관자재보살은 오온의 본성이 텅 비어 있는 것을 보았습니다. 그는 본질적으로 부처님이 보신 것을 보았습니다.

관자재보살은 어떤 인물일까요? 관세음보살은 부처님 당시 8대 보살 가운데 하나입니다. 문수보살이 모든 부처님의 지혜의 화신인 것처럼, 관자재보살은 모든 부처님의 자비의 화신으로 여겨집니다. 관자재보살을 의미하는 산스끄리뜨어 '아발로끼떼스와라'는 문자 그대로 "아래(*아발로끼따, avalokita*)를 내려다보는 위대한 자(*이스와라, īśvara*)"라는 뜻입니다. 아발로끼떼스와라는 부정적인 의미에서 우리를 내려다보는 것이 아닙니다. 관자재보살은 윤회 너머 자신이 머무는 곳으로부터 윤회의 세계에서 고통받는 우리 중생들을 지극히 자비로운 눈으로 내려다보고 있습니다. 그분의 자비심은 평범하지 않고 대상이 따로 없습니다. 그것은 모든 존재를 편견 없이 다 품는, 우리가 가질 수 있는 가장 높은 형태의 자비심입니다.

일반적으로 불교에서는 세 가지 자비를 말합니다. 각각의 자비는 점점 더 미묘해지고 동시에 더 강력해집니다. 첫 번째 자비는 우리가 흔히 알고 있는 중생에 대한 자비로, 고통받는 중생에 초점을 맞추는 것입니다. 이 자비에는 자비심을 가진 사람과 그 대상, 그리고 자비심을 갖는 정신적 참여를 구분하는 분명한 감각이 있습니다. 또한 우리는 불교 전통에서 자비를 체계적으로 계발하는 ***통렌***

(*tonglen*)과 같은 마음 수행법(*lojong*)을 통해 이러한 자비심을 더욱 발전시킬 수 있습니다. 그런 다음에 그것은 좀 더 "조직화된" 형태의 자비가 되고 일종의 명상으로 변모합니다. 이는 "행복을 위해 노력하고 고통에서 벗어나기를 바라는 중생에 초점을 맞추는 삼매"라고 불립니다. 이 지점에서 우리는 중생이 있다는 사실을 인식할 뿐만 아니라, 중생이 오직 행복만을 추구하는데도 실제로는 고통받고 있다는 사실을 분명히 자각합니다. 그렇기 때문에 우리는 그들이 고통에서 벗어나기를 바라는 것입니다. 이것이 불교에서 정의하는 자비입니다. 물론 이런 종류의 자비는 여전히 미숙하고 이원론적입니다. 주체와 객체의 구분과 상호작용이 명확하게 느껴집니다. 그것은 심지어 다소 수상쩍게 느껴질 수도 있습니다. 예를 들어 우리가 더 나은 사람이라고 느끼고, 우리의 자비를 받는 더 열악한 상황에 처한 사람들보다 우리가 우위에 있다고 생각하는 경우처럼요.

두 번째 더 깊은 유형의 자비는 "법에 초점을 맞춘 자비"입니다. 이는 중생에게 개인적인 자아가 없다는 것을 깨달은 다음, 실재하는 자아가 없는 존재(나 자신도 포함)라는 특징을 갖는 중생에 초점을 맞추는 것을 의미합니다. 그러므로 이러한 자비는 자아가 없는데도 자아가 있다고 생각함으로써 고통받는 미혹한 존재로서의 중생에 초점을 맞추는 것입니다. 이처럼 법에 초점을 맞춘 자비는 고통의 주된 원인인 "자아 집착"에 더 중점을 둔다는 것을 의미합니다. 중생들이 자신이 누구인지, 진정한 행복을 얻는 방법이 무엇인지에 대한 근본적인 오해로 인해 불필요한 고통을 겪는 것을 보기 때문에 여기서 자비를 키웁니다. 그러므로 이러한 자비는 중생이 고통에서 벗어나기를 바랄 뿐만 아니라, 고통의 주된 원인인 자아에 대한 집착에서 벗어나기를 바라는 마음이기도 합니다.

세 번째 유형의 자비는 대상이 없는 자비입니다. 중생에게는 개별적인 자아가 없을 뿐만 아니라 실제로는 아예 존재하지도 않음을 깨달았다는 것을 의미합니다. 이것은 모든 현상이 공하다는 깨달음에 바탕을 둔 자비입니다. 그것은 실재하지 않는 특성을 지닌 존재, 그저 환영의 모습일 뿐인 존재로서의 중생에 초점을 맞추는 자비입니다. 언뜻 들으면 자기 모순적으로 들릴 수도 있습니다. 만일 아무도 없다면 누구에게 초점을 맞추고 누구에게 자비심을 가질 수 있을까요? 또한 주의를 기울이거나 자비심을 가질 사람이 없다면 지금 무슨 얘기를 하는 것일까요? 위대한 보살들은 그 어디에도 진정한 중생이나 보살이 없다는 것을 아주 분명하게 보지만, 중생들은 그것을 보지 못하고, 그렇기 때문에 고통을 겪습니다. 그러므로 이러한 보살들의 자비 역시 중생들이 잘못된 인식으로 인해 고통받는 것을 보는 데서 생겨납니다. 여기서의 잘못된 인식은 두 번째 유형의 자비에서 말하는 것보다 더 깊은 것으로, 실재가 아니라 환상에 불과한 중생이 자신과 자신의 고통이 정말로 존재한다고 생각하는 것입니다. 중생에게는 개별적인 자아가 없을 뿐만 아니라, "나"라고 집착하는 오온과 나의 것 역시 실제로 존재하지 않습니다. 그러므로 여기서 고통의 근본 원인을 더욱 깊이 깨닫습니다. 붙잡을 것은 아무것도 없으며, 무언가를 붙잡으려고 하는 그 모든 시도가 고통을 만들어 내는 것입니다. 중생들이 그것을 깨닫지 못해 고통받는 것을 보게 되면, 모든 것을 포용하지만 집착하지 않는 자비를 일으키며, 이 실체가 없는 존재들을 실체가 없는 그들의 오류와 그 모든 실체가 없는 결과로부터 해방시키고자 하는 염원이 생깁니다. 그것을 깨닫지 못하기 때문에 중생들이 고통받는다는 것을 보는 것은 모든 것을 다 품으면서도 고정된 것으로 만들지 않는 자비를 일으킵니다.

첫 번째 유형의 자비는 모든 평범한 존재에게 크든 작든 어느 정도는 분명히 존재합니다. 반드시 불자만이 이런 자비를 갖는 것은 아니고, 때로는 불자 아닌 사람이 더 자비로울 수도 있습니다. 두 번째 자비는 중생에게 자아가 없다는 것을 이해하는 측면에서 법에 초점을 맞추는 것입니다. 이것은 성문의 자량도(資糧道, 공덕을 쌓는 단계)부터 존재합니다. 성문의 길에 들어선 후 중생에게는 실제로 개별적인 자아가 없다는 것을 어느 정도 이해하게 되면 그 결과 자비가 더욱 깊어집니다. 세 번째 유형의 자비는 보살의 초지初地 이후에만 실제적인 형태로 존재합니다. 하지만 초지 이전에도 일반적으로 대승불교의 길에서는 그것과 유사한 것이 존재합니다.

첫 번째 유형의 자비에서 우리는 중생이 실재하고, 우리가 실재하고, 고통이 실재하며, 실제 중생이 실제 고통에서 벗어나기를 우리가 원한다고 가정하기에 이 모든 것이 매우 진지하고 무겁습니다. 이런 자비는 잘못된 것이 아니라 실제로 수행의 길에 들어선 초심자에게는 매우 필요한 것입니다. 하지만 궁극적인 불교의 관점에서 볼 때 이러한 자비는 그 범위와 힘이 매우 제한적이고, 여전히 너무 경직되어 있습니다. 왜냐하면 궁극적으로 고통의 가장 근본적인 원인은 사람이나 현상을 있는 그대로가 아닌 다른 어떤 것으로 착각하는 이 큰 오해에 있기 때문입니다. 실재하는 사람도 없고 실재하는 고통도 없습니다. 그것을 이해하면 할수록 정신적 자유가 커집니다. 그와 반대로 자신과 다른 중생, 고통을 더 단단하게 만들면 만들수록 자비는 더 제한적일 수밖에 없습니다.

대개 우리는 그 반대라고 생각합니다. 이를테면 '우리도 정말 고통을 받고, 그들도 정말 고통을 받는다, 우리는 그것을 아주 강렬하게 느낄 수 있다, 모든 것이 너무 끔찍하고 우울하다, 그리고 나서야 비로소 진정한 자비를 느낀다'고 말입니다. 그저 매일 뉴스에서 연이어 터지는 재난 뉴스를 보기만 하면 됩니다. 그러면 전 세계적으로 계속되는 고통의 눈사태에 완전히 압도당합니다. 하지만 이 모든 것을 실체화하고 고정시킬 뿐 더 넓은 시야를 갖지 못하면, 우리의 자비는 광활함이 없고 매우 답답하고 무거울 것입니다. 대승불교에서 우리는 몇몇 중생이 아니라 모든 중생에게 자비를 베풀어야 합니다. 하지만 우리의 고통과 이 모든 존재들의 고통을 매우 심각하게 생각한다면, 그들의 실제 고통이 너무나 압도적이어서 그것을 견딜 수 없기 때문에, 일정 범위 이상으로 자비를 확장하기가 어렵습니다. 우리가 그 수에 있어서 무한한 실제적이고 견고한 모든 존재들의 실제적이고 견고한 모든 고통을 생각한다면, 그것은 너무나 많습니다. 그러므로 모든 중생에 대해 진심으로 자비를 베풀면서도 보살로서 뭔가를 할 수 있으려면 가벼운 마음가짐과 많은 여유를 가지고 접근해야만 합니다. 그것은 공부하고 성찰하고 명상하고 체험하고, 결국 공을 깨닫는 데서 옵니다. 그 때문에 보살들은 윤회에 조금도 영향을 받지 않으면서 영원히 윤회에 머물 수 있는 것입니다. 만약 우리 자신과 다른 존재들, 그리고 그들의 모든 고통이 실제로 존재한다고 생각하면 보살의 서원을 세운다는 것조차 완전히 미친 짓일 것입니다. 한 명의 실재하는 중생인 우리가 어떻게 한도 끝도 없이 정말로 존재하는 중생들의 정말로 존재하는 고통을 없앨 수 있겠습니까? 이것은 한 사람의 평범한 존재가 감당하기에는 벅찬 일입니다. 그러기에 여기서 뭔가 변화가 있어야만 하는데, 그것은 바로 이 일 전체를 바라보는 우리의 시각입니다.

## 행동하는 자비

아발로끼떼스와라라는 이름의 두 번째 부분(*이스와라, īśvara*)은 "강력한"이라는 뜻입니다. 그는 진정으로 중생의 고통을 없앨 수 있기 때문에 강력합니다. 보살은 이 세 가지 자비에 대한 선한 동기를 가지고 있을 뿐만 아니라 자비를 유익한 행동으로 바꿀 수 있습니다. 도상학적으로 아발로끼떼스와라, 즉 관자재보살은 네 개의 팔을 가진 모습부터 천 개의 팔과 열한 개의 머리를 가진 모습까지 여러 형태가 있습니다. 이것은 관자재보살의 자비가 단지 조용한 소원이나 선한 의도(우리가 알다시피 지옥으로 가는 길은 그런 것들로 포장되어 있습니다)로만 이루어진 것이 아니라 지속적인 행동의 자비를 의미한다는 것을 보여 줍니다.

관자재보살에게 손은 둘, 머리는 하나만 있었을 때, 그는 보살의 서원을 매우 진지하게 받아들이면서 지옥 세계를 비우기 위해 혼자서 바삐 돌아다녔다는 이야기가 전해집니다. 관자재보살은 지옥 세계를 비우기 위해 부단히 노력했고 믿어지지 않겠지만 마침내 실제로 성공을 거두었습니다. 그래서 잠시 휴식을 취하고 깊은 숨을 쉬기 위해 잠깐 고개를 돌렸는데, 다시 돌아보니 지옥 세계는 처음과 마찬가지로 가득 차 있었습니다. 그때 관자재보살은 자신의 보리심이 약간 흔들리는 것을 느꼈고, 수행에 대한 동기 부여에 심각한 어려움을 겪게 되었습니다. 그때 아미타불이 나타나 "걱정하지 말라, 이제부터 내가 더 많은 손과 머리를 주겠노라"라고 말했습니다. 아미타불은 눈이 하나씩 있는 천 개의 손과 아미타불 자신의 머리를 포함한 열 개의 머리를 관자재보살에게 주어 더 많이 보고, 더 많은 일을 하고, 더 좋은 결과를 낳을 수 있게 했다고 합니다. 이 이야기는 중생의 수가 무한하기 때문에 윤회의 세계를 완전히 비우기가 매우 어렵다는 것을 보여 줍니다. 그래도 보살들은 바로 그 동기를 가지고 있지만, 상황이 고정되지 않고 유연해야만 그 동기를 실천할 수 있습니다. 그렇지 않으면 미치거나 지쳐 버린 무기력한 보살이 될 뿐입니다.

그렇다고 해서 보살의 서원과 행위가 일종의 게임이라는 뜻은 아닙니다. 왜냐하면 중생에게 고통은 게임이 아니라 시급히 다뤄야 할 문제이기 때문입니다. 그럼에도 불구하고 보살은 이 모든 것이 실체가 없는 환상일 뿐임을 알기 때문에 훨씬 마음이 가볍습니다. 이것은 또한 다른 사람의 고통이 보살에게 자신의 경험이라는 측면에서 정말로 고통을 주지는 않는다는 것을 의미합니다. 반면에 우리는 대개 고통받는 사람과 조금이라도 함께 고통을 겪지 않으면 우리가 진정으로 자비로운 것이 아니라고 느낍니다. 진정한 자비는 자비를 느끼는 사람 역시 고통을 겪어야 한다는 것을 의미하지 않습니다. 오히려 보살은 누군가가 고통받는 것을 보면 자신의 경험이라는 차원에서 누군가를 도울 수 있는 기회가 생겼기 때문에 기뻐한다고 합니다. 그것은 그저 그들이 가장 좋아하는 일이고, 언제나 하는 일입니다. 물론 그들은 어떤 존재의 고통에 대해 기뻐하는 것이 아니라 자신이 실제로 무언가 하기를 원하고, 할 수 있기 때문에 기뻐합니다. 이는 자신의 일을 진정으로 사랑하는 유능한 의사와 아무런 의학 교육을 받지 않은 사람이 부상당한 사람을 발견했을 때 느끼는 감정과 조금 비슷합니다. 의사는 기뻐하며 곧바로 환자를 돌보는 일을 시작하겠지만, 다른 사람은 대개 압도되어 기겁하거나 실신할 수도 있습니다.

경전에서 관자재보살은 "고귀한 자(성자)"라고도 불립니다. 불교에서 이것은 다섯 길 중에서 견도見道와 그 이상의 경지에 있는 사람들을 가리킵니다. 즉 모든 성문, 연각, 그리고 보살이 각자의 견도와 그 이상의 경지에 있을 때 "고귀한 자(성자)"라고 불리는데, 그것은 그들이 참된 실재를 직접 보았기 때문입니다. 그 길 이하에 있는 사람들은 모두 "범부"라고 불립니다. 특히 관자재보살이 고귀한 존재라고 불리는 것은 십지十地의 보살로서, 그가 두 가지 장애(煩惱障과 所知障)로부터 자유롭다는 것을 의미합니다.

또한 관자재보살은 보살일 뿐만 아니라 "마하살(mahāsattva)"이기도 합니다. 마하살은 말 그대로 위대한 마음을 부여받은 사람입니다. 그러므로 마하살은 모든 존재 가운데 가장 높은 존재인 부처가 되는 것을 목표로 삼을 만큼 마음이 광활한 사람입니다. 또한 다른 모든 사람들도 그러한 상태에 이르게 해 주려고 노력하는 사람입니다. 반야부의 어느 경전에서 샤리뿌뜨라는, 보살이 "마하살"이라고 불리는 것은 자아, 존재, 무존재, 영원성, 소멸에 대한 집착과 같은 대단히 잘못된 견해를 버리기 위해 법을 가르치기 때문이라고 합니다. 수보리는, 보살은 보살의 길(보리심과 부처님의 일체지 포함) 가운데서 그 어떤 것에도 집착하지 않고, 성문과 연각의 길과 결실 가운데 그 길이 아무리 좋은 것이라 할지라도 어디에도 집착하지 않기 때문에 마하살이라고 선언합니다. 주석가 하리브하드라(Haribhadra)에 따르면, 관자재보살과 같은 위대한 보살을 "보살"과 "마하살"이라고 부르는 이유는 다음과 같습니다. 일반적인 의미에서 "보살"은 마음(*sattva*) 또는 의도가 자신의 안녕으로 향하는 사람입니다. 그 안녕은 깨달음(*bodhi*)이고, 어떤 현상에도 집착하지 않는 것입니다. 하지만 성문도 자신의 안녕을 바랍니다. 그래서 성문과 구별하기 위해 "마하살(mahāsattvas)"이라는 말을 씁니다. 두 번째로, 마음이 다른 사람의 안녕으로 향하는 사람이 마하살입니다. 그런 의미에서 불자 아닌 이들 가운데 이타적인 사람도 마하살이 될 수 있습니다. 그렇기 때문에 "보살"이라는 단어도 쓰이는 것입니다.

## 우리가 아는 익숙한 방식으로 세상을 보지 않기

앞에서 언급했듯이, 부처님의 삼매의 가피를 통해 관자재보살도 삼매에 들었는데, 여기서는 다음과 같이 표현됩니다.

깊은 반야바라밀다를 수행하면서

이것은 관자재보살도 다른 모든 보살과 마찬가지로 법계, 즉 공성의 깨달음에 머무르면서 육바라밀이라는 깨달음의 행위를 실천했음을 의미합니다. 이처럼 그는 선정의 고요함에 머물면서 그러한 깨달음의 평등에 참여했고, 그 깨달음에 의해 지지되고 스며드는 정식 명상 이외의 행위에서도 이를 실천했습니다. 이와 같이 보살은 지혜와 방편의 결합, 즉 복과 지혜 두 가지를 증장시키는 데 참여합니다. 그들은 사경을 하고 , 법과 법을 설하는 사람을 공경하고, 이 둘을 위해 보시를 실천하고, 법을 듣고, 읽고, 암기하고, 다른 사람에게 설명하고, 독송하고, 성찰하고, 명상하는 열 가지 법의 활동(十法行)을 통해 이것을 실천합니다.

이러한 수행을 하는 동안 경전에서는 관자재보살이 무언가를 "보았다"고 말하는데, 그것은 다음과 같습니다.

그는 오온의 본성이 공이라는 것을 보았다.

즉 모든 현상은 발생하거나 소멸하지 않으며, 애초에 생겨나지도 않고 나중에 사라지지도 않음을 보았다는 것입니다. 이것은 마치 환상이나 영화 속에 있는 것과 같습니다. 영화 속의 인물은 근본적으로 생겨나지 않은 존재입니다. 그 사람은 부모도 없고 태어나지도 않았고 출생증명서나 신분증도 없습니다. 그 사람은 나타나서 무언가를 하다가 어느 순간 사라지는 것처럼 보입니다. 하지만 실제로 영화에 나타나거나 태어난 사람은 없었고, 설령 영화에서 그 사람이 죽는다 해도 정말로 죽는 것은 아닙니다. 그들이 나타나고 죽는 곳은 우리의 마음속, 보는 사람의 마음속일 뿐입니다. 또한 영화 속 인물은 스크린 위에서 움직이는 빛의 점으로 이루어지는 것일 뿐입니다. 거기에 우리는 흔히 하는 온갖 투사를 합니다. 예를 들면 이 인물들이 태어나서 어떤 특정한 일을 하고, 감정을 느끼고, 생각을 하고, 어떤 식으로 죽는다는 것입니다. 관자재보살은 이 모든 것을 꿰뚫어 봅니다. 오온은 일어나지도 않고 사라지지도 않으며, 주체와 대상도 없고, 대개 그 자체로 어떤 본성도 없이 공함을 봅니다.

일반적으로 오온을 바라보는 관점에는 세 가지가 있습니다. 보통의 존재들은 오온을 하나의 사람, 자아 또는 중생으로 봅니다. 우리는 누군가가 문을 열고 들어오는 것을 볼 때 "이 사람은 누구다" 또는 "저 사람은 누구다"라고 말합니다. 하지만 우리가 보는 것은 움직이는 모양과 색깔일 뿐입니다. 우리는 그것을 사람으로 대합니다. 물론 그것이 어떤 사람에게 있는 전부는 아닙니다. 거기에는 우리가 지각할 수 없는 그 사람의 마음도 존재하기 때문입니다. 우리가 어떤 사람에 대해 실제로 지각할 수 있는 것은 우리의 감각이 우리에게 알려주는 것뿐입니다. 나머지는 전적으로 우리가 전가한 것입니다. 우리는 그 사람의 마음속에서 일어나는 그 어떤 것도 지각할 수 없습니다. 우리는 그 사람의 몸짓이나 말에 담긴 외적인 신호, 그리고 우리 자신의 기분과 선입견에 근거하여 추정하고 판단할 뿐입니다. 문을 열고 들어오는 사람을 보고 "누구"라고 부르는 것만 봐도 우리가 시각적 지각에 얼마나 많은 것을 덧씌우고 있는지 알 수 있습니다. 덧씌워서 보는 정도 역시 이전 경험과 감정적 편향에 따라 분명히 달라집니다. 오랫동안 알고 지내던 사람을 보면, 곧바로 친구(즐겁고 매력적인 대상)나 피하고 싶은 사람(불쾌한 대상)으로 구별하는 것처럼, 과거에 바탕을 둔 복합적인 중첩이 거기에서 일어납니다. 반면에 이 쿠션을 그냥 바라보면 그런 일은 일어나지 않습니다. 이것은 훨씬 더 중립적인 대상입니다. 우리는 쿠션에 대해 파란색, 동그란 것, 바깥쪽에 있는 것 등 여러 가지를 덧씌우기도 하지만, 보통은 (다른 사람이 사용하는 나의 소중한 쿠션이 아니라면) 그다지 큰 감흥이 없습니다. 사람이라고 지각하는 대상과 관련해서 훨씬 더 많은 일이 벌어집니다. 또한 우리가 그 사람들과 상호작용하고 반응하는 방식은 우리의 이전 감각 지각에 바탕을 두고 있지만, 더 나아가 그 사람이 어떻게 생각하고 느끼고 반응할지를 추정하는 데 더욱 크게 영향을 받습니다.

이것은 일반 중생들이 오온에 대해 가지고 있는 견해로, 다른 사람들의 오온뿐만 아니라 우리 자신의 오온에도 적용됩니다. 하지만 우리 자신의 마음은 어느 정도 볼 수 있다는 점에서 다릅니다. 우리는 몸뿐만 아니라 자신의 정신적인 온들도 알아차릴 수 있습니다. 우리가 다른 사람의 마음에서 무슨 일이 일어나는지 안다고 생각하는 것은 주로 우리가 자신의 정신적인 온들을 알아차리는 것에서 비롯됩니다. 왜냐하면 우리가 특정한 감정이나 생각을 가질 때, 종종 마음속에서 일어나는 일에 의해 촉발된 신체적 반응이나 언어적 표현이 나타나기 때문입니다. 스스로 특정한 느낌이 들 때의 신체적, 언어적 표현과 비슷하게 보이는 것을 다른 누군가에게서 발견하면 우리는 그 사람도 같은 감정이나 같은 생각을 가지고 있을 것이라고 곧바로 추정합니다. 그것은 때로는 옳을 때도 있고 옳지 않을 때도 있습니다. 그리고 이것을 우리는 "소통"이라고 부릅니다. 그것은 때로 효과가 있습니다. 하지만 설령 효과가 있더라도 그것은 오직 양쪽에 내재된 그런 추정 때문입니다. 왜냐하면 양쪽이 모두 다른 사람에게 투사하는 똑같은 구조적 실수를 저지르기 때문입니다.

그러므로 그렇지 않은 사람들, 이를테면 깨달은 존재와 소통하는 것은 매우 어려울 수 있습니다. 그들의 의사소통 방식은 매우 다릅니다. 그저 우리에게 익숙한 방식으로는 이루어지지 않습니다. 이러한 관점에서 볼 때, 우리가 "소통"이라고 부르는 것은 같은 실수에 대한 공통된 합의에 지나지 않습니다. 그것은 상호 투사이고 우리가 "언어"라고 부르는 특정한 소리에 특정한 의미를 부여하는 것입니다. 그러므로 언어적 소통과 비언어적 소통은 모두 우리의 감각이 지각하는 시각적 형태, 소리, 냄새, 맛, 만질 수 있는 대상에 의미를 부여하는 개념적인 마음의 한계 안에서 작동합니다. 그런 다음 우리는 원래의 감각 지각에서 파생된 개념에 더 많은 개념적

가탁加託을 만들어 냅니다. 물론 우리가 지금 여기서 하고 있는 일도 예외는 아닙니다.

성문과 연각은 오온을 어떻게 볼까요? 그들은 오온에 개별적인 자아가 없다는 것을 이해하기 때문에 오온을 중생이나 실제 사람으로 보지 않습니다. 일반적인 관점에서 볼 때, 그들은 오온에 대해 조금 더 우울한 시각을 가지고 있습니다. 왜냐하면 그들은 오온을 괴로움의 진리와 괴로움의 원인의 진리라는 처음 두 가지 고귀한 진리로 보기 때문입니다. 그들에게 중생은 자아가 없는 오온이 전부입니다. 그것은 세 가지 유형의 고통과 더 큰 고통의 원인(번뇌와 업의 행)으로 이루어져 있습니다.

보살들은 오온을 환상이나 영화 또는 꿈과 같이 그 어떤 고유한 존재도 없는 공한 것으로 봅니다. 하지만 그와 동시에 보살들은 오온이 실제로 존재하고 자아를 가지고 있다고 집착하는 중생의 입장에서 볼 때, 그들의 고통은 전적으로 실재하고, 이 고통의 원인 또한 전적으로 실재한다는 것, 그리고 그것이 바로 중생이 고통을 받는 이유라는 것을 아주 잘 알고 있습니다. 그러므로 보살의 관점에는 두 가지 측면이 있습니다. 자신의 깨달음이나 지혜의 관점에서 그들은 중생이 환상과 같다는 것을 봅니다. 하지만 그것은 동전의 한 면일 뿐입니다. 동전의 다른 면은 자비입니다. 중생은 자신의 오온이 실재하지 않음을 깨닫지 못하기 때문에, 그래서 환상일 뿐인 일시적인 현상을 계속 붙잡고 있기 때문에 고통을 겪습니다. 보살은 이것이 중생의 고통의 원인이라는 것을 분명히 알기 때문에 저절로 그들을 향한 자비를 느낍니다. 그리고 중생이 그릇되고 자기 파괴적인 견해와 행동에서 벗어나기를 바랍니다.

달라이 라마가 여러 번 말씀하셨듯이 보살의 "이타적인 논리"는 개인적인 것이 아닙니다. 하지만 그것은 실제로 고통을 없앤다는 점에서 훨씬 더 강력합니다. 보살은 고통을 볼 때 "누구의 고통인가?"라고 묻지 않습니다. 그들은 "나의 고통"을 "너의 고통"이나 "그들의 고통"과 구분하지 않습니다. 고통은 그저 고통일 뿐입니다. 고통은 누구의 것이든, 어떤 형태로 나타나든 항상 없애야 할 대상입니다. 그렇기 때문에 보살들은 고통을 볼 때마다 우리처럼 개인적으로 받아들이고 요란을 떨지 않습니다. 다만 어떻게 하면 고통을 없앨 수 있을 것인가에 초점을 맞출 뿐입니다. 반면에 고통에 대한 우리의 관점은 지극히 개인적입니다. 우리는 자신을 괴롭히는 사소한 일에도 요란을 떨고 그것을 더 악화시킬 뿐입니다. 게다가 우리는 자신의 고통과 다른 존재의 고통을 구분합니다. 그리고 그것이 어떤 고통이든 상관없이 항상 자신의 고통을 훨씬 더 심각한 것으로 받아들입니다. 보살은 고통에 대해 좀 더 평등한 관점을 가지고 있습니다. 그런 보살에게는 누가 고통을 겪고 있는지가 중요하지 않습니다. 그것이 고통이라면 그것은 반드시 없애야 하는 것입니다. 이것이 보살의 논리입니다. 그것은 자신과 타인을 구별하지 않는 것, 오온 안에 "고통받는 자"라는 진짜 사람이나 자아가 없다는 깨달음에 바탕을 두고 있습니다.

이것으로 경전의 도입부가 끝납니다.

# 경전의 본문

## 샤리뿌뜨라의 순수한 질문

경전의 실질적인 본문은 샤리뿌뜨라의 질문과 관자재보살의 대답으로 이루어져 있습니다. 경전은 이렇게 말합니다.

> 그때 샤리뿌뜨라 존자는 부처님의 힘으로 고귀한 관자재보살 마하살에게 이렇게 말씀하셨다. "어떤 선남자 선여인이 깊은 반야바라밀다를 수행하고자 한다면 어떻게 닦아야 합니까?"

샤리뿌뜨라는 기본적으로 관자재보살에게 "부처님의 삼매의 힘으로 무엇을 보십니까? 그리고 거기에 이르기 위해서는 무엇을 해야 합니까?"라고 묻고 있는 것입니다. 다시 말해 샤리뿌뜨라는 보살의 길이 무엇으로 이루어져 있고 그 열매는 무엇인지 알고 싶어 합니다. 『반야심경』은 여기서 일어나는 모든 일이 "부처님의 힘에 의한 것"이라고 명시적으로 말합니다. 그것은 "심오한 것에 대한 지각"이라는 부처님의 선정을 다시 가리킵니다. "선남자 선여인"은 보통의 가정이나 평범한 귀족을 가리키는 것이 아니라 보살의 영적 "귀족"을 가리킵니다. 그들은 부처의 고귀한 가족입니다. 선남자 선여인은 부처님의 가문에서 태어난 보살입니다. 우리가 보통 보살계를 받을 때는 마지막에 다음과 같이 수계의 기쁨을 찬탄합니다.

오늘 나는 부처님의 가족으로 태어났습니다.
이제 나는 부처님의 자녀입니다.
이제부터 나는 다음과 같이 수행하겠습니다.
나의 가문에 걸맞은 행동을 하겠습니다.
나는 흠이 없고 고귀한 이 가문에
누累가 되지 않겠습니다.

"부처님의 자녀"는 부처님의 아들이나 딸을 의미합니다. 부처님에게는 세 종류의 자녀가 있었다고 전해집니다. 친아들은 라훌라였습니다. 부처님의 말씀의 자녀는 성문과 연각입니다. 그분들은 부처님의 말씀을 통해 깨달음을 얻었기 때문입니다. 부처님의 마음과 가슴의 자녀는 보살입니다. 보살은 보리심(깨달음의 가장 중심이 되는 마음의 상태)을 일으키고 공성을 깨달으려고 합니다.

그러므로 보살의 서원을 한 이상 우리는 모든 부처님의 가족입니다. 왜냐하면 그 서원이 곧 부처님의 고유한 표시이기 때문입니다. 그리고 이 서원대로 행하는 것이 곧 부처님의 일입니다. 좀 더 심오한 의미에서 "가족"은 우리의 불성, 즉 완전히 깨어난 부처가 되는 마음속의 근본 성품을 가리킵니다. 일반적으로 불교의 길을 걷는 사람들은 각기 다른 성향을 가지고 있다고 합니다. 성문의 길, 연각의 길, 보살의 길입니다. 하지만 대승불교의 관점에서 보면 이러한 다양한 성향은 일시적인 차이일 뿐입니다. 근본적으로 모든 존재는 부처가 될 수 있는 동일한 성품이나 잠재력을 가지고 있고, 이것을 "불성"이라고 합니다. 다시 말해 그것은 모든 중생이 갖고 있는 마음의 기본적인 본성입니다. 우리가 보살이 될 때 마음의 본성은 우리가 "태어나는" "가문"입니다. 이는 모든 부처님들이 그러하듯 우리가 불성에 적극적으로 온전히 참여하게 된다는 것을 의미합니다. 말하자면 우리는 본래 타고난 불성이라는 우리의 자연적인 유산을 진심으로 받아들이게 됩니다.

우리가 보살계를 통해 그 가족에 합류하게 되면, 자연스럽게 보살도의 견見, 수修, 행行, 과果를 실천하는 "가업"을 배우고 싶어집니다. 그렇기 때문에 샤리뿌뜨라는 "깊은 반야바라밀다를 수행하고자" 하는 사람들이 어떻게 해야 하는지 묻습니다. "깊은 반야바라밀다를 수행"한다는 것은 주어진 모든 순간에 우리가 하는 모든 일을 심오한 공성의 관점과 연결시키려고 노력하는 것을 의미합니다. 초심자 수준에서는, 기본적으로 우리가 하는 모든 일에 더 여유로워지고, 마음속에 더 넓은 공간의 느낌을 가지며, 너무 꽉 막히지 않는 것을 의미합니다. 즉 모든 것을 좁고, 과도하게 실재적이고, 지나치게 심각한 것으로 만들지 않는 것입니다. 그것은 또한 우리 자신과 타인, 그리고 이 길에 있는 모든 상황에 대해 선량한 유머 감각을 갖는다는 의미이기도 합니다. 우리가 자신과 자신의 상황에 대해 웃을 수 있다면 그것은 이미 공성의 좋은 경험입니다. 웃음은 경직되거나 심각한 행동 혹은 폐쇄적이고 편협한 행동에 균열을 일으키기 때문입니다. 공성을 아주 실용적으로 사용해야만 우리는 삶을 더 가볍게 대할 수 있습니다. 늘 거창하고 고상한 개념의 "공성"일 필요는 없습니다. 때때로 매우 단순하게 공성을 경험할 수 있습니다. 물론 공성 그 자체는 언제나 매우 단순합니다. 하지만 단순하다는 것을 알고, 평소에 홀로 갇혀 있는 자아라는 마음의 감옥에서 벗어나고, 자신의 족쇄에 갇혀 있는 퀴퀴하고 우울하고 복잡한 누에고치에 가볍고 신선한 공기가 들어오는 것, 그것이 바로 공성입니다. 그것은 아주 기분 좋은 느낌입니다.

공성은 그다지 좋은 평을 받지 못합니다. 사람들은 보통 "공성"이라고 하면 빈 병이나 빈 집, 빈 지갑 또는 단순히 아무것도 없는 것을 떠올립니다. 하지만 부처님께서 말씀하신 공성은 전혀 그런 뜻이 아닙니다. 공성을 철학적인 개념이나 전문 용어로 말하자면 모든 현상에 내재하는 본질이 없는 것 또는 찾을 수 있는 실체가 없는 것을 말합니다. 하지만 경험이라는 측면에서 볼 때 공성은 자유, 열림, 광활함, 신선한 공기, 넓은 공간, 한없는 가벼움을 의미합니다. 그리고 누구도 정말로 불평할 수 없는 것입니다.

### 관자재보살의 짧지만 심오한 대답

보살은 어떻게 반야바라밀다를 수행해야 하는지 묻는 샤리뿌뜨라에게 관자재보살은 스스로 삼매를 통해 본 것, 보살이 되기를 원하는 이가 보아야 할 것에 대해 짧게 답합니다. 그것은 대승불교의 견해(view)와 수행(meditation) 모두를 가리킵니다. 관자재보살은 샤리뿌뜨라에게 다음과 같이 말합니다.

> 깊은 반야바라밀다를 수행하고자 하는 선남자 선여인은 이와 같이 보아야 한다. 그들은 오온의 본성이 공임을 보아야 한다.

이와 같이 관자재보살은 "반야바라밀다를 수행할 때 무엇을 합니까?"라는 샤리뿌뜨라의 질문에 기본적으로 "사실 아무것도 하지 않습니다."라는 말로 대답합니다. 위에서 *슌야따*(śūnyatā)의 어원이 "부풀어 오르다"라고 말한 것처럼, 오온은 자아의식에 의해 부풀어 오른 다섯 개의 풍선과 같습니다. 관자재보살이 본 것, 모든 보살들이 보아야 할 것은 오온이 본래 공하다는 것, 다시 말해 이 풍선이 텅 빈 것임을 보고 그것을 터뜨려야 한다는 의미입니다. 좀 더 정확하게 말하면, 만일 우리가 어떤 환영의 허상을 본다면 이것은 환영이 사라진다는 것이 아니라 그것이 실재하지 않음을 안다는 것을 의미합니다. 예를 들어 데이비드 코퍼필드 같은 마술사의 공연을 보러 가서 일단 그 속임수를 알아차리면 어떤 것이 나타나든 그것은 더 이상 그렇게 강력하지 않고, 더 이상 우리를 크게 좌지우지하지 못합니다. 마찬가지로 오온이 환상이라는 것을 알아차리면 더 이상 그 최면에 걸리지 않습니다. 또는 악몽에서 깨어났을 때, 그 모든 무서운 일들이 실제로 일어나지 않았다는 것을 깨닫고 마음을 편안하게 가질 수 있습니다. 이것은 공성을 깨닫는 것의 주관적인 측면이 무엇인지 보여 줍니다. 그것은 단지 사물을 환상에 불과한 것으로 보는 것이 아닙니다. 그렇다면 무엇일까요? 공의 중요한 해방적 의미는, 무언가가 견고하고 실재한다고 믿을 때와, 그것이 그렇지 않음을 알 때, 우리가 그것에 반응하는 방식이 전혀 달라진다는 데 있습니다. 이 반응은 우리가 사물을 얼마나 심각하게 받아들이는지, 그리고 그로 인해서 고통을 받는지, 받지 않는지를 결정합니다. 사물을 심각하게 받아들일수록 더 많은 고통을 겪습니다. 사물을 더 고정적으로 바라볼수록 세계가 더 좁아지고, 모든 삶의 상황은 꽉 막혀서 아무것도 할 수 없게 됩니다. 그러므로 공성의 진짜 가치는 대상(모든 것이 실제로 존재하지 않는다는 사실)이 아니라 주체에 있습니다. 이것은 실제적인 것에 대한 집착을 버리고 더 이상 그것들에 휘둘리지 않는 것을 가리킵니다. 그 대신 무한한 개방성, 자유로움, 깨어 있음이라는 경험의 진정한 본질로 편안하게 들어가는 것을 말합니다.

공성에 대한 가장 큰 질문은 이 "공성"이 무엇인가 하는 것입니다. 공성 아닌 것을 말하는 것이 더 쉽고, 대개의 글들은 공성 아닌 것에 대해 말합니다. 그들은 공성은 이것이다 저것이다라고 결코 말하지 않습니다. 그렇게 하는 것은 자기 발등을 찍는 것과 같습니다. 왜냐하면 공성이란 공성을 포함한 그 어떤 것도 정확히 무엇이라고 규정할 수 없음을 의미하기 때문입니다. 그러므로 공성을 "어떤 것"이라고 설명하면 우리는 다시 원점으로 돌아가게 됩니다. 그러면 공성이 무엇이 *아닌지*를 같이 살펴보도록 하겠습니다.

첫째, 공성은 우리가 알고 있는 모든 것을 파괴하는 영적인 원자폭탄이 아닙니다(저장된 모든 믿음의 체계로 인해 자아의식의 컴퓨터 하드 드라이브에 충돌을 일으키기 때문에 가끔 그렇게 보일 수도 있기는 합니다). 둘째, 공성은 현상을 분석하지 않으면 공성이 아니고, 분석을 하면 공성이 된다는 뜻이 아닙니다. 공성은 분석할 수 있는 것이 아닙니다. 예를 들어 우리가 이 탁자를 분석하지 않으면 그것은 절대적으로 실재하는 것이고, 양자물리학이나 중관의 추론을 통해 분석하면 공성이 된다는 의미가 아닙니다. 다시 말해 공성은 처음에는 존재하지 않다가 나중에 존재하게 되는 것이 아닙니다. 셋째, 실제로 공성이 아닌 현상을 공성이라고 명상하여 개념적으로 조작된 공성을 만들어 내는 것이 아닙니다. 그것은 더 정교한 형태의 세뇌와 다를 바 없을 것입니다. 물론 실제로 잘 통하지는 않을 것입니다. 만약 사물들이 실제로 존재한다면, 우리는 단지 그것들에 공성의 개념을 부여할 것이며, 이것은 아무것도 바꾸지 못할 것입니다. 예를 들어 아무리 많이, 아무리 오랫동안 석탄에 "하얗다"는 개념을 적용한다고 해도 석탄의 검은색을 바꾸는 데는 아무런 도움이 되지 않습니다. 넷째, 성자의 지혜가 아직 일어나지 않은 동안에는 현상들이 공하지 않다가, 그 지혜가 일어난 이후에야 비로소 공해지는 것은 아닙니다. 다시 말해 우리가 견도見道에 들어섰을 때 모든 것이 비로소 공해지고, 그 이전에는 공하지 않았던 것처럼 이해해서는 안 됩니다.

다섯째, 공성은 촛불이 꺼지는 것과 같이 이전에 존재했다가 나중에 없어지는 것이 아닙니다. 처음에는 존재했다가 공성임을 깨달으면 사라지는 것이 아닙니다. 다시 말해서 공성은 소멸을 의미하지 않습니다. 여섯째, 공성은 토끼의 뿔이나 거북의 털처럼 전혀 존재하지 않는 것이 아닙니다. 일곱째, 공성은 그 자체로 성스럽고 귀중한 것이 아니고, 어떤 보편적인 법칙이나 숭배해야 할 신성한 원리가 아닙니다. 하지만 공성을 깨닫는 것은 매우 소중하고 가치 있는 일입니다. 왜냐하면 공성은 혼란과 고통을 없애기 때문입니다. 여덟째, 공성은 현상과는 별개로 어떤 다른 영역에 존재하는 것이 아닙니다. 그것은 모든 것 위에 떠 있는 또 다른 사물이나 개념이 아닙니다. 즉 우리가 두 가지 실재에 대해 이야기할 때 겉으로 보이는 실재는 여기에 있는 것이고 궁극적인 실재는 저기에 있는 또 다른 것이라는 의미가 결코 아닙니다. 만약 그렇다면 두 실재를 분리할 수 없다는 것이 성립되지 않기 때문입니다. 또한 예를 들어 유리잔의 공성에 대해 이야기할 때 유리잔을 깨뜨리면 유리잔의 공성은 어디 있을까요? 그것은 더 이상 없습니다. 이는 곧 공성은 항상 *무언가*의 공성이라는 것을 의미합니다. 그 유일한 예외는 공성의 공이지만, 그것은 완전히 다른 경우입니다. 마찬가지로, 형상과 공성의 관계에서 보면 형상이 없으면 공성도 없습니다. 다시 말해서 공성은 그야말로 나타나는 것의 진정한 본질입니다. 그러므로 나타나는 것과 분리되거나, 그 바깥에 있는 것이 될 수 없습니다. 마지막으로, 공성은 꽃병에 물이 없거나 주머니에 돈이 없는 것처럼 무언가가 단순히 결핍된 상태를 말하는 것이 아닙니다. 또 말(馬)에 소(牛)가 없다는 것처럼 애초에 존재할 수 없는 속성을 상정하는 것도 아닙니다. 실제로 부처님께서는 이것이 바로 공성에 대한 가장 잘못된 이해라고 말씀하셨습니다.

이러한 모든 그릇된 공성의 문제점은 무엇일까요? 그것들은 어떤 종류의 제한적인 공성, 정신적으로 만들어 낸 공성, 또는 소멸이라는 의미의 공성입니다. 그 가운데 어떤 것도 공성을 우리 존재의 완전한 토대 없음으로 언급하지 않으며, 오직 이 토대 없음만이 해탈의 유일한 기회를 제공합니다. 좀 더 전문적으로 말하자면, 진정한 공성은 모든 것이 그 자체의 본성을 가지고 있지 않다는 것을 의미합니다. 다시 말해서 공성은 유리잔에 물이나 테이블 같은 다른 어떤 것이 없다는 의미가 아닙니다. 하지만 유리잔이 유리잔으로 존재한다는 것 자체가 없다는 것입니다. 말하자면 유리잔의 "유리 특성"을 찾으려고 하면 찾을 수 없다는 것입니다. 굳이 불교가 아니어도 그렇습니다. 양자물리학자들도 같은 말을 합니다. 어디에도 유리는 존재하지 않습니다. 우리가 유리라고 보는 것은 우리의 눈이라는 의식, 그러니까 안식이 만들어 낸 것일 뿐입니다. 그리고 그것은 우리의 안식이 특정한 색깔과 모양으로 인식하는 일종의 응축된 에너지입니다. 게다가 다른 중생은 이 "유리"를 완전히 다른 방식으로 지각하기 때문에 유리에 대한 우리의 지각은 매우 조건적인 것입니다. 예를 들어 파리나 물고기의 눈에는 우리가 지각하는 것과는 전혀 다른 모습이 보입니다. 그리고 어떤 동물은 특정 색깔은 지각조차 하지 못합니다.

그러므로 상대적인 수준에서도 우리가 실제로 식별할 수 있는 견고하고 실제적인 유리가 정말로 존재하는지는 상당히 의문입니다. 좀 더 들여다보면 볼수록 실제로는 거기에 아무것도 없다는 것이 분명해집니다. 우리는 마음에서 벗어날 수 없기 때문에 저 밖에 무언가가 존재하는지 존재하지 않는지조차 확인할 수도 없습니다. 우리는 세상을 인식하는 자신의 방식을 버리고 다른 가설적인 인식의 세계와 비교해야 할 필요가 있습니다. 그러면 "누가 저 세계를 지각할 것인가?"라는 의문이 생깁니다. 우리에게는 오직 우리의 마음만 있고 그것을 다른 누군가의 마음과 비교할 수 없습니다. 설령 비교할 수 있다고 해도 우리 자신의 마음의 관점에서만 비교할 수 있기 때문에 여전히 주관적일 수밖에 없습니다. 그렇기 때문에 세상이 실제로 어떻게 존재하는지에 대한 "객관적인" 인식을 가진 일종의 심판이 필요할 것입니다. 하지만 분명히 그런 것은 존재하지 않습니다. 설령 있다고 해도 우리 가운데 그 누구에게도 이 "객관적 지각"을 확인할 방법은 없습니다. 우리는 주관적 지각에 갇혀 있기 때문입니다. 우리는 그 다른 사람의 마음을 떠올려야 하는데, 물론 그것은 불가능합니다.

그러므로 매우 실제적인 것처럼 보이는 모든 것을 분석해 보면, 그것은 보이는 것보다 덜 실제적인 것이 아니라 전혀 실제적이지 않다는 것을 알 수 있습니다. 또한 그것은 똑같은 것을 보는 사람마다 다르게 본다는 문제, 예를 들어 서로 다른 사람들이 실제로 존재하는 유리컵이나 사람을 서로 다르게 인식하는 문제만이 아니라는 것입니다. 사실 모든 사람은 마음속에 자기만의 영화, 곧 자기만의 작은 실재를 가지고 있습니다. 단지 다른 방식으로 보이는 것일 뿐인 것은 하나도 없습니다. 애초에 아무것도 없습니다. 대승불교의 관점에서 보면 보이는 것은 그것이 무엇이든 우리 마음속에 나타나는 것일 뿐입니다. 예를 들어 인간들이 일반적으로 같은 것을 지각하는 이유는 그들이 비슷한 지각을 위한 일정한 습관적 경향을 가지고 있기 때문입니다. 하지만 자세히 들여다보면 그 누구도 다른 존재와 완전히 동일하게 지각하지는 않습니다. 눈앞에 있는 똑같은 탁자를 본다고 생각하더라도 실제로는 모두 다르게 봅니다. 어떤 사람은 탁자의 앞면을, 어떤 사람은 뒷면을, 어떤 사람은 왼쪽을, 어떤 사람은 오른쪽을, 어떤 사람은 위쪽을, 어떤 사람은 아래쪽을 봅니다. 사실 탁자 전체를 한 번에 볼 수 있는 사람은 아무도 없습니다. 하지만 우리는 보지 못하는 탁자의 어떤 부분에 대해 개념적으로 각기 다르고 부분적인 시각 지각을 보완하는 것입니다. 그런 다음 이 지각과 개념의 복합체를 "탁자"라고 부릅니다. 그래서 실제로 같은 것을 지각한다고 생각하는 것입니다. 만약 즉각적인 감각 지각이 제공하는 데이터만을 사용한다면 언제나 탁자 등이라고 생각하는 것의 일부분만을 다루게 될 것입니다. 그러면 소통은 매우 어려워집니다.

또한 우리는 이전의 경험을 바탕으로 눈에 보이는 것에 대해 끊임없이 많은 것을 기대합니다. 맛있는 피자 한 조각을 보는 것만으로도 그 맛과 냄새를 예상하고 입에 군침이 돌기 시작합니다. 설령 식탁을 만지거나 들어 올리지 않더라도, 식탁이 어떤 질감과 무게를 가지고 있을 것이라고 예상합니다. 유리잔을 보면 깨지기 쉽다는 것을 압니다. 그래서 만약 누군가 유리잔을 던지면 그것을 잡거나 피하는 것입니다. 우리가 특정한 색깔과 모양을 단순히 시각적으로 지각할 때, 이러한 시각적 지각 위에 덧붙여지는 많은 요소들은 즉시 "유리잔"이나 "탁자"라고 부르는 것의 일부가 되며, 이 부분은 우리가 실제로 보는 것에 비해 매우 큽니다. 우리의 시각적 지각은 이러한 정보를 알려 주지 않지만, 우리의 개념적 마음은 이전 경험을 새로운 사물에 투영하여 모든 세부사항을 추가합니다. 눈에게 무엇을 보느냐고 묻는다면 그 대답은 아주 단순합니다. 색깔과 모양입니다. 하지만 유리잔 같은 것을 보고 무엇을 보았는지 개념적인 사고에 물어보면 그 대답은 전혀 단순하지 않습니다. 그리고 대신 온갖 얘기가 나옵니다. 반면에 어린 아이들은 사물과 상호작용할 때, 거의 또는 전혀 예측 없이 다룹니다. 그렇기 때문에 아이들은 물건을 뒤집거나, 바닥에 내동댕이치거나, 혹은 우리가 보기에 이상한 온갖 짓을 하곤 합니다. 어린 아이에게 공을 던지면 아이는 실제로 공에 맞을 때까지 아무런 반응이 없습니다(그렇게 하자는 얘기는 아닙니다.…). 아이는 단지 어떤 색깔과 모양이 움직이는 것을 볼 뿐, 그 색깔과 모양이 공이라는 것과 그 공이 닿으면 아플 것이라는 것 같은 개념이 없습니다.

이러한 지속적인 개념 중첩의 과정은 우리가 "타인"이라고 지각하는 대상에 대한 투사를 놀랍도록 쉽게 해 줍니다. 우리는 대개 유리잔 같은 사물에는 그다지 많은 것을 투사하지 않습니다(아주 비싼 유리잔을 가지고 있다가 깨지는 경우는 아니겠지만요). 하지만 사람에게는 얼마나 많은 것을 투사하는지 알 수 있습니다. 다양한 사람들이 온갖 것을 투사하지만 이러한 투사는 그 사람과는 거의 혹은 전혀 관련이 없습니다. 정말 어떤 사람이 실제로 존재한다면 적어도 누군가의 지각은 옳은 것이어야 합니다. 하지만 그 사람에 대한 우리 자신의 지각은 계속 변하고 그 사람 또한 계속 변합니다. 그러므로 여기에는 사실 붙잡을 것이 별로 없고, 그것이 공성의 기본 메시지입니다. 즉 사물은 본래 그 자체로 공하고 찾을 수 없는 것입니다. 그럼에도 불구하고 그것은 여전히 나타납니다. 그렇기 때문에 『반야심경』은 나중에 "색이 공이고, 공이 색이다"라고 말하는 것입니다. 단순히 공이 공이라고 말하는 것이 아닙니다. 공과 색이 분리될 수 없고, 색이 공과 다르지 않으며 공 또한 색과 다르지 않다는 것을 말합니다. 이 둘은 항상 서로 결합되어 있습니다.

엄밀히 말하면 애초에 "둘"이 아니기 때문에 더욱 까다로운 문제입니다. 궁극적으로 말해서 상대적인 형상은 환영과 같기 때문에 처음부터 실제로 존재하지는 않습니다. 그러므로 형상과 공의 결합은 마치 신기루가 나타나는 것과 같습니다. 이를테면 덥고 화창한 날 도로에 물이 나타나는 것처럼 보이는 것입니다. 도로 위에는 물이 없습니다. 하지만 도로 바로 위의 뜨거운 공기와 햇빛, 그리고 특정한 각도로 바라보는 우리 등 여러 조건이 맞물려 맑은 하늘이 우리 앞에 있는 도로의 뜨거운 공기 속에 비쳐서 물이 나타나는 것처럼 보입니다.

또한 중생은 이원론적인 형상만 지각하고 집착할 뿐 그것의 공성은 보지 못합니다. 명상의 평정 상태에 있는 고귀한 존재는 이원론적 형상이 전혀 없는 공성을 볼 뿐입니다. 적어도 평범한 존재로서 우리는 형상과 공성 사이를 오갈 수 없습니다. 불행히도 우리는 "지금은 상대적 실재를 보고, 지금은 궁극적 실재를 본다"라고 말하면서 비교적인 관점을 취할 수 없습니다. 반면 우리가 궁극적 실재를 인식하고 나면, 적어도 우리 자신의 지각에서는 더 이상 이원론적인 상대적 실재를 보지 않습니다.

그렇다면 공성이 무엇이고 무엇이 아닌지를 이해하는 것이 왜 중요할까요? 부처님께서 공성을 가르치신 이유는 오직 중생을 고통에서 해방시키고 그들이 일체지를 가진 불도를 이루도록 하기 위해서였습니다. 부처님은 공성을 명석한 이론이나 언어의 유희, 고도로 철학적이거나 형이상학적인 개념, 또는 메타언어로 소개한 것이 아닙니다. 부처님의 관심사는 공성을 가르쳐서 중생이 자유로워지고 지속적인 행복을 경험할 수 있게 하는 것뿐이었습니다. 그러므로 공성은 교육적인 도구입니다. 하지만 그 자체로 존재하거나 본질적인 가치를 가지고 있는 것은 아닙니다. 공성은 사물이 실제로 어떻게 존재하는지 보지 못해서 사람들이 고통을 겪기 때문에 그들에게 사물이 실제로 어떻게 존재하는지 알려 주기 위한 수단입니다. 부처님의 가르침대로 공성을 올바르게 이해하면, 공성은 해탈과 일체지를 향한 길의 단 하나의 적합한 토대가 되며 모든 번뇌장과 소지장에 대한 치료제로 작용합니다. 하지만 위에서 언급한 것처럼 공성을 잘못 이해하면 이 같은 해탈을 가져오지 못합니다. 그렇기 때문에 부처님께서 말씀하신 공성의 의미를 정확히 이해하고, 이미 넘쳐나는 정신적 쓰레기통에 또 다른 이론이나 똑똑한 아이디어를 더하지 않는 것이 중요합니다.

특히 공성에 대한 모든 기술, 추론, 개념 속에서 공성은 마음을 자유롭게 하는 도구라는 이 본질적인 점을 기억해야 합니다. 이것이 공성의 근본적인 목적입니다. 공성에 대해 이야기할 때 이 점을 잊고 "우리가 여기서 무엇을 하는 거지?"라고 의아해하기 쉽습니다. 그러면 윤회와 그 고통으로부터의 해탈이라는 불교적인 길의 기본 목적으로 되돌아가는 것이 좋습니다. 다시 말해 공성에는 매우 실용적인 목적이 있습니다. 공성은 이해한 다음, 우리가 윤회의 어느 지점에 있든 다음으로 넘어가는 어떤 것이 아닙니다. 심장마비를 겪은 아라한들의 경험에서 알 수 있듯이, 공성은 정말로 지적인 의미에서뿐만 아니라 매우 생생한 경험적인 의미에서 윤회를 깨뜨리는 것입니다. 즉 그것은 우리 경험의 근본적인 토대 없음과 연결되는 것을 의미합니다.

물론 토대가 없다는 것은 두려운 말처럼 들리지만, 그것은 해탈이라는 동전의 한 면일 뿐입니다. 공성은 윤회나 자아에 기반을 둔 평범한 존재라는 측면에서는 토대가 없습니다. 하지만 그 윤회의 토대 없음의 기저 또는 바닥에는 불성이라고 불리는 더 근본적인 토대가 있습니다. 환상에 불과한 우리 존재의 토대 없음을 과감하게 바라보지 않는 한, 우리 존재의 실제적이고 신뢰할 수 있는 토대에 이르기는 매우 어렵습니다. 문제는 그 신뢰할 만한 토대의 대부분은 토대 없음이라는 것입니다. 우리가 그 토대 없음을 직면하고 마음에 통합하지 않는 한, 어떤 견고한 기초도 존재하지 않을 것입니다. 유일하게 믿을 수 있는 토대는 끊임없는 공포나 두려움의 상태가 아니라, 이것이 바로 실재라는 것을 온전히 받아들이고 토대 없음과 함께 그 안에서 살아가는 것입니다. 그러면 그저 찰나적인 모습의 춤에 동참할 수 있습니다. 그리고 끊임없이 변화하는 모습을 고정시키려고 애쓰면서 이 춤에 저항해야 할 필요가 없음을 압니다. 이것은 전혀 두려운 일이 아닙니다. 무엇인가를 붙잡으려고 안간힘을 쓰는 오랜 짐을 내려놓는다는 것은 참으로 안도와 기쁨을 안겨주는 일입니다. 우리는 항상 무언가를 붙잡으려고 하고, 내려놓는 것을 두려워하기 때문에 그것이 무섭게 들릴 뿐입니다. 하지만 아무것도 붙잡지 않는 순간, 우리는 어디든 갈 수 있고, 어떤 것에도 갇히거나 가로막히지 않고 무엇이든 할 수 있기에 이것은 궁극적인 자유입니다.

예를 들어 만일 낙하산을 타고 첫 점프를 시도하기 전에 비행기에 앉아 있다면, 정말로 뛰어내리고 싶지 않고 우리에게 익숙한 토대를 부여잡고 있을 것입니다. 이 순간 익숙한 토대는 비행기입니다. 하지만 일단 손을 놓고 실제로 뛰어내리면 완전히 자유로워집니다. 우주 안에서 원하는 곳이 어디든 원하는 방식으로 날아다닐 수 있습니다. 하늘을 나는 동안에는 무언가를 붙잡아야 한다거나, 브레이크를 밟아야 한다거나, 비행기로 돌아가야 한다는 생각이 전혀 들지 않습니다. 그저 무한한 자유와 광활함, 기쁨을 경험할 뿐입니다. 그것은 정말 정신적 관점에 달려 있습니다. 뛰어내리기 2초 전에는 겁이 나서 손에 잡을 수 있는 것은 무엇이든 붙잡으려고 했지만, 일단 공중에 떠 있게 되면 망설임은 사라지고 비행이라는 경험의 힘에 사로잡힙니다. 마찬가지로 토대 없음을 무섭게 느낄지, 자유롭게 느낄지는 우리의 마음에, 그리고 우리가 여전히 무언가를 붙잡고 싶은지 아닌지에 달려 있습니다.

제니스 조플린이 노래한 것처럼 "자유는 잃을 것이 없다는 것의 다른 말일 뿐"입니다. 이것이 바로 공성에 대한 가르침의 핵심입니다. 잃을 것이 있다고 느끼는 한, 그것이 무엇이든 간에 우리는 여전히 묶여 있고 걸려 있습니다. 잃을 것이 없다는 것은 자칫 우울하게 들릴 수도 있습니다. 하지만 막상 거기에 도달하면 그것은 완전히 자유로운 것입니다. 우리를 가둘 수 있는 것은 아무것도 없고, 그 넓은 공간에서 경험하는 모든 것은 우리가 완전히 열려 있을 때만 받을 수 있는 선물과 같습니다. 무언가를 얻기 위해 쫓아갈 필요도 없고, 그 어떤 것이 다가와도 좋기에 피할 필요도 없습니다. 영화 〈쿵푸 팬더〉에서 늙은 거북인 스승은 과거, 미래, 현재에 대해 이야기하며 이렇게 말합니다.

과거는 역사이고 미래는 미스터리이지만, 오늘은 선물이기 때문에 우리는 그것을 "프레즌트"라고 불러.

우리가 지금 이 순간에 있다면 어떤 일이 일어나든 선물입니다. 우리는 심지어 『반야심경』을 공부할 필요도 없다는 것을 알 수 있습니다. 그것은 이미 밖에 다 나와 있습니다.

공성이 자신의 토대—또는 오히려 그 자신의 토대 없음—에 닿는 그 자리를 "공성의 공"이라고 부릅니다. 공성을 다룰 때는 여전히 공성 자체를 고착화하려는 위험이나 경향이 있습니다. 공성이 집착이나 고착화에 대한 최후의 해독제라고 할지라도, 우리의 마음은 여전히 실질적인 것이 결여된 그것조차 실질적인 것으로 만들려고 합니다. 오래된 습관이기 때문입니다. 그렇기 때문에 부처님은 공성이 실체가 아니므로 우리가 공성에 대해 가지고 있는 그 어떤 이해도 버려야 한다는 의미로 공성의 공을 가르치셨습니다. 통찰, 깨달음, 지혜, "내가 알았다"는 감각은 여전히 이원성, 실체화, 기준점을 포함하고 있기 때문에 그것들을 내려놓아야 합니다. 공성은 실체화할 것은 아무것도 없고, 붙잡고 있을 것도 전혀 없다는 것을 의미합니다. 만약 공성을 어떤 원리, 보편적인 법칙, 또는 더 높은 진리로 만든다면 우리는 여전히 무언가를 붙잡고 있는 것이므로 그 목적에 어긋납니다.

공성을 붙잡고 있으면 조금 나을 수도 있지만, 훨씬 더 나쁠 수도 있습니다. 왜냐하면 그럴 경우 자비의 부분을 놓치기 때문입니다. 우리는 아마도 "그래, 모든 것은 공하고, 그 어떤 것도 중요하지 않아."라고 생각할지 모릅니다. 그것은 공성을 전혀 이해하지 못한 채, 그저 비존재와 허무주의에 빠져 있는 것일 뿐입니다. 공성에 대한 가르침은 언제나 공성이 비존재나 완전한 무無가 아니라는 점을 아주 분명하게 말합니다. 비존재는 또 다른 골칫거리일 뿐이고, 우리가 만들어 내는 또 다른 어떤 것일 뿐입니다. 비존재는 여전히 존재에 의존하고, 우리가 이전에 존재에 대해 생각하지 않았다면 비존재를 생각할 수조차 없습니다. 다시 말해 부정이 있으려면 애초에 부정할 수 있는 무언가가 있어야 합니다. 처음에는 아무것도 부정할 수 없습니다. 무언가가 있어야만 그것을 부정할 수 있고, "나에게 남은 것은 아무것도 없다"라고 말할 수 있습니다. 하지만 그 "아무것도 없음"은 이전에 존재했던 "무언가"에 의존해서만 작용합니다. 공성은 존재와 비존재가 단지 서로 의존하는 겹침에 불과하고, 우리가 존재와 비존재를 넘어서야 한다는 점을 지적합니다. 하지만 존재와 비존재를 넘어선다는 것이 현상이 존재하기도 하고 존재하지 않기도 한다는 것 둘 다를 의미하는 것은 아닙니다. 그리고 존재하는 것도 아니고, 존재하지 않는 것도 아님을 의미하지도 않습니다. 이러한 이론적 선택지 가운데 그 어느 것을 통해서도 우리는 이원론적 사고의 틀에서 벗어날 수 없습니다. 존재는 하나의 극단이고 비존재는 또 다른 극단인데, 이 둘을 합한다고 어떻게 상황을 나아지게 할 수 있을까요? 상호 배타적인 두 가지 가능성을 합한 뒤에, 이것이 더 정교한 것이라고 생각하는 것은 훨씬 더 나쁩니다(그렇게 하는 것이 아주 일반적이지만 말입니다). 만일 우리가 "존재도 아니고 비존재도 아니다"라고 하면 꽤 그럴듯하게 들릴지도 모릅니다. 하지만 "둘 다 아니다"는 여전히 앞에서 말한 존재와 비존재의 두 가지 잘못된 선택지에 바탕을 두고 있습니다.

물론 계속 그렇게 할 수 있을 것입니다. 하지만 우리는 여전히 이전에 생각해 낸 것에 의존하고 있고, 효과가 없었던 마지막 선택지에서 벗어나려고 애를 쓰고 있기 때문에 매번 망합니다. 그러므로 공성은 이원론적인 마음과 그것의 모든 여파의 굴레에서 완전히 벗어나, 생각했던 모든 것을 버리는 것을 의미합니다. 당연히 이것은 매우 어렵습니다. 우리는 항상 모든 것에 대한 개념을 만들기 때문입니다. 흑백의 범주를 설정한 다음 그것들을 재배열하고 온갖 방식으로 조합하는 것은 이원론적 사고의 본질입니다. 공성은 단순히 "그냥 그것을 멈추고, 이제 내려놔"라는 것을 의미합니다. 하지만 우리가 그 대신 무엇을 해야 하는지는 알려 주지 않기 때문에 이것은 어려운 일입니다. 우리는 항상 무언가를 *하는* 데 익숙해져 있기 때문에, 아무것도 하지 않는 것은 자연스럽지 않습니다. *하지 않는 것*(nondoing)을 할 수 없습니다. 그것은 또 다른 종류의 *하는 것*(doing)이 아니고, 심지어 하는 것과 반대되는 것도 아닙니다. 기본적으로 우리에게 남은 것은 아무것도 없습니다. 여기서는 이전의 경험이나 전략이 도움이 되지 않습니다. 우리는 알고 있는 모든 것을 내려놓고 무슨 일이 일어나는지 지켜봐야만 합니다.

## 네 가지 심오한 공성

관자재보살이 『반야심경』에서 말하는 나머지 부분은 샤리뿌뜨라의 질문에 대한 좀 더 자세한 대답이고, "오온이 공임을 본다는 것"의 의미에 대한 해설이기도 합니다. 이 답변의 처음 네 구절은 종종 『반야심경』의 핵심으로 여겨집니다.

> 색은 공이고, 공 또한 색이다. 공은 다름 아닌 색이고, 색은 다름 아닌 공이다.

이 조금 더 자세한 대답은 "네 가지 공성" 또는 "네 가지 심오함"이라고도 합니다(조금 더 내려가면 "여덟 가지 심오함"도 있습니다). 이것은 『반야심경』뿐만 아니라 반야부 경전 전반에서 핵심적으로 언급되는 구절입니다. 그것은 색과 공이 완전히 같은 것이라는 말처럼 들리지만 조금 신중한 접근이 필요합니다. 이 구절은 두 가지 실재의 통일성을 말합니다. 색은 겉으로 보이는, 또는 상대적인 실재를 나타내고 공성은 궁극적인 실재를 나타냅니다. 색은 왜 공일까요? 왜냐하면 그것은 그 자체의 본성이 없기 때문입니다. 공은 왜 색일까요? 색으로 나타나는 것은 단지 공일 뿐이기 때문입니다. 공과 별개로 독립적으로 존재하는 색을 찾으면 그 어떤 것도 찾을 수 없고, 색과 별개로 존재하는 공성도 역시 찾을 수 없습니다. 예를 들어 꽃이 있는 한, 꽃의 공성도 존재합니다. 하지만 꽃이 없다면 꽃의 공성도 존재하지 않습니다. 근본적으로 모든 현상의 공성은 동일합니다. 하지만 상대적으로 말하자면 서로 다른 상대적인 대상에 따라 서로 다른 공성이 있습니다. 더 방대한 반야부 경전에는 서로 다른 공성의 존재 또는 서로 다른 공성의 대상에 따른 20개의 공성이 나열되어 있습니다. 그러므로 꽃의 공성, 유리잔의 공성 등에 대해 말할 수 있습니다.

물론 이 모든 것은 상대적인 관점에서만 의미가 있습니다. 우리는 나타나는 모든 것을 언급한 다음 나타나는 것의 진정한 본질에 대해 이야기합니다. 하지만 아무것도 나타나지 않는다면 그것의 진정한 본질에 대해 이야기할 수 없습니다. 그러므로 아무리 미미한 것이라고 할지라도 대상이나 기준점으로 삼을 수 있는 무언가가 있어야만 그 대상의 진정한 본질에 대해 이야기할 수 있습니다. 우리는 "아무것도 없는 것"의 본질을 말하는 것이 아니라 "무언가"의 본질을 이야기하는 것입니다. 왜냐하면 그 "무언가"는 우리가 세상에서 경험하는 것이기 때문입니다. 우리는 결코 아무것도 아닌 것을 경험하거나 아무것도 아닌 것을 다루는 것이 아니라 항상 "무언가"를 경험하고 다루고 있습니다.

그러므로 "색은 공이다"라는 말은 색은 그 자체로 어떤 본성도 가지고 있지 않다는 것을 의미합니다. 다시 말해 색은 색으로서 공하다는 의미입니다. "공 또한 색이다"라는 말은 색으로 나타나는 것은 공과 분리될 수 없다는 뜻입니다. 사실 공성이야말로 모든 것이 나타날 수 있는 이유입니다. 왜냐하면 공성은 근본적인 공간이고, 실질적이지 않음이고, 열림이기 때문에 그 가운데 형상과 움직임, 작용과 변화가 가능한 것입니다. 사물이 실질적이고 독립적으로 존재한다면, 그 어떤 것도 새롭게 나타나거나 변화할 수 없습니다. 만일 세상이 생겨난다면 그것은 항상 처음 존재하게 된 순간과 동일할 것입니다. 만일 사물이 스스로 독립적으로 존재한다면, 그것은 전혀 기능하거나 상호작용할 수 없습니다. 사물이 원인과 결과로서 기능하는 것과 같이 일단 상호작용을 하게 되면 그것은 다른 사물에 의존하게 됩니다. 그렇기 때문에 나가르주나는 바로 "공성" 때문에 사물이 나타나고 작용한다고 말했습니다. 현상은 견고하지 않고 독립적이지 않기 때문에 변화할 수 있는 것입니다. 그렇지 않으면 모든 것이 완전히 정적이고 멈추어져 있을 것입니다.

『반야심경』은 계속 "공은 다름 아닌 색이고, 색은 다름 아닌 공이다."라고 합니다. 색과 공이 다르지 않은 이유는 무엇일까요? 공은 색을 떠나서 존재하지 않고, 색은 공을 떠나서 존재하지 않습니다. 유리잔과 분리된 유리잔의 공성을 찾을 수 없고, 유리잔의 공성을 따로 빼내어 그 옆에 놓을 수도 없습니다. 유리잔의 공성에 대해 이야기할 때 그것은 유리잔의 모습과 맞물려 있습니다. 이것은 저것 없이는 나타나거나 존재할 수 없습니다. 반면에 색과 공은 같은 것도 아닙니다. 유리잔의 공성은 유리잔 자체가 아닙니다. 그렇지 않다면 유리잔을 볼 때 공성을 볼 것입니다. 공은 색의 본성이고, 색은 그 본성으로서 공을 지니고 있는 것입니다. 우리는 어떤 것의 본질이 바로 그 어떤 것이라고 말할 수 없습니다. 그렇지 않으면 그 어떤 것과 그것의 본성이라는 두 가지를 이야기하는 것은 말이 안 됩니다. 그러므로 색과 공은 공통된 근원(locus)이 없다는 점에서 상호 배타적입니다. 다시 말해서 색이면서 동시에 공이라고 말할 수 있는 것은 아무것도 없습니다. 하지만 이것이 저것 없이 존재하는 것은 불가능하다는 의미에서 색과 공은 같은 성질을 갖는다고 말할 수 있습니다.

### 색과 공은 같은 것인가?

하지만 궁극적으로는 공, 즉 궁극적인 실재만 존재하므로 색과 공이 같은 것인가, 다른 것인가 하는 질문은 논란의 여지가 있습니다. 애초에 비교할 수 있는 두 가지가 없기 때문입니다. 한 손가락이 같은지 다른지 물어볼 수 없습니다. 하지만 통상적인 실재 또는 겉으로 보이는 실재의 관점에서 보면 색과 공이 둘이라고 말할 수 있습니다. 하지만 설령 그렇다고 해도 그것들이 같다거나 다르다고 말할 수는 없습니다.

『해심밀경(解深密經, *Saṃdhinirmocanasūtra*)』에 따르면, 만약 두 가지 실재인 색과 공이 하나라고 한다면 다음과 같은 네 가지 문제가 생깁니다. (1) 보통 사람들이 겉으로 보이는 실재의 현상을 인식하듯이, 그들은 궁극적인 실재도 동시에 볼 것입니다. 예를 들면 우리는 그저 꽃을 보면서도 공성을 볼 것입니다. 공성은 우리의 평범한 감각 지각을 통해 접근할 수 있는 어떤 것일 것입니다. 왜냐하면 그것은 우리의 감각이 지각하는 색 등과 같기 때문입니다. 그러므로 우리는 여전히 평범한 존재이지만 노력하지 않고도 해탈하여 열반이나 불성을 성취할 수 있을 것입니다. 그것은 또한 불교의 길 전체가 쓸모없음을 의미할 것입니다. (2) 겉으로 보이는 실재와 궁극적인 실재의 명확한 특성은 서로를 포함하는 것일 수 있습니다. 예를 들면 얻고 싶은 대상의 공성도 욕망의 대상이고, 그러므로 고통의 해결책이 아니라 원인이 된다는 결론이 나올 수 있습니다. (3) 공성, 즉 궁극적 실재에는 다양성이 없지만, 겉으로 보이는 실재의 현상적 세계에는 많은 다양성이 있습니다. 하지만 색의 현상적인 세계가 공성과 동일하다면 공성에 다양성이 있거나, 현상에 다양성이 없을 것입니다. (4) 요가 수행자는 감각에 나타나는 현상이나 생각하는 마음에 의해 생겨나는 조건 지어진 현상 너머에 있는 궁극적 실재를 추구할 필요가 없을 것입니다.

만약 두 가지 실재가 다르다면, 여기에는 네 가지 문제가 수반될 것입니다. (1) 궁극적 실재를 보는 사람은 윤회에서 벗어나 열반이나 불성을 성취하지 못할 것입니다. 왜냐하면 겉으로 보이는 실재의 경험은 궁극적인 실재를 보는 것에 조금도 영향을 받지 않을 것이기 때문입니다. 그것들은 전혀 상관이 없기 때문입니다. 예를 들어 꽃을 보는 것은 탁자를 보는 것을 배제하지 않습니다. 아니면 그것은 고혈압을 치료하기 위해 항생제를 복용하는 것과 같을 것입니다. (2) 궁극적 실재는 겉으로 보이는 실재의 조건화된 현상의 진정한 본질이 아닐 것입니다. 왜냐하면 그 두 가지가 완전히 분리된 것이기 때문입니다. 그것은 마치 꽃병이 천 조각의 진정한 본질이 아닌 것과 같습니다. (3) 조건화된 현상의 단순한 공성이나 본성의 결여는 그것들의 궁극적 특성이 될 수 없을 것입니다. 왜냐하면 궁극적 실재와 겉으로 보이는 실재는 전혀 무관한 것이기 때문입니다. 예를 들어 유리잔이 본성을 가지고 있지 않거나 공하다는 것, 즉 유리잔이 그 자체로 실제로 존재하지 않는다는 사실은 유리잔의 진정한 본성이 아닐 것입니다. 왜냐하면 두 가지 실재가 다르기 때문입니다. 유리의 본성이 결여되었다고 말할 때, 그 결여는 여전히 유리와 관련이 있습니다. 그렇지 않으면 그것을 유리의 본성이라고 부를 수 없을 것입니다. 만약 그것이 완전히 다른 어떤 것이라면, 그것이 그것의 본성이라고 말할 수 없을 것입니다. 그것은 마치 꽃이 유리의 본성이라고 말할 수 없는 것과 같습니다. (4) 번뇌에 사로잡힌 현상과 청정해진 현상, 즉 미혹한 형상을 가진 기본적인 무명의 정신 상태와 공성을 깨닫는 비개념적 지혜는 부처님 같은 성자의 마음의 흐름 속에 동시에 존재할 수 있습니다. 왜냐하면 공성의 깨달음이 무명을 없애지는 못했을 것이기 때문입니다. 그것은 마치 탁자가 의자를 없애지 못하는 반면 독은 해독제로 제거될 수 있는 것과 같습니다.

또한 색은 공이고, 공 또한 색이라는 말은 중첩과 부정의 극단, 즉 겉으로 보이는 실재에 실제 존재를 덧씌우고 형상 자체를 온통 부정하는 것을 피하는 데도 도움이 됩니다. 감각과 개념적 마음에 보이는 것이 전부라고 생각하는 사람들이 있습니다. 그들은 눈앞에 보이는 것이 유일한 실재라고 생각합니다. 겉으로 보이는 실재의 일시적인 환영의 형상에 너무 많은 존재를 중첩시키고, 단순한 형상에 모든 것을 쏟아 붓습니다. 반면에 "모든 것이 공하기 때문에 아무것도 존재하지 않는다."라고 말하는 사람들이 있습니다. 이는 단순한 환영의 형상마저 부정하고 공성을 완전한 무와 그릇되게 동일시하는 것입니다.

"색은 공이고, 공 또한 색이다."라는 말 역시 나타나는 색이나 공에 일방적으로 집착하는 것이나, 상주론이나 단멸론에 빠지는 것을 막아 줍니다. 그러므로 그것은 이러한 극단 사이의 중도를 보여 줍니다. 그 유명한 중도란 색에만 집착하거나 공에만 집착하는 것에 빠지지 않고, 색과 공이 분리될 수 없음을 보는 것을 의미합니다. 그러면 우리는 어느 한쪽에 집착하지 않게 됩니다. 우리는 사물들을 실제보다 더 견고한 것으로 만들지 않습니다. 그리고 일시적이고 끊임없이 변화하는 환영 같은 형상이 있다는 것을 부정하지 않습니다. 이를 "두 실재의 결합"이라고 부릅니다. 다시 말해 이것은 단순히 논리적이거나 철학적인 훈련이 아니라, 우리가 실제보다 더 실재한다고 여기는 사물에 대해 우리의 마음이 어떻게 반응하는지를 경험하는 것과 관련이 있습니다. 예를 들어 우리가 영화를 실재처럼 생각하면 이야기에 완전히 빠져들게 됩니다. 심지어 눈물을 흘리거나 "죽여 버려!"라고 소리도 칩니다. 이것은 단순한 형상에 너무 많은 것을 중첩시키기 때문입니다. 왜냐하면 거기 있는 것이라고는 화면에 움직이는 빛의 점들뿐이기 때문입니다. 영화의 실제 이야기는 다른 어느 곳에서도 일어나지 않고 오직 우리 마음속에서만 일어납니다. 이것은 우리가 두 개의 영화를 본다는 의미입니다. 하나는 돈을 내고 봐야 하는 바깥 화면 속 영화이고, 다른 하나는 돈을 내지 않아도 되고 훨씬 더 재미있는 마음속의 영화입니다. 만일 실제로 영화 자체를 만들고 즐길 수 있는 마음을 가진 사람이 없다면 스크린에서 일어나는 일은 전혀 무의미할 것입니다.

이것은 우리가 너무 심각하게 받아들이는 형상을 우리 마음이 어떻게 다루는지를 보여 줍니다. 우리는 형상에 실제보다 더 많은 실재성을 부여하고, 거기에 사로잡혀 정서적으로, 물질적으로, 그리고 다른 여러 가지 방식으로 그것에 자신을 쏟아 붓습니다. 본질적으로 이것은 이미 잘못된 전제에서 출발했기 때문에 생겨난 문제입니다. 따라서 그 이후에 무엇을 하더라도, 사물의 본래 그대로의 모습이라는 기준에서 보면 올바른 결과로 이어질 수 없습니다. 예를 들어 영화 속의 등장인물 가운데 한 사람과 사랑에 빠져 그 사람을 쫓아간다면 그것은 결코 이루어질 수 없습니다. 반면에 "아무 일도 일어나지 않아"라고 말한다면, 상대적인 실재의 관점에서 어떤 일이 정말로 일어나고 있고, 우리가 그것에 영향을 받는다는 사실을 부정하는 것입니다. 아파트에서 쫓겨나고, 공과금과 세금을 내지 않고, 신호등이 빨간불인데도 운전을 계속하며 그저 아무 일도 일어나지 않는 척할 수는 없습니다. 물론 관자재보살처럼 공성을 깨달았다면 그 모든 것을 잊을 수 있을 것입니다. 하지만 상대적인 원인과 그 결과를 경험하는 한 그런 종류의 실재를 무시할 수 없고, 적절한 방법으로 대처할 필요가 있습니다.

"색은 공이고, 공 또한 색이다."라는 말은 형상이 드러나지 않는 선정의 상태와 형상이 드러나는 선정 후의 일상적 단계(즉 선정 사이의 시간)를 각각 가리키는 것으로 이해할 수도 있습니다. 또한 그것은 부처의 명상의 평정 상태에서 존재와 비존재의 최종적인 결합을 의미하기도 합니다. 실제로는 공과 형상이 동시에 나타나지만, 문제는 과연 우리가 둘 중 어느 하나만 지각하는가 아니면 둘

다 지각하는가입니다. 우리의 일상적인 경험인 단순한 형상의 수준에서, 우리의 시각 의식에 나타나는 것은 단지 모양과 색깔일 뿐입니다. 그리고 공성은 우리의 감각 의식에 나타나는 것이 아닙니다. 보살들이 명상의 평정 상태에 들어가서 공성을 직접 지각할 때, 일상적인 형상은 그 평정 상태 안에서 사라집니다. 그런 보살뿐만 아니라 초심자에게도 형상과 공성에 대한 지각은 서로 배타적입니다. 그러니까 우리는 형상을 지각하거나 형상의 진정한 본성을 지각합니다. 그리고 보살이 명상에서 깨어나면 형상은 다시 나타나지만, 명상하는 동안 경험하고 깨달은 것이 명상하지 않고 다른 활동에 참여할 때의 경험으로 어느 정도 그대로 이어지기 때문에 일반 중생의 경우처럼 그렇게 견고하게 나타나지는 않습니다.

결론적으로 "색은 공이다"는 현상계의 공을 말하며, 색과 같은 일시적인 현상의 절대적 실재를 믿는 극단적인 믿음에 맞서는 것입니다. "공 또한 색이다"라는 말은 오직 공이 연기로서 생겨난 것일 뿐임을 가리킵니다. 그러므로 그 어느 것도 존재하지 않는다는 극단적인 믿음에 종지부를 찍는 것입니다. "공은 다름 아닌 색이다"는 형상과 공성의 결합 또는 공성과 연기의 불가분성을 나타냅니다. 그럼으로써 존재와 비존재의 극단을 거부하거나 허무주의와 존재론적 절대주의의 두 극단을 동시에 제거합니다. "색은 다름 아닌 공이다"는 색과 공이 서로 양립할 수 없는 것이 아니라 완벽한 조화를 이루며 서로를 보완한다는 의미이고, 존재와 비존재라는 극단을 부정하는 것입니다. 이로써 우리가 현상에 대해 존재한다, 존재하지 않는다, 둘 다이다, 또는 둘 다 아니다라고 잘못 생각할 수 있는 모든 가능성이 초월됩니다. 그것은 모든 표현과 생각, 기준점으로부터 완전한 자유를 이룹니다.

## 중간이 없는 중도

앞서 설명한 것처럼 공성을 깨달으면 모든 것이 훨씬 가벼워집니다. 그러므로 보살은 우리와 똑같은 식으로 유리잔을 인식하지 않으며, 더 이상 유리잔의 실제 존재에 집착하지 않습니다. 그것은 자각몽에 가깝습니다. 아무것도 나타나지 않는다는 것이 아닙니다. 보살은 아무리 강렬한 것이 나타나더라도 일어나는 그 모든 것 안에서 공성에 대한 깨달음을 점점 더 확고하게 유지할 수 있습니다. 나타나는 것은 점점 더 가벼워지고, 마침내 명상에 든 것과 들지 않은 것 사이에 차이가 없습니다. 왜냐하면 명상에서의 깨달음이 다른 모든 활동과 경험으로 온전히 이어지기 때문입니다.

견해(view)와 수행(practice)의 측면에서 중도란 바로 이런 것입니다. 엄밀히 말하면 견해의 측면에서 중도는 두 가지 사이의 중간을 의미하지도 않습니다. 예를 들어 존재와 비존재의 경우, 이 둘 사이에 반은 존재하고 반은 존재하지 않는 것과 같은 실제 중간은 존재하지 않습니다. 중간이 있다고 생각하면 우리는 붙잡을 수 있는 또 다른 것을 찾는 것일 뿐입니다. 행위의 측면에서는 아직 여전히 해야 할 일이 있기 때문에 분명히 중간이 있습니다. 부처님이 원래 중도라고 가르치신 것은 고행과 쾌락주의 사이의 중도, 감각적 쾌락에 지나치게 탐닉하는 것과 자신을 괴롭히는 것 사이의 중도였습니다. 하지만 견해의 측면에서 볼 때, 실제로 중도 또는 중간조차도 이야기할 수 없습니다. 왜냐하면 그것은 무언인가와 동일시하는 것을 의미하기 때문입니다. 우리가 무언가와 동일시할 때 그것은 공성이나 궁극적인 실재가 아닙니다. 왜냐하면 우리에게 여전히 어떤 기준점과 기댈 수 있는 무언가가 있기 때문입니다. 이것은 아무런 토대가 없는 것, 또는 기준점으로부터의 자유가 아닙니다.

그래서 중간 또는 중관(Madhyamaka)을 뜻하는 티베트어 *우마*(*uma*)를 "중간조차도 아니다"라는 뜻으로 해석하는 티베트 스승들도 있습니다. 다시 말해 중도란 극단이나 양극은 말할 것도 없고, 중간조차 존재하지 않는다는 뜻입니다. 예를 들어 두 검지를 앞으로 내밀면 두 손가락 끝 사이에 있는 공간의 중간을 식별할 수 있습니다. 하지만 만일 그 두 손가락을 치우면 그 중간은 어디일까요? 그러므로 중간을 정의하는 기준점이 사라지면 더 이상 중간을 찾거나 중간을 이야기할 수 없습니다. 이전에 중간이라고 규정했던 허공의 한 지점을 계속 고집하고 바라본다면, 그저 조건이 바뀌어 더 이상 존재하지 않는 어떤 조건부 기준점에 고집스럽게 집착하고 있는 것입니다. 마치 시애틀에 있을 때 뉴욕이 동쪽에 있다고 해서, 유럽 어딘가에 와서도 뉴욕이 여전히 동쪽에 있다고 고집하는 것과 같습니다. 중관의 관점에서 볼 때, 중간이라고 식별할 수 있는 것은 또 다른 극단이거나 또 다른 기준점일 뿐입니다. 그러므로 "중간"은 그것이 극단이든 중간이든 또는 다른 어떤 것이든, 전혀 기준점이 없다는 사실의 줄임말에 불과합니다.

그래서 반야부 경전과 다른 여러 경전에서 "아무것도 보지 않는 것이 가장 잘 보는 것"이라고 자주 언급하는 것입니다. 이것은 맹인이나 잠든 사람이 아무것도 보지 않는 것과 같이, 말 그대로 아무것도 보지 않는 것을 의미하지는 않습니다. 부처님께서 이렇게 말씀하셨습니다.

사람들은 보통 "하늘을 본다."고 말한다.
자신이 하늘을 어떻게 보는지를 살펴보라!
부처님은 현상을 보는 것이 바로 이와 같다고 가르치셨다.

"하늘을 본다"고 할 때 우리는 실제로 무엇을 보는 것일까요? "그것은 이 푸른 광활함입니다."라고 말할 수 있을 것입니다. 그래서 우리는 그것이 우리 위에 있는 어떤 파란 것이라고 받아들이지만, 저 위에 그런 파란 것이 없다는 것을 알고 있습니다. 우리는 특정한 조건 때문에 지구에서 우리에게 파란색으로 보이는 허공을 들여다보고 있는 것입니다. 우주 공간에서 지구를 바라보면 그곳에는 파란 하늘이 존재하지 않습니다. 이처럼 하늘은 특정한 방식으로 나타나는 것의 한 예이지만 실제로 우리가 바라보고 있는 것은 완전히 다른 것입니다. 그러므로 "하늘을 본다"는 것이 무엇을 의미하는지 생각해 보면, 그것은 형상과 공성의 결합을 보는 것입니다. 하늘을 볼 때 실제로 보고 있는 것은 공간이지만, 공간은 아무것도 없는 것이기 때문에 우리가 공간을 볼 수는 없습니다. 만약 우리가 무언가를 본다면 우리는 그것을 공간이라고 부르지 않고

"무엇"이라고 부릅니다. 만약 무언가가 있다면 그곳에는 공간이 없고 말 그대로 그 무언가가 공간을 차지하고 있는 것입니다. 하늘의 경우 공간은 대부분 파란색으로 보입니다. 하지만 때로는 하늘이 빨강, 주황, 노랑, 보라색(해질녘이나 새벽), 흰색이나 회색(구름이 있는 경우), 심지어 녹색(북극광이 있는 경우)으로 보이기도 합니다. 그럼에도 불구하고 그것은 여전히 같은 공간입니다. 마찬가지로 우리가 탁자를 볼 때 비록 그 형상은 더 강한 습관적인 경향에 의해 구체화된 것으로 인식되지만, 양자물리학자에게 물어본다면, 그들은 우리가 탁자를 볼 때 본질적으로 공간을 보는 것이라고 말할 것입니다.

**질문**: 만일 앞에 있는 탁자가 공하다면 어떻게 유리잔을 지탱할 수 있을까요?

**KB**: 궁극적인 관점과 상대적인 관점에서 똑같은 것을 볼 수 있지만, 두 관점을 혼용하면 매우 혼란스러워집니다. 실제로 존재하는 유리잔을 공한 테이블 위에 올려놓을 수는 없습니다. 궁극적인 관점에서 탁자와 유리잔을 보면 둘 다 똑같이 비어 있고 그 어떤 것도 받쳐주는 역할을 하거나 받쳐지는 것이 아닙니다. 하지만 상대적인 관점에서 보면 영화 속 탁자가 유리잔을 떠받치고 있는 것처럼, 환영의 탁자가 환영의 유리잔을 환영의 방식으로 매우 잘 떠받치고 있을 수 있습니다. 하지만 우리는 궁극적 실재와 관련된 추론을 상대적 실재를 반증하는 데 사용할 수 없으며, 그 반대의 경우도 마찬가지입니다. 우리는 "내가 이 유리잔을 보고 만질 수 있기 때문에 유리잔은 공이 아니다."라고 말할 수 없습니다. 또한 "모든 현상은 공이기 때문에 유리잔은 전혀 존재하지 않는다."라고 말할 수도 없습니다. 그것은 두 가지 수준의 실재를 혼동하는 것이며, 이는 분명히 두 실재의 결합이 의미하는 바가 아닙니다. 부처님께서 이 두 가지 실재를 가르친 주된 이유는 우리가 현상에 대해 어떤 수준의 실재를 말하는지, 즉 중생이 실제 현실이라고 인식하는 관점에서 말하는 것인지 아니면 사물의 실상을 보는 사람들이 궁극적인 실재라고 인식하는 관점에서 말하는 것인지를 명확히 하기 위해서였습니다. 사실 불교적 관점에 대한 대부분의 오해는 겉으로 보이는 실재와 궁극적 실재의 차이를 이해하지 못하는 데서 비롯됩니다.

이원론적인 형상과 공성의 관계를 설명하기 위해 백내장 환자들의 예가 자주 언급됩니다. 백내장 환자는 실제로 존재하지 않는 온갖 이상한 것들을 볼 수 있습니다. 이를테면 하얀 표면을 볼 때 작고 검은 점이 보이고 하늘에 두 개의 달이 보입니다. 하지만 백내장을 제거하면 흰 표면의 점이 없어지고 하늘의 달은 하나가 됩니다. 마찬가지로 궁극적인 실재의 관점에서 볼 때, 형상이나 일반적인 미혹은 그 점이나 두 개의 달처럼 환상에 불과한 것입니다. 형상과 공성의 결합에 대해 이야기할 때, 일반적인 존재들에게는 그것이 마치 공간 속의 점들처럼 보입니다. 그들은 점 주변의 공간을 보지 못하는 것이 아니라 완전히 점에만 집중합니다. 일반적인 지각에서 어딘가를 바라볼 때, 우리의 초점은 사물 주변의 공간이 아니라 항상 그 공간 안에 있는 사물에 맞추어져 있습니다. 그리고 우리는 항상 그것에 갇혀 있습니다. 우리는 실제로 공간에 주의를 기울이지 않고, 항상 공간 안에 있는 형상만 다룹니다. 마찬가지로 보통 사람에게 공성이 나타나지 않는 것이 아닙니다. 우리가 공성 안에 있는 형상에 완전히 사로잡혀서 그것을 놓치는 것입니다.

무명과 이원론의 질곡에 빠져 있는 한, 우리는 형상이 실제로 존재하지 않는다는 것을 인식하지 못하고 마치 그것이 실제인 듯 다루려고 합니다. 백내장이라면 하얀 싱크대에 검은 점이 있다고 생각하고 닦아 내려고 노력하는 것입니다. 하지만 소용없는 일입니다. 그러므로 이 점은 눈의 백내장으로 인해 생긴 것이고 실제로는 존재하지 않는다고 말해 주는 의사가 있어야 합니다. 하지만 점이 거기에 실제로 존재하는 것이 아님을 이해하더라도 점들은 여전히 나타납니다. 그러므로 다음 단계는 백내장 제거 수술을 예약하는 것입니다. 수술하면 점이 다시는 보이지 않을 것입니다. 이것은 수술이 모든 시각적 대상이나 눈 전체를 제거한다는 의미가 아닙니다. 수술은 선명한 시력을 되찾는다는 것입니다. 마찬가지로 이원론적 형상의 여러 증상을 동반한 무명의 질병을 효과적으로 없애는 과정은 부처님의 가르침을 공부하고 성찰하는 데서 시작됩니다. 하지만 이원론적으로 나타나는 것들은 매우 오랜 습관에 바탕을 두고 있기 때문에 단순히 공성의 온갖 영향을 이해한다고 해서 그 모습이 사라지지는 않습니다. 무명의 병은 명상을 통해서 또는 공성에 대한 철저한 훈련을 통해서만 사라집니다. 그런 다음에는 이원론적인 모습이 다시 나타나지 않습니다. 다시 말해 공성에 대한 우리의 개념적 이해가 깊이 새겨져 우리 마음의 본질적인 부분이 되어야 합니다. 우리 같이 평범한 존재들에게는 모든 것을 견고하고 실재하는 것으로 받아들이는 것이 매우 자연스럽습니다. 이것은 깊이 박혀 있는 우리의 습관적 경향 때문입니다. 하지만 우리는 공성에 대해서도 이와 똑같이 익숙해져서 모든 것에 실제 존재가 없다고 보는 것도 자연스러워질 수 있습니다.

**질문**: 사람들은 공간이 무엇인지에 대해 서로 다른 생각을 가지고 있는 것 같습니다. 공간의 개념과 그 공간도 공한 것인지에 대해 좀 더 명확히 설명해 주시겠어요?

**KB**: 불교에서 공간은 어떤 것도 없는 것으로 정의됩니다. 하지만 공간이라는 개념 자체는 본질적으로 단지 하나의 관념일 뿐입니다. 왜냐하면 우리가 감각을 통해 부재不在를 실제로 지각할 수는 없기 때문입니다. 유리잔을 볼 수는 있지만 실제로 유리잔이 없는 것을 볼 수는 없습니다. 우리는 항상 "그래, 나는 공간을 봐."라고 말하지만 실제 공간을 보는 것이 아니라 그 공간 안에 있는 어떤 것을 보지 않는 것입니다. 사실 우리는 항상 무언가를 보지만 결코 "무"를 볼 수는 없습니다. 예를 들어 우리는 의자 두 개를 보고 "이 의자 사이의 공간을 본다."라고 말할 수 있지만 실제로 이 두 의자 사이에서 우리가 보고 있는 것은 바닥이나 벽입니다. 우리는 대개 공간을 실재하는 것으로 취급합니다. 심지어 그것이 공간을 제공하는 것과 같은 기능을 수행한다고 생각합니다. 하지만 불교에서 어떤 것의 부재로서의 공간은 실체가 아니며 그 어떤 기능도 수행할 수 없습니다. 공간은 우리가 들어갈 수 있도록 누군가 붐비는 방을 비워 주는 것과 같이 능동적으로 공간을 제공하지 않습니다. 그렇다고 문을 열어 놓고 "현상을 환영합니다, 들어와서 움직여 보세요, 제 손님이 되어 주세요"라고 말하는 것도 아닙니다. 어쨌든 우리가 공간을 개념으로 받아들이든 단순한 부재로 받아들이든, 공간은 다른 어떤 것과 마찬가지로 공합니다. 그것은 곧 그 자체의 고유한 본성을 가지고 존재하지 않는다는 것입니다. 공간의 개념은 독자적으로 존재하지 않으며, 어떤 것의 완전한 부재도 독자적으로 존재하지 않습니다. 다시 말해 그 공간이 어디에 있는지 또는 그것이 정확히 무엇인지 분석해 보면, 우리가 그것을 찾을 수 없다는 점이 탁자의 경우보다 훨씬 더 명확합니다. 탁자는 적어도 길이, 너비, 높이가 어느 정도인지, 어떤 색을 띠고 있는지 등에 대해 통상적으로 말할 수 있지만 공간에 대해서는 그 어떤 것도 확정할 수 없습니다.

공간의 개념에는 항상 많은 문제가 있는 것 같습니다. 그것은 어떤 식으로든 상당히 시사하는 바가 큽니다. 불교에서 공간은 장애물이 없는 것으로 이해되며, 그 안에서 장애물을 수반하는 사물들이 움직이고 상호작용할 수 있습니다. 공간 전체가 물건으로 가득 차 있다면 천장까지 물건으로 꽉 찬 방처럼 거기서는 아무 일도 일어날 수 없을 것입니다. 그런 방에는 움직일 수 있는 공간은 물론 들어갈 수 있는 공간도 없습니다. 우리의 마음은 때때로 물건으로 가득 찬 방과 같습니다. 그 안에서는 그 어떤 것도 움직이기가 매우 어렵고, 모든 것이 정적이고 고정되어 있는 것처럼 보입니다. 게다가 한 가지를 꺼내려고 하면 나머지 것들이 눈사태처럼 쏟아져 나올 수도 있습니다. 그러므로 우리는 그것을 그냥 그대로 두거나, 아니면 물건을 옮기기 시작할 때 조심해야 합니다.

**질문**: 얼음과 물의 예는 두 가지 실재가 같지도 않고 다르지도 않지만 여전히 어떤 관계가 있다는 얘기인가요?

**KB**: 네, 정말 그렇습니다. 얼음 덩어리가 있으면 얼음과 물인 것이 같다거나 다르다고 말할 수 없습니다. 물이 얼음으로 변하면 똑같은 것으로 보이지 않고 물과 같은 기능을 수행하지 못하기 때문에 물이 아닙니다. 예를 들면 얼음을 마시거나 그것으로 빨래를 할 수 없습니다. 하지만 동시에 이 물과 얼음이 전적으로 다른 두 개의 사물이라고 말할 수도 없습니다. 얼음의 본성이 물이기 때문입니다. 또한 얼음에서 물을 꺼내 얼음 옆에 놓을 수도 없습니다. 물의 형상이든 얼음의 형상이든 이 두 가지를 별개의 현상으로 동시에 가질 수는 없습니다. 마찬가지로 탁자에서 공空을 꺼내 탁자 옆에 놓을 수는 없습니다. 하지만 공과 탁자가 나타나는 방식이라는 측면에서 그 둘이 완전히 같다고 말할 수도 없습니다.

**질문**: "상대적 실재"와 "궁극적 실재"라는 용어에 대해 "상대적 실재"는 형상을, "궁극적 실재"는 공성空性을 가리키는 것 같습니다. 하지만 "상대적 실재"는 중생이 사물을 인식하는 방식이고 "궁극적 실재"는 보살과 부처가 사물을 인식하는 방식이라고 설명하기도 합니다. 이처럼 이 두 용어를 이해하는 방법에는 두 가지가 있는 것 같습니다.

**KB**: 전자는 대상의 관점에서 설명하는 것이고, 후자는 그 대상을 인식하는 주체의 관점에서 설명하는 것입니다. 제8대 까르마파(Karmapa)는 궁극적 실재에 대해 말할 때 그것은 다른 어떤 곳에도 존재하지 않고 그것을 인식하는 사람들의 마음속에 존재한다고 말했습니다. 궁극적 실재는 바깥 어딘가에 있다가 우연히 발견하게 되는 대상이 아닙니다. 지각하는 사람과 무관한 궁극적 실재나 상대적 실재는 존재하지 않습니다. 오히려 궁극적 실재를 경험하느냐 상대적 실재를 경험하느냐는 우리의 정신적 관점 전체가 변화했는가의 문제입니다. 우리 자신과 세계를 보는 방식이 완전히 변화하면 그것을 "궁극적 실재"라고 합니다. 왜냐하면 인식 주체의 변화는 그것이 인식하는 대상의 변화를 수반하기 때문입니다. 마음의 흐름에 무명이 있는 한 백내장 있는 사람이 검은 점을 보듯 미혹이 존재하고 대상의 미혹한 형상을 만들어 냅니다. 백내장 없는 사람의 관점에서 볼 때 검은 점이 보이는 것은 그릇된 것입니다. 검은 점은 병이 없는 사람에게는 나타나지 않기 때문입니다. 올바른 지각을 되찾기 위해서 점을 제거할 수도 없고 제거할 필요도 없지만, 지각의 주체로서 눈을 잘 다루어야만 합니다. 마찬가지로 형상을 제거할 필요는 없지만, 그것을 어떻게 인식하고 거기에 집착하는가를 다뤄야 합니다. 틸로빠가 나로빠에게 이렇게 말한 것과 같습니다.

> 그대를 구속하는 것은 형상이 아니라 이러한 형상에 집착하는 것이라네. 그러니 나로빠여, 집착을 버리라!

또한 순수한 세계를 보고 그런 것들에 대해 이야기할 때, 형상을 개선하거나 한 종류의 형상에서 다른 더 우수한 형상으로 전환하는 것이 아닙니다. 변화하는 것은 우리의 지각입니다.

상대적 실재와 궁극적 실재의 차이가 보는 사람의 눈 때문이라는 것은 몇 년 전에 나온 『매직 아이(*Magic Eye*)』와 같은 책에서 찾을 수 있습니다. 이 책에는 2차원 그림이 있는데, 제대로 보면 갑자기 2차원이 아닌 3차원의 그림을 볼 수 있습니다. 물론 2차원 그림이 물리적으로 변한 것은 아닙니다. 하지만 보는 방식이 바뀌었기 때문에 이전에는 없었던 것을 보게 되는 것입니다. 이것을 보면 단순하고 극히 평범한 수준에서도 우리의 시각이 얼마나 극적으로 변할 수 있는지 알 수 있습니다. 그래서 이를 좀 더 확장해서 생각해 보면, 궁극적인 실재의 관점에서 우리 자신과 세상을 완전히 다른 방식으로 인식할 수 있는 가능성을 생각할 수 있습니다. 2차원의 그림을 보는 것은 공성이 없는 단순한 형상을 보는 것과 같고, 3차원의 그림을 보는 것은 형상과 공성의 결합을 보는 것과 같습니다.

3차원의 그림을 보기 위해 2차원의 그림을 어떻게 바라보아야 하는지 생각해 보는 것도 흥미롭습니다. 기존의 2차원 그림에 집중하면서 다른 것을 보려고 하면 할수록 실제로는 더 잘 안 보입니다. 그 대신 눈을 편안하게 하고 2차원의 전경에 전혀 집중하지 않으면서 들여다보면 3차원의 배경이 갑자기 떠오릅니다. 마찬가지로 반야부 경전에서는 항상 현상에 "초점을 맞추지 않고", "관찰하지 않는" 것에 대해 말합니다. 그리고 이것이 가장 높은 형태의 봄, 즉 궁극적인 실재를 보는 것이라고 말합니다. 그러므로 『매직 아이』와 같은 책은 현대판 "초보자를 위한 반야부 경전"이라고 할 수 있습니다.

**질문**: 궁극적인 실재에 대한 경험은 비록 찰나적일지라도 저절로 또는 즉각적으로 일어나는데, 그 경험과 함께 자비심도 똑같이 자연스럽게 생겨나나요? 다시 말해 모든 존재에 대한 큰 자비나 보살핌의 경험은 공성의 깨달음에서 비롯되는 것인가요?

**KB**: 자비심 없이 공성을 깨닫는 것은 불가능합니다. 하지만 공성을 깨달았다고 해서 자비심이 없는 상태에서 모든 중생을 향한 무한한 자비로 갑자기 도약하는 것은 아닙니다. 왜냐하면 이 깨달음은 분명히 이전에 자비심을 얼마나 닦았느냐에 달려 있기 때문입니다. 안타깝게도 궁극—공성空性—에 대해 명상하고 그것을 깨닫는 것만으로는 충분하지 않습니다. 부처가 되는 길은 자비심을 기르고 강화하며 이를 실천하기 위해 상대적 실재 차원에서 행하는 수많은 다른 수행을 포함합니다. 자비심은 종종 물의 촉촉한 성질에 비유됩니다. 자비심은 마음의 흐름을 잔잔하게 적셔 유연하고 부드럽고 비옥하게 합니다. 자비심이 부족하면 마음은 아주 오래된 마른 가죽 같습니다. 공성에 대해 아무리 통찰력이 깊다 해도 그 마음은 매우 경직되고 거의 생명력이 없습니다. 공성을 깨닫는 지혜를 지나치게 강조하면 마음은 딱딱한 가죽이나 날카로운 칼이 될 수 있습니다. 잘 들지만 심장이 없는 칼입니다. 그렇기 때문에 "자비의 마음과 함께 있는 공성"을 말합니다. 공성을 완전히 깨닫게 되면 완전한 자비심도 생깁니다. 더 이상 자아에 대한 의식이 없기 때문입니다. 이것은 자아에 집착하는 블랙홀로 빨려 들어가던 마음의 모든 에너지가 자유로워진다는 것을 의미합니다. 그러면 그 마음은 무엇을 할까요? 그것은 그저 다른 사람들을 향해 밖으로 나갑니다. 자유로워진 마음의 모든 에너지는 바깥으로 발산되어 다른 사람에게 다가갑니다. 마음이 자아와 현상의 실제적 존재에 대한 집착에 갇히지 않으면 자연스럽게 그렇게 되기 때문입니다.

자아에 집착하는 것은 뚜껑이 꽉 닫힌 냄비에 물을 끓이는 것과 같습니다. 냄비의 물은 아무 데도 가지 못하고 매우 뜨거운 수증기로 변해 주위로 빠르게 소용돌이칩니다. 그 안의 모든 상황은 마치 밀실에 갇힌 것처럼 답답하고 고통스럽습니다. 하지만 냄비를 열면 수증기가 사방으로 퍼져 나가면서 식어 모든 것을 촉촉하게 적셔 줍니다. 그러면 더 이상 압박감, 속박, 고통이 없고 대신 자연스럽고 더 즐겁게 소용돌이치며 자유를 만끽합니다. 우리 마음은 그렇게 물처럼 움직입니다. 우리는 마음을 가열하고 많은 압력을 가할 수 있습니다. 하지만 자아에 집착하는 속박과 정신적 번뇌의 열기를 걷어 내면 마치 물처럼 식어서 자연스럽게 사방으로 퍼져 나갑니다. 공성과 자비심은 이렇게 함께 갑니다. 공성을 깨닫는다는 것은 어디에도 묶이지 않고 마음이 자유롭게 움직일 수 있다는 것을 깨닫는 것입니다. 마음이 자유롭게 움직이면 우리 자신과 타인 사이에 경계가 없다는 것을 깨닫고 다른 사람에게 자비로운 손길을 내밉니다. 마치 다른 냄비에 손을 내밀어 뚜껑을 열도록 도와주는 것과 같습니다.

**질문**: 궁극적인 실재를 직접적으로 인식하기 위해 우리의 개념적인 마음 말고도 변화되어야 할 것이 있나요?

**KB**: 개념적인 마음은 변화되어야 할 마음의 모든 층위 가운데 가장 피상적인 수준입니다. 불교에서는 여섯 가지 또는 여덟 가지 유형의 의식에 대해 이야기합니다. 더 피상적인 의식은 다섯 가지 감각 의식과 개념적 의식이며, 더 미묘한 의식은 "번뇌의 마음"과 "알라야식(ālaya-consciousness)"으로 이루어져 있습니다. 후자는 이원론적 마음의 가장 근본적인 수준이며 사물이 실제로 어떻게 존재하는지에 대한 무지의 총합으로, 사물로 나타나는 모든 것에 대한 잠재적 경향과 그것을 인식하는 의식으로 구성됩니다. 다른 일곱 가지 의식과 그 대상은 파도가 바다에서 일어났다가 다시 바다로 가라앉는 것처럼 알라야식에서 나타났다가 다시 알라야식으로 돌아갑니다. 번뇌의 마음은 알라야식을 자아로 혼동하고, 그런 식으로 알라야식에 집착하는 우리 마음의 한 부분이며, 그와 같이 자아의 관점에서 모든 지각, 생각, 감정을 오염시킵니다. 이 여덟 가지 주요 의식 외에도 느낌, 분별, 화, 욕망, 무명, 지혜 등과 같은 많은 정신적 요소들이 있습니다. 수행의 길에서 우리는 이 모든 요소들을 다룹니다. 그리고 그것들은 모두 변화하거나 자신의 상태를 변화시킵니다. 여덟 가지 의식이 어떻게 그 본성으로, 즉 위에서 설명한 다섯 가지 부처님의 지혜로 나타나는지에 대해 자세히 설명하는 문헌이 많습니다. 간략히 설명하면, 알라야식은 거울과 같은 지혜가 되고, 번뇌의 마음은 평등의 지혜, 개념적인 마음은 분별하는 지혜, 감각 의식은 모든 것을 성취하는 지혜가 됩니다. 법계의 지혜는 이 모든 것이 일어나는 마음의 근본적인 확장입니다.

개념적인 마음은 가장 피상적인 의식이지만, 일반적으로 가장 많이 다루는 의식입니다. 그래서 많은 불교 가르침에서는 생각을 없애려 하기보다는 능숙하게 다루는 것이 좋다고 권장합니다. 왜냐하면 생각을 없애려는 시도는 효과가 없기 때문입니다. 마하무드라(Mahāmudrā) 전통에서 "생각은 법신(dharmakāya)"이라는 말은 "색은 공이다"와 같은 말입니다. 이 말은, 우리의 생각이 드러나는 그대로 법신이라는 것을 의미하는 것은 아닙니다. 만약 그렇다면, 여기서 논의는 이미 끝나 버렸을 것입니다. 그것은 우리 생각의 본질이 법신이라는 뜻입니다. 얼음과 물의 예에서 실제로 얼음이 물*이라고*는 말할 수 없습니다. 하지만 얼음의 본성은 물입니다. 얼음이 물로 변할 수 있는 것은, 기적적인 변화 때문이 아니라 이미 그 본성 속에 물이 있기 때문입니다. 얼음을 물로 만들기 위해 무엇을 할 필요가 없는 이유는, 그것의 본성 자체가 이미 물이기 때문입니다. 마찬가지로 마음속에 떠오르는 생각이나 그 모든 것에는 마음의 본성이 담겨 있으므로 그저 그 본성이 드러나도록 내버려 두기만 하면 됩니다.

**질문**: 우리가 자아와 타자 사이의 경계를 뚫고 나가기 위해 노력하는 것은 지혜(prajñā)인가요, 자비인가요?

**KB**: 둘 다입니다. 대승불교의 관점에서 볼 때 자비나 공성 하나만으로는 자아와 타자 사이의 경계를 해체할 수 없습니다. 둘 다 함께 가야 합니다. 자비심만으로 하려 하면 거기에는 여전히 우리 자신과 실제 존재에 대한 집착이 남습니다. 그러면 모든 경계를 완전히 해체하지 못합니다. 공성만으로 하려 하면 너무 차갑고 기계적이어서 충분한 마음이 담기지 않습니다. 공성은 단순히 나와 타인 사이의 벽을 허무는 기술적인 과정이 아닙니다. 이 과정에는 정서적 감성이 있기 때문입니다. 이것이 부족하면 효과가 없습니다. 나와 다른 사람 사이의 벽을 허무는 것만으로는 충분하지 않고, 다른 사람에게 다가가서 대화해야 합니다. 만약 우리가 단지 벽을 허물고 우리는 우리 편에 머무르고 그들은 그들 편에 머무른다면, 우리는 여전히 그들을 무시하는 것이며, 거기에는 아무런 연결이 없습니다. 그것은 매일 서로 마주치지만 아무런 대화도 나누지 않고 서로에 대해 아무것도 모르는 가까운 이웃과도 같습니다. 그렇기 때문에 공성이나 지혜는 벽을 허무는 데 매우 유용하지만, 실제로 다른 사람들과 관계를 맺기 위해서는 자비나 밖으로 향하는 마음의 에너지가 필요합니다. 지혜는 진정으로 다가가는 데 방해가 되는 걸림돌을 잘라 내고 제거할 뿐입니다. 그렇기 때문에 지혜가 그런 역할을 하는 것은 아닙니다. 그러므로 지혜와 자비가 모두 필요합니다.

동시에, 지혜와 자비가 서로를 증진시키는 것을 보는 것도 중요합니다. 예를 들어 아주 강력한 자비를 느끼면 나와 타인 사이의 경계는 자연스럽게 일시적으로 사라집니다. 실제로 우리는 자신을 완전히 잊고 거기에는 분리되어 있다는 느낌이 없습니다. 그리고 오직 무한한 공감만이 존재합니다. 그와 동시에, 현상의 비현실성이나 환상과 같은 특징을 어느 정도 느낀다면, 우리와 다른 사람들 사이의 경계도 훨씬 더 투명해집니다. 그리고 타인이 실제로 누구인지 알고, 그들도 우리와 똑같이 고통받는다는 사실을 더 명확히 봅니다.

공성에 대한 이런저런 이야기를 들으면 때때로 그 모든 것에서 마음(heart)은 어디에 있는지 궁금해집니다. 만일 지적인 관점에서만 이야기하면 매우 분석적이고 건조하게 들립니다. 하지만 자비가 무엇인지 생각해 보면, 자비는 실제로 자아가 없는 상태를 의미합니다. 이는 영어 단어 "무아(selflessness)"로 설명됩니다. 만일 우리에게 자아가 없고 자기 염려가 없다면 우리 마음은 무엇을 할까요? 그것은 그냥 잠만 자거나 식물인간이 된다는 뜻이 아니고, 자연스럽게 자신을 다른 사람에게 확장할 수 있는 자유로운 에너지가 많아진다는 뜻입니다. 저는 우리 모두에게 그런 경험이 있다고 생각합니다.

## 몸과 마음의 모든 것은 공空과 같다

"색은 공이고, 공 또한 색이다. 공은 다름 아닌 색이고, 색은 다름 아닌 공이다."라는 네 가지 심오함은 이와 같습니다. 하지만 이 네 가지 심오함은 색과 공뿐만 아니라 수受, 상想, 행行, 식識의 나머지 네 가지 온에도 적용됩니다. 『반야심경』은 계속됩니다.

마찬가지로 수, 상, 행, 식도 공이다.

"색은 공이고 공 또한 색이다"라는 간단한 설명을 제대로 완전히 이해하면 그 안에 모든 것이 있습니다. 하지만 더 자세히 설명하자면 느낌(서양인에게는 가장 큰 온인 반면 동양에서는 매우 작은 온)과 같은 다른 온에도 동일한 원리를 적용할 수 있습니다. 분별은 주로 크고 작음 또는 좋고 나쁨과 같은 특성을 구별하여 사물을 구분 짓는 개념적 수준을 말합니다. 형성의 온에는 두 번째, 세 번째, 다섯 번째 온에 포함되지 않은 모든 정신적 요소가 포함됩니다. 이를테면 모든 마음의 상태에 항상 수반되는 일차적 번뇌, 이차적 번뇌, 선한 정신적 요소 등입니다. 의식의 온은 위에서 언급한 여섯 가지 또는 여덟 가지 의식으로 구성됩니다. 이 모든 온은 공과 분리될 수 없다는 점에서 동일합니다.

부처님께서는 우리가 모든 현상을 놓치지 않도록 하기 위해 오온을 점검 목록으로 제공하셨습니다. 우리는 색이 공이고 공이 색이라는 데 동의할 수 있습니다. 하지만 훨씬 더 생생하고 실제적인 것처럼 보이는 감정은 어떨까요? 아니면 우리는 우리의 의식이 공하지 않다고 생각할 수도 있습니다. 각 온은 차례차례 많은 세부 항목으로 구성되어 있습니다. 그렇기 때문에 몸과 마음이라는 측면에서 우리의 전체적인 정신 물리적 존재에 대한 상세한 점검 목록과 같습니다. 불교의 기본 접근법에서 온은 주로 우리 몸이나 마음 어디에 진정으로 존재하는 자아가 있는지를 확인하는 데 쓰입니다. 거친 수준에서뿐만 아니라 미묘한 수준에서 이를 수행하기 위해 우리는 오온의 여러 부분들을 모두 살펴볼 수 있고, 우리의 존재를 구성하는 모든 요소를 놓치지 않을 것입니다.

이 과정은 집에서 열쇠를 찾는 것과 조금 비슷합니다. 우리 집에는 오온처럼 방이 많기 때문에 우리는 온 방을 돌아다니며 열쇠를 찾습니다. 열쇠를 찾지 못하면 그 방들을 다시 돌아다니면서 옷장, 서랍, 침대 밑 등을 살펴보는데, 그것은 오온의 여러 부분과 같습니다. 집안 구석구석을 여러 번 확인했는데도 열쇠를 찾지 못하면 열쇠는 집안에 없는 것입니다. 마찬가지로 오온에서 자아를 찾다가 그 어디에서도 찾지 못하면 그런 자아는 아예 없다고 결론을 내려야만 합니다. 왜냐하면 자아나 에고는 우리 몸이나 마음 이외의 다른 곳, 이를테면 차 안과 같은 곳에는 존재할 수 없기 때문입니다. 어떤 사람들은 자신을 물질적 소유물과 동일시하여 자신의 자아가 실제로 차에 있다고 생각할 수도 있지만, 오온의 핵심은 자아를 찾기 위한 모든 가능성을 제시하는 데 있습니다. 열쇠는 차 안이나 집 밖 어딘가에 있을 수 있지만 자아는 오온 이외에는 있을 수 있는 곳이 없습니다. 아트만과 같은 철학적 개념이 아닌 우리의 경험이라는 측면에서 볼 때, 자아가 실제로 자신의 몸과 마음 바깥 어딘가에 있다고 생각하는 사람은 아마 없을 것입니다.

이처럼 오온에는 개별적인 자아가 없다는 것이 불교의 기본적인 접근 방식입니다. 하지만 『반야심경』은 여기에서 훨씬 더 나아갑니다. 『반야심경』은 오온에 개별적인 자아가 없을 뿐만 아니라 오온 자체도 실제로 존재하는 것이 아니라고 말합니다. 만일 집 전체를 하나씩 해체해도 열쇠를 찾지 못한다면, 집 안에는 열쇠가 없다고 확언할 수 있습니다. 하지만 『반야심경』은 오온의 집에 결코 존재하지 않는 자아의 열쇠를 찾는 것이 아니라 집을 완전히 무너뜨립니다. 이것이야말로 우리의 존재를 찾는 가장 철저한 방법입니다.

## 여덟 가지 심오함

그것을 분명하게 하기 위해 『반야심경』은 “여덟 가지 심오함이라고 불리는 것”으로 이어집니다.

> 이와 같이, 샤리뿌뜨라여, 모든 법은 공이며, 특징이 없고, 생겨남도 없고, 사라짐도 없고, 더러움도 없고, 더러움이 없음도 없고, 줄어듦도 없고, 늘어남도 없다.

이것은 모든 현상에 고유한 본성이나 실제적인 존재가 없을 뿐만 아니라 나머지 일곱 가지 특징도 없다는 것을 의미합니다.

### 공성에는 예외가 없다

“모든 법은 공”이라고 할 때, 오온은 “번뇌의 현상”이라고도 불리는 모든 조건 지어진 윤회의 현상을 포함합니다. 하지만 거기에는 더 많은 다르마 또는 현상이 있으니, 이는 공간처럼 조건 지어지지 않는 현상 그리고 청정한 현상입니다. 반야부 경전에서는 우리가 어떤 현상을 취하든 그것은 공하다고 말합니다. 반야부 경전에는 108가지 법, 즉 53가지 번뇌염법煩惱染法과 55가지 청정법淸淨法이 열거되어 있습니다. 표면적으로 반야부 경전은 아비달마의 75법을 없애려는 듯하지만, 실제로는 그보다 더 많은 현상들을 새롭게 도입하고 있습니다. 반야부 경전에서 이러한 현상들을 소개하는 것은 아비달마의 현상들보다 더 우월하다고 말하기 위해서가 아니라, 이 현상들도 자아를 찾는 데 효과적이지 않다는 것을 보여 주기 위해서입니다. 또한 반야부 경전은 모든 아비달마의 현상을 다 무너뜨린 후, 심지어 대승불교의 길에 있는 모든 현상을 가져와서 "그것도 다 잊어버리라"고 말합니다.

엄밀히 말하면 경전들은 이러한 현상들을 당장 잊어버리라고 권하지 않습니다. 먼저 그런 현상들에 익숙해지고, 그것이 무엇을 의미하는지 보고, 그것을 수행에 활용하되, 그것 자체의 본질이 공한 본래의 모습을 보라고 합니다. 모든 윤회의 현상뿐만 아니라 보리심, 보살지, 그 길에서의 모든 명상, 경험, 깨달음, 부처님의 일체지 등으로 시작하는 대승불교의 길의 모든 현상과 그 결실까지도 말입니다. 공성을 완전히 깨달으면 무엇이라고 딱 집어 말할 수 있는 것이 없으므로 부처님의 지혜조차도 공성에서 예외일 수 없다는 것은 이해가 됩니다. 그러니 어떻게 부처님의 지혜가 딱 집어 말할 수 있는 것이 될 수 있겠습니까? 또한 만약 이 지혜가 실제로 존재한다면, 이것은 정적인 것이 무한한 인연 발생의 역동성을 무한히 바라볼 수 있다는 것을 의미할 것입니다. 그런데 그것은 절대 불가능합니다. 다시 말해 궁극적 지각자와 궁극적 대상이 일치해야 합니다. 모든 기준점을 벗어난 자유를 지각하는 유일한 방법은 어떤 기준점도 갖거나 탐닉하지 않는 것입니다. 이것은 곧, 부처의 마음은 그 어떤 것에도 갇히지 않는 한없이 넓고 열린 마음이라는 것입니다. 우리가 지각하는 마음에서 그 어떤 것을 붙잡고 있는 한, 이것은 우리가 광대한 관점을 갖고 있지 않다는 것, 그리고 어떤 환영에 불과한 기준점에 집착하고 있다는 것을 의미합니다.

하지만 이런 물음이 생깁니다. "한 번도 생각조차 해 보지 않은 길과 보살지 같은 온갖 종류의 것들을 다 소개하고 나서는 그것들이 실제로는 존재하지 않는다고 말하는 이유는 도대체 무엇입니까? 처음부터 그냥 그대로 두는 게 낫지 않습니까?" 실제로 부처님은 그렇게 하고 싶어 하셨습니다. 하지만 안타깝게도 그것은 자유로 가는 길이 되지 못합니다. 마치 선문답에 나오는 말과 같습니다. "먼저 산은 산이다. 그다음 산은 산이 아니다. 마침내 산은 산이다." 이상하게 들리지만 그것이 곧 참모습입니다. 처음에는 의심할 여지없이 산은 산이라고 생각합니다. 이것은 우리가 많은 개념적 중첩을 가지고 있다는 것을 의미합니다. 그런 다음 우리는 그 중첩된 개념을 모두 해체합니다. 그것은 더 이상 우리가 보던 산이 존재하지 않는다는 것을 의미합니다. 마지막으로 우리는 실제로 거기 있는 것을 봅니다. 그러니까 개념적 중첩이 전혀 없는, 우리가 산이라고 부르는 것의 형상만을 보게 됩니다. 설령 우리가 단순해지려고 노력한다고 해도, 모든 개념적 덧씌움과 전가를 해체하지 않는 한 세 번째 단계로 도약하기는 매우 어렵습니다.

아비달마(abhidharma)는 궁극적 실재를 다수성으로 설명하려 하며, 세상을 체계적으로 설명하고 그 안의 모든 것이 실재한다고 주장합니다. 대승불교는 일반적인 수준에서 나타나는 모든 현상적 다양성을 제시하고 나서 "궁극적으로 이 현상 가운데 그 어떤 것도 실제로 존재하지 않는다."라고 말합니다. 반야부 경전은 그 어떤 현상도 빠뜨리지 않기 위해 이 긴 목록을 제시합니다. 다른 것은 몰라도 이것만은 틀림없이 실제로 존재하다는 착각을 방지하기 위해서입니다. 비트겐슈타인이 말했듯이 "철학은 전적으로 단순해야 합니다." 그런데 그 결과는 전적으로 단순하지만 불행히도 그 과정은 그렇지 않습니다. 그 까닭은 우리가 복잡한 마음을 다루어야 하기 때문입니다. 우리의 마음이 아주 단순하다면 간단한 방법으로도 가능하겠지만, 대부분의 사람들은 마음이 단순하지 않습니다. "왜"냐고 묻는 횟수를 세어 보면 자신이 어디에 속하는지 알 수 있습니다. "왜"냐고 많이 묻는다면 분명 단순한 마음의 범주에 속하지 않습니다. "왜"냐고 계속해서 묻는 한 여전히 더 많은 답을 찾고 있고, 내려놓을 준비가 되어 있지 않은 것입니다.

현대의 양자물리학 관점에서 해석된 『반야심경』 주석서에서는, 경전이 모든 현상에 대해 언급할 때, 그것이 양자역학에서 입자의 위치나 상태가 특정 순간에 결정되는 "점들" 또는 파동-입자 이중성과 매우 유사하다고 설명하고 있습니다. 현상들이 어떻게 나타나고 어떻게 작용하는지는 우리가 그것에 어떻게 초점을 맞추느냐에 달려 있다는 점에서 그렇습니다. 양자물리학은 이 모든 현상은 이해하기가 매우 어렵고 엄밀한 물질적 의미에서 존재하지도 않는다고 설명합니다. 기본적으로 모든 현상은 찰나의 순간에 나타나는 모습으로 묘사됩니다. 이것이 더욱 명확해질수록, 그 현상들이 어떤 고정적이거나 지속적인 존재가 전혀 없다는 것이 점점 더 분명해집니다. 양자물리학에서는 파동 입자, 아원자 입자, 또는 어떻게 부르든 간에, 그것은 우리가 실제로 찾을 수 있는 것이 아니라고 말합니다. 그것들은 관계의 복합체로 정의되기 때문에, 이는 그러한 "입자"가 무엇인지에 대한 매우 동적이고 비물질적인 개념을 의미합니다. 보통 우리는 입자나 사물을 생각할 때, 그것이 고정된 무언가라고 여깁니다. 왜냐하면 우리의 저차원적인 지각이 그것을 그렇게 고정된 형태로 인식하기 때문입니다. 하지만 실제로 우리가 지각하는 모든 것은 역동적인 과정입니다. 우리의 지각하는 마음이 역동적이고 그것이 순간순간 변화할 뿐만 아니라 대상 역시 마찬가지입니다. 공성의 관점, 더 긍정적으로 표현하여 연기의 관점에서 보면 현상은 그 자체로 정의될 수 없습니다. 현상은 다른 현상과의 상호관계의 복합체로만 설명될 수 있습니다. 그 다른 현상들 또한 또 다른 복합체들과의 관계 속에서 존재합니다. 양자물리학이나 불교 모두 현상은 바다의 무한한 파도가 끝없이 교차하면서 변하는 것과 같고, 자유롭게 떠다니는 무한한 에너지 장의 찰나적인 변동과 같다고 말합니다.

물론 우리는 그런 식으로 현상을 인식하지 않습니다. 예를 들어 영화를 볼 때 우리는 그것을 이루는 낱낱의 프레임을 보지 않습니다. 영화 속에는 우리가 지각할 수 있는 것보다 훨씬 더 많은 장면이 들어 있지만 우리의 지각은 그것들을 하나로 이어 붙여 인식합니다. 1초 동안 32개의 장면이 지나가지만 우리는 그것을 하나의 대상으로 여깁니다. 어쩌면 우리는 스크린이 아니라 필름을 바라보며 영화를 봐야 하는지도 모릅니다.

### 아이를 낳지 못하는 여인의 딸의 모습

『반야심경』은 모든 현상이 "특징이 없다"고 말하는데, 일반적으로 불교에서는 일반적인 특징과 구체적인 특징에 대해 이야기합니다.

예를 들어 종소리는 무상합니다. 무상하다는 것은 소리와 같은 조건화된 현상에 공통적인 것입니다. 하지만 특정한 시간에 들리는 특정한 종소리의 지속 시간, 음높이, 리듬 등과 같은 특징은 식별할 수도 있습니다. 그것은 다른 소리뿐만 아니라 다른 어떤 현상과도 구별되는 것입니다. 아비달마에서는 일반적인 특징과 특정한 특징이 모두 실제로 존재한다고 말합니다. 하지만 여기서는 두 가지 모두 본질적인 방식으로 존재하지 않기 때문에 공이라고 말합니다.

공성을 이해할 때, 그 안에는 어떠한 특징도 존재하지 않는다는 의미가 포함되어 있습니다. 모든 현상에 그 자체의 본질이 공하다면 현상 또한 공합니다. 계속해서 특징에 집착한다면 그것은 현상의 공성을 제대로 이해하지 못했다는 의미입니다. 예를 들어 꽃이 애초에 실제로 존재하지 않는다면 그 꽃의 특징에 대해 이야기하는 것은 무의미한 일일 것입니다. 그것은 마치 아이를 가질 수 없는 여성의 딸의 외모에 대해 이야기하는 것과 같습니다. 그럼에도 불구하고 여전히 『반야심경』은 특징의 부재에 대해 말합니다. 왜냐하면 특징의 부재는 공성에 의해 논리적으로 암시되지만, 이 부재를 완전히 깨달았다는 것을 의미하지는 않기 때문입니다. 설령 꽃이 그 자체로 공이라는 것을 이해한다고 해도, 꽃의 선명한 색깔이나 그윽한 향기 같은 인상적인 외적 특징에 집착한 나머지 꽃의 실제 존재가 없다는 것에 대해 의문을 품을 수 있습니다. 때때로 우리는 실제 사물보다도 그 사물의 특성을 더욱 고정된 것으로 만듭니다. 예를 들어 우리에게 매우 비싼 아주 멋진 자동차가 있다고 해 봅시다. 우리는 그 차를 매우 소중히 여기고 뛰어난 성능에 매료됩니다.

심지어는 그것이 자동차든, 소든, 다른 무엇이든 더 이상 중요하지 않습니다. 왜냐하면 다른 사람에게 보여 줄 때 그것이 너무 소중하고, 너무 멋지고, 너무 인상적인 *우리의* 차이기 때문입니다. 『반야심경』에서 모든 현상에 "특징이 없다"고 말하는 이유도 바로 이것 때문입니다. 우리가 어떤 것의 특징에 휘말릴 때, 그게 좋든 나쁘든 이 점을 상기하는 것이 도움이 될 수 있습니다. 이는 또한 번뇌와 청정의 특징이 없다는 것을 의미합니다. 즉 어떤 현상은 우리를 윤회의 사슬에 묶어 두고 다른 현상은 거기서 해방시키는 것과 같은 특징은 없다는 것입니다. 윤회와 열반 사이에는 특징이나 차이가 없습니다. 그것들은 모두 공한 형상에 중첩된 것일 뿐입니다.

### 모든 현상은 생겨남도 없고 사라짐도 없다

"여덟 가지 심오함"의 그다음 두 가지 특징은 다음과 같습니다.

> 생겨남도 없고 사라짐도 없다.

"그 어떤 것도 생겨나지 않고 그러므로 사라지지 않는다."라고 할 수도 있습니다. 이것이 바로 중관 문헌에서 항상 이야기하는 것입니다. "생겨남이 없음"은 중관의 큰 주제 가운데 하나입니다. 중관 경전에서는 추론을 통해 모든 현상의 공성을 탐구할 때 두 가지 주요 접근법을 취합니다. 하나는 대상의 본질을 직접 분석하는 것이고, 다른 하나는 대상의 특징을 분석하는 것입니다. 이 두 가지 접근 방식은 각각 "모든 현상은 공이다"와 "특징이 없다"는 『반야심경』의 위 두 구절에 해당합니다. 두 접근법 모두 충분히 좋습니다. 하지만 어떤 사람에게는 이런 접근법이 더 효과적이고 다른 사람에게는 다른 접근법이 더 효과적일 수 있습니다. 그리고 위에서 언급했듯이 두 접근법은 서로를 보완하며 공성 전체를 이해하도록 해 줍니다. 예를 들어 꽃의 본성을 분석할 때, 고전적인 추론에서는 꽃이 정말 하나인지 아니면 여러 개인지 살펴보고, 그 둘 다 아니라는 것을 봅니다. 만약 우리가 꽃의 본질 또는 그것을 구성하는 하나의 본질적인 요소인 "꽃다움"을 찾을 수 없다면, 꽃으로 보이는 것은 다수가 아닙니다. 왜냐하면 다수라는 것은 여러 개의 "하나들"로 이루어져야 하기 때문입니다. 물론 일반적으로 또는 단순히 외관상으로는 꽃이 여러 부분으로 구성되어 있기 때문에 "다수"라고 말할 수 있습니다. 하지만 중요한 것은 그게 아닙니다. 꽃의 각 부분을 분석해 보면 더 작은 부분들이 있고, 그 부분들은 무한히 더 쪼개질 수 있기 때문입니다. 이러한 추론을 통해 꽃이 하나의 단일한 것으로서 진정으로 독립적으로 존재하는 것인지, 우리가 구별하고, 정확히 찾아내고, 분리하고, 추출하고, 최종적으로 나눌 수 없는 본질로 규정할 수 있는 것인지를 탐구해 갑니다. 그것은 마치 현대 물리학자들이 궁극적으로 변하지 않는 현상의 본질로서 "마지막 소립자"를 찾는 것과 같습니다. 하지만 진정으로 존재하는 "하나"를 찾지 못한다면 진정으로 존재하는 "다수"도 찾을 수 없습니다.

이것을 제대로 이해한다면 꽃의 공성을 충분히 이해할 수 있고 그 특징에 대해 걱정할 필요가 없습니다. 하지만 만일 하나도 없고 다수도 없다는 추론이 만족스럽지 않다면 두 번째 접근 방식으로 꽃의 특성을 살펴봄으로써 재확인할 수도 있습니다. 이를테면 꽃이 실제로 어느 시점에서 생겨나는지 아닌지를 면밀히 보는 것입니다. 일반적으로 또는 단순한 형상으로 보면 물론 꽃씨가 싹을 틔우고 그것이 결국 꽃을 피우지만, 이 성장 과정을 들여다보면 그 어디에서도 실제적으로 생겨나는 것을 찾을 수 없습니다. 일반적으로 중관에서는 원인과 결과를 통해 생겨남을 분석합니다. 즉 원인과 결과 사이에 실제적인 관계가 있는지를 분석할 수 있습니다. 일반적으로 어떤 것이 발생하기 위해서는 원인이 결과에 선행해야 합니다. 그렇지 않으면 진정한 인과관계가 아닙니다. 현대 물리학에서는 결과가 원인에 선행한다는 면에서 예외가 있는 것처럼 보이지만, 여기서 말하는 우리의 경험의 측면에서는 원인이 결과보다 먼저 와야 합니다. 만약 꽃이 정말로 생겨난다고 생각한다면 그 원인과 결과 사이에는 반드시 어떤 관계가 있을 것입니다. 중관의 추론은 이를 순간적인 차원으로 끌어올립니다. 그것은 주어진 원인이 존재하는 그 순간에는 그 결과가 아직 거기에 없다는 의미입니다. 다음 순간에 결과가 나타나면 그 원인은 더 이상 존재하지 않습니다. 이것이 인과관계의 원리입니다. 원인과 결과는 동시에 존재할 수 없습니다. 그렇지 않다면 우리는 애초에 원인과 결과라고 생각하지 않았을 것입니다. 만약 두 가지가 동시에 존재한다면 결과가 이미 존재하는데 그 원인이 왜 필요할까요? 두 가지가 동시에 존재한다는 것은 하나는 원인이고 하나는 결과인 것이 아니라는 뜻입니다. 꽃이 씨앗과 공존할 수 없는 것처럼 결과는 원인과 함께 존재할 수 없기 때문입니다.

만일 우리가 이 시간적 인과 관계를 살펴보고, 어떤 주어진 순간에 항상 원인만 있거나 결과만 존재한다고 본다면, 어떻게 원인이 결과에 어떤 영향을 미칠 수 있겠습니까? 서로 만나거나 접촉한 적도 없는데 원인이 어떻게 결과를 만들어 낼 수 있을까요? 거기에는 과연 어떤 종류의 상호작용이 있을 수 있을까요? 예를 들어 두 개의 문이 있는 방에 한 사람이 한쪽 문으로 들어오는 바로 그 순간 다른 사람이 다른 문으로 나간다면, 두 사람은 어떤 상호작용은커녕 서로 마주치지도 않고 만나지도 않을 것입니다. 그러므로 거기에 진정한 생겨남은 없다고 말합니다. 일반적으로 말하면 그럴 것 같습니다. 하지만 결과가 어떻게 그 원인으로부터 발생할 수 있는지 분석해 보면, 대답은 결과가 실제로 원인으로부터 생겨나지 않는다는 것입니다.

원인과 결과에 근거하여 생겨남을 탐구하는 고전적인 중관의 추론을 "금강저 조각 추론"이라고 합니다. 만약 사물이 실제로 발생한다면, 그것은 그 자체에서 발생하거나, 다른 것에서 발생하거나, 둘 다에서 발생하거나, 아니면 둘 다에서 발생하지 않아야 합니다(즉 아무런 원인도 없이). 대부분의 사람들은 원인이 결과와 다르다는 일반적인 인과관계의 개념에 따라 사물이 다른 어떤 것에서 발생한다고 생각합니다. 하지만 방금 살펴본 것처럼 이 경우 원인과 결과는 결코 만나거나 상호작용하지 않습니다. 만약 어떤 것이 그 자체로부터 발생한다면, 문제의 그것이 존재하는 한, 그것이 자체의 원인으로 작용하여 끊임없이 스스로를 재생산해야 하기 때문에 그것은 언제나 발생할 것입니다. 그렇지 않으면 그것은 생산적인 원인이 아닐 것입니다. 그와 같이 우리는 결국 스스로 생겨난 것들로 가득한 우주에 있게 될 것입니다. 그리고 어떤 사물이 그 자체에서 생겨난다면 그 사물은 이미 존재하기 때문에 원인은 무용하거나 무의미합니다. 만약 두 가지 가능성을 결합해서 사물이 그 자체로 발생하기도 하고 다른 것에서 발생하기도 한다고 말한다면 현명한 해결책처럼 들릴 수 있습니다. 일반적으로 말해서 진흙 항아리는 일정한 모양이 없는 흙덩어리로 만들어졌다는 점에서 스스로에서 비롯된다고 할 수도 있고, 도공의 손, 물레, 물 등으로 만들어졌다는 점에서 다른 것들에서 비롯된다고도 할 수 있습니다. 하지만 방금 살펴본 것처럼 자체에서 생길 가능성과 다른 것에서 생길 가능성이 모두 타당하지 않다면 두 가지 잘못된 가능성을 더한다고 해서 어떻게 더 나은 결과를 얻을 수 있을까요? 그저 두 배로 틀릴 뿐입니다.

마지막으로 어떤 사람들은 어떤 일이 아무런 원인 없이 또는 우연히 저절로 발생한다고 말합니다. 이것은 무언가를 설명할 수 없거나 설명하고 싶지 않을 때 항상 "그냥 그렇게 된 거야"라고 말하는 매우 편리한 개념입니다. 하지만 아무런 원인 없이 어떤 것이 생겨난다면 우주 전체가 완전히 무작위적일 것이고, 언제든 어떤 것이든 일어날 수 있기 때문에 이 역시 유효하지 않습니다. 아침에 일어나면 침대나 집이 갑자기 사라지고 대신 야생 동물이 사는 정글이 생겨날 수도 있는 것과 같이 우리는 다음 순간에 어떤 일이 일어날지 전혀 알 수 없을 것입니다. 목표 지향적인 우리의 모든 활동은 특정한 결과를 얻기 위해 특정한 원인을 축적하는 것을 바탕으로 합니다. 그렇기 때문에 아무런 원인 없이 어떤 일이 일어난다는 것은 일상적인 경험과도 모순됩니다. 그렇지 않다면 농사를 짓거나 식사를 준비하는 것과 같은 활동은 완전히 무의미할 것입니다. 왜냐하면 다음에 어떤 일이 일어날지 알 수 없고 우리가 설정해 놓은 어떤 원인은 아무런 영향을 미치지 못할 것이기 때문입니다.

그렇다면 어떻게 될까요? 이 네 가지 가능성(자체, 다른 것, 둘 다, 또는 둘 다 아님) 가운데 그 어느 것에서도 생겨나지 않는다면 우리는 어디에 서 있게 되는 것일까요? 우리는 문자 그대로 그 어느 곳에도 이르지 못합니다. 반야부 경전과 중관 모두 이러한 접근 방식을 취합니다. 그들은 어떤 것이 일어나거나 존재할 수 있는 모든 가능한 방법을 생각한 다음, 그것들이 작동하지 않는다는 것을 하나씩 하나씩 확인합니다. 이 네 가지 발생 가능성을 통해 우리는 무언가가 생겨날 수 있는 모든 방식을 철저하게 밝혀 냈습니다. 다섯 번째 또는 여섯 번째 가능성을 생각해 낼 수도 있습니다. 하지만 상상할 수 있는 모든 가능성이 이 네 가지에 포함되어 있기 때문에 이보다 나은 가능성은 없을 것입니다. 그 네 가지가 모두 작동하지 않는다는 것을 알게 되면, 우리는 우울하거나 짜증을 낼 수도 있고, 여기서 의도한 대로 마음을 들여다볼 수도 있습니다. 실재의 발생에 대한 네 가지 가능성을 모두 제거함으로써, 우리는 발생에 집착하는 개념적 이원론의 마음을 소멸시킵니다. 이를 비유적으로 표현하자면 우리는 그것을 스스로의 무기로 제압한 셈입니다. 우리는 항상 'A가 아니라면 B여야 하고, B가 아니라면 A여야 한다'라고 생각합니다. 우리는 서로 배타적인 가능성 사이를 계속 왔다 갔다 합니다. 그 어느 쪽도 통하지 않으면 'A와 B 둘 다일 수도 있다' 또는 'A도 B도 아닐 수도 있다'고 생각할 것입니다. 그렇게 하는 한 우리는 여전히 이원론적 사고의 영역에 머물러 있는 것입니다. 그러므로 여기서 유일한 해결책은 여기서 완전히 벗어나는 것입니다. 즉 하나의 이원론적 기준점에서 다음 이원론적 기준점으로 이리저리 뛰어다니는 것을 그만두는 것입니다.

그런 식으로 현상이 하나인지 여러 개인지 또는 실제로 발생하는지에 대해 탐구하는 과정은 말 그대로 개념적이고 이원론적인 마음을 소멸시키는 과정입니다. 공안이 바로 이런 역할을 합니다. 중관의 추론은 훨씬 더 장황하고 복잡하지만 우리 마음에 미치는 영향은 공안의 경우와 똑같습니다. 그것은 우리가 이원론적 마음의 굴레에서 벗어나 도약할 수 있게 해 줍니다. 하지만 우리는 보통 그런 도약을 하지 않기 때문에, 도약할 준비가 되기까지 시간이 걸리는 경우가 많습니다. 공안을 들고 수행할 때, 단 하나의 답이나 정답은 없다는 것을 깨닫기까지 오랜 시간이 걸립니다. 중관의 추론 역시 마찬가지입니다. 그것은 정답을 말하려는 것이 아니고, 사물이 *실제로* 어떻게 존재하는지 알려주려는 것이 아닙니다. 중관은 우리에게 "그건 아니다, 그건 아니다, 그리고 그건 아니다."라고 말합니다. 모든 개념적 가능성을 다 소진한 시점에서 우리는 내면을 들여다보고 마음을 되돌아보면서 이 상황에서 마음이 무엇을 하고 있는지 살펴볼 필요가 있습니다. 그 분석을 했던 사람이 지금 경험하고 있는 것은 무엇일까요? 그 모든 기준점을 제거한 사람은 지금 무엇을 느끼고 있을까요? 우리의 마음은 여전히 그곳에 있고 경험하고 있습니다. 우리가 그러한 추론의 결론을 내린다고 해서 죽거나 허공으로 사라지는 것이 아닙니다. 분석을 하고 온갖 잘못된 생각을 걷어 낸 그 사람의 경험은 여전히 거기 남아 있습니다.

마하무드라와 족첸(Dzogchen) 전통에서 "벌거벗은 마음"을 말하는 이유가 바로 이것입니다. 우리는 모든 관념적인 옷을 차례로 하나씩 벗습니다. 옷을 벗는 과정의 끝에서 우리의 벌거벗은 마음을 바라보지 않는다면 그것은 무의미합니다. 우리에게는 쓸모없이 벗겨진 옷 더미만 남을 뿐 그 안에 무엇이 있었는지는 결코 볼 수 없습니다. 그것은 단순히 머리로 하는 운동이 되거나 최악의 경우에는 일종의 허무주의에 빠지게 됩니다. 이러한 사고 과정을 거치거나 『반야심경』을 외우면서 비로소 자유에 대한 개념이 등장합니다. 우리의 개념적 마음이 소멸되면 거기에 틈이 생기고 다른 무언가가 일어날 가능성이 있습니다. 물론 중관이나 『반야심경』은 그것이 무엇일지 알려주지 않습니다. 왜냐하면 우리는 그 "무언가"를 즉시 붙잡아 다시 원점으로 돌아갈 것이기 때문입니다. 우리가 평소에 입던 옷을 모두 벗고 이렇게 멋진 새 옷을 입는다고 해서 벗은 몸이 될 수는 없습니다. 다른 말로 하자면 우리는 꾸밈없는 자연스러움을 억지로 만들어 낼 수는 없습니다.

"생겨남이 없다"는 것은 또한 무명에서 비롯된 발생이 없다는 것을 의미합니다. 세속적인 현실의 차원에서 현상들이 생겨나는 것처럼 보이는 유일한 이유는 우리가 사물의 참된 모습을 알지 못하기 때문입니다. 하지만 실제로는 아무런 생겨남이 없다는 것을 분명히 이해하면, 자연스럽게 사라짐 또한 실재하지 않는다는 사실을 쉽게 알게 됩니다. 어디에서도 오지 않는 것은 어디로도 가지 않습니다. 또는 어떤 시점에서도 생겨나지 않은 것은 어떤 시점에서도 사라지지 않습니다. 다시 말해 이전에 존재하지 않았던 것은 생겨나지 않고, 존재했던 것은 사라지지 않습니다. 일반적으로 생겨남에 대해 이야기할 때 우리는 어떤 것이 존재하지 않다가 갑자기 존재하게 되었다고 생각합니다. 한동안 존재했다가 사라지면 그것은 존재하지 않는 것이 됩니다. 하지만 일반적인 수준에서조차도 우리가 인과관계를 받아들인다면, 무에서 유가 나오거나 어떤 것이 무가 되어 완전히 사라지는 경우는 결코 없습니다. 예를 들어 하나의 나무는 하나의 씨앗에서 나오고 그 씨앗은 또 다른 나무에서 나오는 것과 같은 이치입니다. 나무가 썩어 없어지더라도 그 속에 있는 물질은 완전히 사라지지 않고 흙이 됩니다. 그리고 이 흙에서 또 다른 식물이 자랍니다. 나무는 온갖 종류의 다른 물질이나 화학적인 분자로 구성되어 있고 나무가 썩는다는 것은 단지 나무의 거시적 형태가 사라지는 것을 의미합니다. 하지만 나무의 분자는 사라지지 않고 다른 방식으로 재배열될 뿐입니다. 예를 들어 먼저 흙이 되었다가 이후에 새로운 식물의 한 부분이 되는 것과 같은 원리입니다. 마치 항상 똑같은 수프를 다른 방식으로 젓는 것과 같습니다.

"사라짐도 없다"는 것은 무명이 애초에 실제로 일어나지 않기 때문에 무명의 진정한 사라짐 또한 없다는 것을 의미합니다. 그러므로 지그재그 무늬의 호스를 뱀으로 착각하는 것처럼, 무명은 기본적으로 단지 그릇된 관념에 불과합니다. 그렇기 때문에 수행의 길에서 실제로 존재하는 무명을 없애거나 쫓아낼 필요는 없습니다. 그 "뱀"을 제대로 바라보면, 그것이 실제로는 뱀이 아니라는 것을 깨닫게 되고, 그렇게 함으로써 그것이 뱀이라는 우리의 무명도 자연스럽게 사라집니다. 애초에 뱀이 존재하지 않았다는 사실을 깨닫게 되면 "뱀"에 대한 우리의 지각도 실제로 존재하지 않았다는 것을 알 수 있습니다.

**현상과 공성은 순수한 것도 아니고 순수하지 않은 것도 아니다**

"여덟 가지 심오함" 가운데 다음 한 쌍입니다.

더러움도 없고, 더러움이 없음도 없고,

아무리 혼란스럽거나 평범해 보이는 현상이라도, 그것들이 공성과 다르지 않기 때문에, 제거해야 할 실재하는 더러움은 존재하지 않습니다. 그것은 마치 제거해야 할 실재하는 어리석음이 존재하지 않는 것과 같습니다. 현상들은 실제로 더러운 것도 아니고, 그 자체가 더러움도 아니며, 공성空性 또한 현상들에 의해 더러워지지 않습니다. 여기서 "더러움"은 우리의 마음이 대상을 인식하고 집착하는 활동으로 해석될 수도 있습니다. 또는 불성佛性이 중생 안에서 더러워지지 않는다고 말할 수 있습니다. 불성은 평범한 존재의 불성이든 부처님의 불성이든 항상 변하지 않습니다. 그것은 더 좋아지지도 않고 더 나빠지지도 않습니다. 8대 까르마파에 따르면 중생들이 더러움을 가진 것이 아니라 그들 자신이 바로 더러움입니다. 따라서 우리는 불성이 중생들에 의해 더러워지지 않는다고도 말할 수 있습니다.

따라서 실제로 더러움이 존재하지 않기 때문에, "더러움이 없음"도 존재하지 않습니다. 왜냐하면 "더러움이 없다"는 상태는 "더러움이 있었다"는 것에 의존하기 때문입니다. 더러움을 없애는 관점에서 보더라도, 궁극적으로 모든 현상—즉, 더러움—은 공성空性, 광명, 그리고 본래의 청정함이기 때문에, 그 안에는 결코 어떤 더러움 없음도 존재하지 않습니다. 이는 마치 지옥의 맹렬한 불길 속에서는 한 송이의 눈도 존재할 수 없고 태양 한가운데서는 어둠이 존재할 수 없는 것과 같습니다. 마찬가지로 마음의 광명한 성품은 그 어떤 더러움이 존재하기에는 너무 압도적이어서 거기에는 더러움이 있을 틈도, 존재할 기회도 없습니다. 이것이 바로 생각의 본성이 법신이라는 말의 의미입니다. 이는 애초에 그 어떤 더러움도 존재하지 않았다는 것을 깨닫는 것입니다. 이것을 깨닫는 것은 해탈이지만 깨닫지 못하면 그것은 "윤회", "무명", "생각", "번뇌" 등으로 불립니다. 마지막으로 "더러움도 없고 더러움이 없음도 없다"는 것의 또 다른 의미는 오온이 공과 다르지도 않고 같지도 않다는 것입니다.

### 더할 것도 없고 뺄 것도 없다

이 경은 "여덟 가지 심오함"을 다음과 같이 마무리합니다.

줄어듦도 없고, 늘어남도 없다.

"줄어듦과 늘어남"은 그것이 존재와 비존재의 극단을 나타낸다고 설명할 수 있습니다. 즉 사물은 줄어들다가 사라지거나, 생겨나서 늘어나게 되는 것입니다. 공성은 어떤 것의 줄어듦과 늘어남이 전적으로 없는 상태입니다. 줄어듦과 늘어남은 조건 지어져 있고 무상한 현상에서만 일어날 수 있습니다. 하지만 공성은 그런 식으로 작동하지 않습니다. 줄어듦과 늘어남은 중생과 부처를 가리키는 말일 수도 있습니다. 그것은 우리가 중생에게서 불성이나 마음의 본성이 어느 정도 줄어드는 것을 생각할 수 있다는 면에서 그렇습니다. 그것은 부처의 마음의 본성만큼 좋지는 않음을 의미합니다. 우리는 종종 '나는 부처님의 마음의 본성이 정말 훌륭하다는 것을 볼 수 있어. 그런데 *내* 마음의 본성은?'이라고 생각합니다. 줄어듦도 늘어남도 없다는 것의 또 다른 의미는 불성은 모든 중생 안에, 심지어는 모기와 같은 작은 동물에게도 줄어들지 않고 그대로 존재하고, 동시에 부처 안에서도 그 자질이 늘어나지 않는다는 것입니다. 우리는 '모기에게 있는 불성이 과연 나나 부처님 안에 있는 불성만큼 좋거나 큰 것인가?'라고 생각할 수 있습니다. 불성이나 공성은 크기나 차원, 제한이 있는 어떤 것이 아닙니다.

줄어듦과 늘어남이 없는 것은 각각 결함과 자질을 의미할 수도 있습니다. 수행의 길에서는 마음의 좋은 자질이 실제로 늘어나지도 않고 결함이 실제로 줄어들지도 않습니다. 우리가 결함이라고 인식하는 것 역시 애초에 실제로 존재하지 않는 것이기 때문입니다. 결점은 결코 영화에서 늘어나는 쓰레기 더미처럼 생겨나거나, 존재하게 되거나 늘어나지 않았습니다. 그러므로 줄어들 수도 없습니다. 반면에 마음의 본성의 자질은 항상 존재하기 때문에 줄어들거나 늘어날 수 없습니다. 수행의 길에서 결함이 줄어들고 자질이 늘어나는 것처럼 보이는 모든 것은 마음의 본성의 자연스러운 자질을 점차적으로 드러내고 보는 것일 뿐입니다. 하지만 지금까지 말한 모든 것을 고려할 때, 이러한 자질은 우리가 정확히 짚어낼 수 있는 확고하게 존재하는 어떤 것이 아니라는 점이 분명해야 합니다. 반야부 경전은 우리가 수행의 길에서 내려놓음이나 깨달음, 성취와 같은 어떤 것을 찾았다고 생각할 때, 실제로 그러한 것을 찾은 것이 아니라 또 다른 형태의 기본적인 실재하는 현상에 대한 집착을 발견한 것에 불과하다고 거듭 강조합니다. 그것은 실제로 존재하는 현상에 대한 기본적인 집착의 또 다른 형태입니다.

마음의 본성의 근본적인 자질은 바로 무한하고 광활하며, 그 어떤 기준점도 없다는 것입니다. 이것은 자유의 측면, 이 엄청나게 넓은 공간입니다. 하지만 그 공간의 토대 없음에 겁을 먹을지, 아니면 그것을 무한한 잠재력으로 볼지는 우리가 그 공간을 어떻게 바라보느냐에 달려 있습니다. 예를 들어 어떤 사람은 폐소 공포증을 느낄 수 있고 어떤 사람은 광장 공포증을 느낄 수 있지만 또 어떤 사람은 광활한 공간을 즐길 수도 있을 것입니다. 하지만 이런 다양한 반응은 모두 공간의 경험에 대한 반응입니다. 불성이 어떻게 수행의 길이나 부처님 안에서 늘어나지 않는지, 어떻게 중생 안에서 줄어들지 않는지에 대해 더 자세히 알고 싶다면 이와 관련된 많은 지침과 예가 담긴 미륵(Maitreya)의 『구경일승보성론(究竟一乘寶性論,Uttaratantraśāstra)』을 공부하면 됩니다.

## 해탈로 가는 세 가지 문

"여덟 가지 심오함"의 구성 요소인 공성, 특징 없음, 생겨남 없음, 사라짐 없음, 더러움 없음, 더러움이 없음도 없음, 줄어듦 없음, 늘어남 없음은 "해탈의 세 문"인 공空, 무상無相, 무원無願에 포함되어 있습니다. 반야부 경전은 이 세 가지에 대해 항상 이야기합니다. 해탈로 가는 문인 공은 현상의 진정한 본질을 말합니다. 무상은 모든 원인에는 아무런 표시나 특징이 없음을 의미합니다. 무원은 모든 결과가 원하거나 바라는 어떤 것이 아님을 가리킵니다. 모든 것이 공하고 어떤 원인을 특징지을 수 있는 그 무엇도 찾아낼 수 없으므로, 거기에는 진정 바랄 것이 없습니다. 보살의 길은 완전히 절망적인 상황입니다. 그것은 우울하다는 의미에서가 아니라 특정한 결과나 성취에 집착하지 않는다는 의미에서입니다. 그러므로 보살은 주어진 상황이나 사람이 어떤 방향으로 전개되든 거기에 전적으로 열려 있고 준비되어 있습니다. 그리고 그들은 결코 실망할 수 없습니다. 이것은 실제로 보살의 주요 특징 가운데 하나입니다. 즉 기대가 없다는 것, 그리고 그에 상응하는 요소로서 두려움이 없다는 것(실제로 『반야심경』의 뒷부분에 언급되어 있다)입니다. 지각하는 주체 또는 비개념적 지혜의 관점에서 볼 때, 공이라는 해탈의 문은 두 가지 종류의 정체성 없음을 관찰하는 삼매로 표현됩니다(개인적인 정체성 또는 자아가 없다는 것, 그리고 현상에 어떤 정체성이나 고유한 본성이 없다는 것, 곧 아공我空과 법공法空). 무상의 문은 오온을 잘못된 것으로 관찰하는 삼매에 해당합니다. 오온은 이 두 가지 정체성 없음의 바탕입니다. 무원의 문은 열반을 오온의 소멸로 관찰하는 삼매에 해당합니다.

그렇다면 해탈의 세 문에는 여덟 가지 심오함이 어떻게 포함될까요? 처음 두 가지, 현상은 공하고 일반적으로 어떤 특징도 없다는 것은 공의 해탈문을 가리킵니다. 다음 네 가지, 즉 생겨남이 없고, 사라짐이 없고, 더러움이 없고, 깨끗함이 없는 것은 무상의 문 또는 현상에 더 특정한 특성이 없음을 가리킵니다. 마지막 두 가지, 즉 줄어듦도 없고 늘어남도 없음은 무원을 가리킵니다. 그것은 곧 우리가 줄어듦도 없고 늘어남도 없음을 진정으로 이해한다면 기대할 것도 없고 두려워할 것도 없다는 것입니다.

티베트 스승 빠드마 까르뽀(Padma Karpo)의 『반야심경』 주석서에 따르면, 공의 해탈문은 경전의 처음부터 "이와 같이, 샤리 뿌뜨라여, 모든 현상은 공이며"까지에서 설명됩니다. 무상의 해탈문은 "특징이 없고"부터 "의계까지도 없고"에 이르는 구절에서 설명됩니다. 이어지는 "얻지 않음도 없다"까지의 구절은 무원의 해탈문을 설명합니다.

『반야심경』은 계속 다음과 같은 내용을 이어갑니다.

> 그러므로 샤리뿌뜨라여, 공에는 색도 없고, 수도 없고, 상도 없고, 행도 없고, 식도 없다. …

기억하겠지만 관자재보살의 짧은 대답은 "공은 다름 아닌 색이고, 색은 다름 아닌 공이다"로 시작하여 "마찬가지로 수, 상, 행, 식도 공이다"로 이어집니다. 이어서 오온 각각에 적용되는 "여덟 가지 심오함"이 소개되었습니다. 이제 관자재보살은 기본적으로 오온을 요약하여, 밝고 맑은 하늘에 구름이 없는 것처럼 모든 오온은 공 가운데 존재하지 않는다고 말합니다. 또는 색과 공 또는 두 가지 실재가 분리될 수 없다는 일반적인 견해를 설명하는 "색은 공이고, 공 또한 색이다"라는 위의 표현과 달리, 이 구절은 수행의 여러 단계에 있는 보살들의 비개념적 선정 상태를 구체적으로 언급하는 것으로 이해할 수 있습니다. 거기에는 오온이 나타나지 않습니다. 형상, 느낌, 냄새, 맛, 그리고 만질 수 있는 대상에는 특징이 있는 반면, 공은 특징이 없는 것으로 이루어져 있습니다.

## 허상의 세계를 분해하는 또 다른 방식들

다음 줄에서는 두 가지 현상에 대해 더 설명합니다. 이것은 기본적으로 현상이라는 큰 케이크를 잘라내는 두 가지 방법입니다.

> 눈도 없고, 귀도 없고, 코도 없고, 혀도 없고, 몸도 없고, 마음도 없다. 형상도 없고, 소리도 없고, 냄새도 없고, 맛도 없고, 만질 수 있는 대상도 없고, 현상도 없다. 눈의 계界도 없고, 마음의 계까지도 없고, 법의 계도 없고, 의식의 계도 없다.

"눈도 없고 … 현상도 없다"는 구절은 12처를 나열하고, "눈의 계界도 없고, 마음의 계까지도 없고, 법의 계도 없고, 의식의 계도 없다"라는 구절은 12계를 가리킵니다. 모든 조건 지어진 현상(有爲法)만을 포함하는 오온과는 달리, 처와 계는 모든 조건 지어진 현상(有爲法)과 조건 지어지지 않은 현상(無爲法)을 분류하는 조금 다른 두 가지 방법을 나타냅니다. 특히 조건 지어진 현상과 조건 지어지지 않은 현상을 모두 포함하는 것은 다르마 또는 현상의 처(그것은 현상의 계와 동일하며 정신 의식의 대상으로 이루어져 있다)입니다. 조건 지어진 현상 가운데 현상의 처에는 수, 상, 행의 온에 있는 모든 것이 포함됩니다. 『아비달마구사론(阿毗達磨俱論, Abhidharmakośa)』에 따르면, 이 처에는 3가지 무위법無爲法이 있습니다. 그것은 (1) 공간(空間, 유위법의 비장애적 부재, 조건 지어진 현상이 아무런 장애 없이 사라짐), (2) 택멸擇滅, (3) 비택멸非擇滅입니다. 택멸은 자아에 대한 집착과 그에 따른 번뇌와 고통으로부터 자유로워지는 것입니다. 그것은 개인적인 자아가 없음을 깨닫는 반야를 통해 이루어집니다. 비택멸은 특정한 원인과 조건의 부재로 인해 특정 장소에 단순히 부재하거나 일어나지 않는 것을 말합니다(예: 말의 머리에 뿔이 자라지 않는 것). 다른 문헌에서는 4가지 무위법無爲法을 열거하며 4번째 유형을 진여(suchness)라고 합니다.

『대승아비달마집론(大乘阿毘達磨集論, Abhidharmasamuccaya)』에는 8가지 무위법無爲法이 나열되어 있습니다. (1) 공간空間, (2) 택멸(擇滅, 지혜의 힘으로 번뇌를 제거하고 열반에 도달하는 것을 의미. 이는 의도적이고 분석적인 노력으로 성취되는 열반), (3) 비택멸(非擇滅, 의도적 노력이나 분석 없이 자연스럽게 번뇌가 사라져 도달하는 열반. 이는 특정한 원인이나 조건에 의해 자연스럽게 이루어짐), (4)~(6) 선법善法, 불선법不善法, 무기법無記法의 세 가지 진여(眞如), (7) 무분별정無分別定, (8) 멸진정滅盡定입니다. 무분별정은 색계의 제4선정四禪 중에서 가장 높은 유형의 명상입니다. 이러한 선정을 오랫동안 수행하면 색계의 가장 높은 천상에 다시 태어날 수 있습니다. 이러한 선정(定)은 전오식과 의식, 그리고 그것들과 함께하는 정신적 요소들(정신적 요소들의 불안정한 연속체)을 모두 일시적으로 멈추는 것이 특징입니다. 하지만 이런 선정에서 벗어나면, 이러한 의식들이 일어나는 잠재적인 경향이 여전히 존재하기 때문에 잘못 인식된 형상이 다시 나타나게 됩니다. 멸진정(滅盡定, 일명 "상수멸정"), 즉 "분별과 감각이 소멸하는 선정"은 불안정한 연속성을 가진 모든 의식과 일부 안정된 연속성을 가진 의식(첫 일곱 가지 의식과 그에 따른 정신적 요소, 즉 알라야식 제외)이 모두 소멸하는 상태를 나타냅니다. 불교의 길에서는 이 상태를 "구차제정" 과정에서 선정의 정점으로 삼습니다. 이것은 색계 사선정에 들어가고 나오는 다양한 수행 방법과 무색계 사선정으로 이루어집니다. 그것은 점점 더 미묘하고 명확한 형태의 *사마따*(*śamatha*)를 나타냅니다. 이렇게 정제된 사마타의 수행에 바탕을 두고, 자아와 현상이 없음을 깨닫는 불교의 *위빠사나*(*vipaśyanā*)를 닦을 수 있습니다.

처(āyatana)는 문자 그대로 "지지" 또는 "거처"라는 뜻입니다. 그러므로 12처는 의식과 정신적 요인이 발생하는 근원 또는 관문 역할을 합니다. 처는 또한 주체와 대상의 측면에서 의식의 흐름을 가능하게 합니다. 처는 6내처(여섯 가지 감각 기관)와 6외처(시각적 형상부터 생각하는 마음의 개념적 현상에 이르는 여섯 가지 대상)로 이루어집니다.

상좌부 불교와 전통적인 대승불교에서 눈, 귀 등 첫 번째 다섯 가지 감각 기관과 그에 해당하는 각각의 대상은 물질의 성질을 가지고 있습니다. 오식五識과 달리 제6식第六識인 의식意識은 신체적 감각 기관에 의존하지 않고 대신 "정신적 감각 기관(의근意根)"에 의존합니다. 일반적으로 의식의 한 순간은 이전 순간의 의식 없이는 발생할 수 없습니다. "의근"이란 단순히 이전 의식이 사라지면서 다음 의식을 일으키는 것을 의미합니다. 이는 여섯 가지 의식에 모두 적용되지만, 특히 신체적 감각 기관(신근身根)이 없는 여섯 번째 의식의 발생을 위한 가장 특정한 조건을 나타내기 때문에 "의근"이라고 불립니다. 바로 직전의 의식의 순간이 반드시 다음에 이어지는 의식과 같은 유형일 필요는 없다는 것에 주목하십시오. 예를 들어 아침에 일어날 때 첫 번째 안식眼識을 일으키는 것은 바로 직전의 안식에서 비롯된 것이 아닙니다. 그것은 바로 이전의 아뢰야식(또는 의식)의 순간에서 비롯됩니다. 또한 오식五識이나 의식意識이 멈추는 것에 근거해 생각이 일어날 수도 있습니다. 그러므로 여섯 번째 내처인 "의근"은 암묵적으로 모든 여섯 가지 의식을 포함하고 있습니다. 왜냐하면 여섯 가지 의식 가운데 어떤 하나가 선행하는 의식의 순간으로 작용할 수 있기 때문입니다. 의식意識에 상응하는 대상은 현상의 여섯 번째 외처에서 발견됩니다.

18계(dhātu)의 경우, "계"는 문자 그대로 "요소" 또는 "구성 요소"

를 의미합니다. 이 가르침에서는 계를 원인, 씨앗, 잠재력 또는 그 자체의 뚜렷한 특징을 지닌 것으로 설명합니다. 이와 같이 여섯 가지 외적인 계(다섯 가지 감각 의식으로 인식되는 대상들과 의식으로 인식되는 현상)는 여섯 가지 의식에 의해 파악되는 원인, 씨앗 또는 잠재력으로서 기능합니다. 여섯 가지의 내적인 계(여섯 가지 감각 기관)는 대상에 대한 인식을 뒷받침하는 원인, 씨앗 또는 잠재력으로서 기능합니다. 마지막 여섯 개의 계(여섯 개의 의식)는 대상을 실제로 파악하는 원인, 씨앗 또는 잠재력으로 기능합니다. 그러므로 감각 기관과 그 각각의 대상이 만나면 그에 상응하는 의식이 일어납니다. 다시 말해 여섯 가지 외적인 계는 대상의 특징을 가진 현상들을 나타내고, 여섯 가지 의식의 계는 이 대상을 인식하는 주체의 특성을 가진 현상들을 나타냅니다. 그리고 여섯 가지 내적인 계는 대상들을 그에 상응하는 주체들이 인식할 수 있도록 매개하는 역할을 합니다.

간단히 말해서 열두 개의 내적-외적 계는 열두 개의 내·외처(āyatanas)와 동일하며, 열두 번째 처(의근)에는 여섯 가지 의식의 계가 암묵적으로 포함됩니다. 그러므로 18계는 12처에 6식을 더하여 이루어진 것입니다. 또한 경전에서는 사람의 요소나 구성 요소를 나타내는 여섯 가지 계—즉, 지(earth), 수(water), 화(fire), 풍(wind), 공간(space), 그리고 의식(consciousness)—에 대해서도 설명합니다.

"오온으로 충분하지 않습니까? 왜 12처와 18계를 통해 현상의 케이크를 다시 잘라야 하나요?"라고 질문할 수 있습니다. 위에 제시된 오온을 공부하는 목적(처와 계에도 동일하게 적용됨) 외에도 이 가르침은 다음 세 가지 이유로 온, 처, 계를 제시합니다. 첫째, 수행자가 세 가지 유형의 무명을 바로잡을 수 있도록 도와줍니다. 둘째, 각각 높은 능력, 중간 능력, 그리고 더 낮은 능력을 가진 사람들을 대상으로 합니다. 셋째, 그것들은 간략한 설명, 중간 길이의 설명, 그리고 상세한 설명을 각각 선호하는 사람들을 대상으로 합니다.

세 가지 무명에 대해, 오온五蘊은 마음을 단일한 실체로 여기는 무명을 바로잡기 위해 제시됩니다. 오온에서 설명되는 대부분의 내용은 다양한 의식과 정신적 요소를 다루며, 이를 통해 이 잘못된 믿음을 반박합니다. 처處는 형상이나 물질을 단일한 실체로 여기는 무명을 바로잡습니다. 12처 가운데 열한 가지는 물질의 다양한 분류를 제공하여 이 무명에 도전합니다. 마지막으로, 계界는 물질과 마음 모두를 단일한 실체로 여기는 무명을 바로잡습니다. 계는 물질과 마음을 동등하게 분류하여 설명함으로써 이 무명을 없앱니다.

뿐만 아니라 온, 처, 계는 달을 가리키는 서로 다른 손가락과 같습니다. 온은 한 묶음의 손가락이고, 처와 계는 같은 것을 가리키지만 다른 각도에서 가리키는 또 다른 손가락입니다. 우리가 『반야심경』에서 이 목록들을 그냥 읽으면 “눈도 없고 … 법法도 없다”고 말한 다음 더 아래에서 “눈의 계도 없고 … 무의식계도 없다”고 말하기 때문에 그것이 반복되는 것처럼 보입니다. 표면적으로는 모두 같은 것처럼 보입니다. 하지만 5온, 12처, 18계의 범주를 조금 더 자세히 공부하면 실제로 어떤 현상이 있고 우리의 현실이 무엇으로 구성되어 있는지에 대해 훨씬 더 정확하고 방대한 감각을 갖게 됩니다. 우리는 매일 경험하는 것의 복잡성 속으로 더 깊이 들어갑니다. 그것은 세밀하게 분별할 수 있는 능력이 향상된다는 것을 의미합니다. 이러한 배경 지식을 가지고 경전을 읽으면—『반야심경』의 원래 청중은 온, 처, 계에 대해 잘 알고 있는 사람들로 이루어져 있었습니다—경전의 말은 훨씬 더 강력해집니다. 왜냐하면 그것들은 우리가 경험하는 모든 순간을 강타하며 그 순간들에 대해 "걸리지 마라, 걸리지 마라"라고 말하기 때문입니다. 예를 들어 경전에서 색온色蘊에 대해 말할 때, 그것은 실제로 모든 색을 하나의 큰 덩어리로 취급하여 "그 큰 덩어리의 색은 존재하지 않는다"라고 말하는 것이 아닙니다. 오히려 그것은 우리가 어느 순간에나 지각할 수 있는 모든 형상의 모든 순간과 모든 세부 사항을 가리킵니다. 그리고 이 순간적인 형상의 나타남은 거기에 아무것도 없는 찰나적인 것임을 나타냅니다. 우리가 이런 식으로 경전에 나오는 현상들의 목록을 읽으면 그것은 매우 강력해집니다. 왜냐하면 각각의 단어가 우리를 현재의 순간으로 돌아오게 하기 때문입니다.

그러므로 우리는 오온의 개념이나 형상의 일반적인 개념에 대해서만 이야기하는 것이 아닙니다. 하지만 경전을 암송할 때 우리가 어떤 지각을 갖고 있든 그것을 바로 지금 이 순간에 명상의 대상으로 삼을 수 있습니다. 그러면 경전은 우리가 그것을 암송할 때마다 매번 다른 경험이 됩니다. 그 이유는 경전의 말이 무엇이든 그것이 우리 경험의 현재 순간과 직접적으로 관련되어 있기 때문입니다. 그렇기 때문에 그 모든 반복에는 사실 목적이 있습니다. 그것은 모든 현상의 범위 전체를 완전히 아우를 뿐만 아니라, 우리가 그 자리에서 깨어나게 하려는 것입니다. 즉 그것은 우리 경험의 현재 순간인 "지금"에 관한 것입니다. 그것이 아니라면 "모든 현상은 공합니다. 그러니 그것과 함께 사십시오."라는 말로 충분할 것입니다. 물론 일반적인 관점에서 볼 때 그것은 사실이고 충분합니다. 하지만 우리가 독특하고 구체적인 현상의 수많은 다양한 순간을 경험한다는 측면에서 볼 때, 그것은 너무 일반적입니다. 『반야심경』의 메시지가 우리에게 제대로 전달되기 위해서는 그 말이 우리 마음에서 실제로 일어나고 있는 현재의 순간과 연결되어야 합니다. 그렇지 않으면 그것은 매우 개념적인 수준의 피상적인 읽기에 지나지 않습니다.

더 긴 반야부 경전을 보면 온과 같은 각 범주에서 훨씬 더 세세한 부분까지 다루고 있습니다. 이는 경전들이 우리를 끊임없이 현재의 경험으로 되돌아오게 한다는 것을 의미합니다. 현재 우리 마음의 정지된 순간은 마치 거품과 같고, 그다음에 또 다른 거품이 있고, 다시 또 다른 거품이 있습니다. 반야부 경전은 이러한 모든 거품을 우리에게 끊임없이 상기시킵니다. 그것들은 생겨나지만 실제로 존재하지 않는 덧없는 형상일 뿐입니다. 그러므로 경전을 암송하는 전체 과정의 역동적인 측면을 보는 것이 중요합니다. 그 단어들을 정적인 항목들의 단순한 목록으로 여기고, 쇼핑 목록에 있는 것들을 하나씩 체크해 나가는 것처럼 다루어서는 안 됩니다. 그것은 마치 모든 현상의 대형 쇼핑몰을 실제로 걸어 다니면서, 쇼핑 목록에 적어 놓은 모든 개별 항목들을 살펴보고, 이원론적인 고착화의 선반에서 꺼내어, 형상과 공성이 분리될 수 없는 우리의 바구니에 담는 것과 같습니다. 이 모든 과정은 끊임없이 변화하는 과정입니다.

『반야심경』의 어떤 주석에 따르면, 처處와 계界가 존재하지 않는다는 구절들은 직전에 언급된 오온五蘊이 공空 가운데 존재하지 않는다는 것을 설명하기 위한 두 가지 논리적 근거를 나타냅니다. 즉 우리가 여전히 오온에 매여서 '아직 그 안에 뭔가 있을지도 모른다.'고 생각한다면 더 깊이 들어가야 합니다. 이는 다섯 가지를 열두 가지 처로 나누고, 그것으로도 충분하지 않다면 열여덟 가지 계로 나누는 것을 의미합니다. 그래도 여전히 충분하지 않으면 바로 지금의 경험에 도달할 때까지 계속해서 더 나눕니다. 여기서의 핵심은 일반적인 개념 수준에서 점점 더 구체적인 수준으로 나아가는 것입니다. 이 일련의 탐구 끝에 우리가 찾을 수 있는 가장 구체적인 것은 바로 지금 이 순간의 경험입니다. 이것은 가능한 한 최대한 구체적인 것입니다. 다소 일반적인 그 모든 범주가 아닙니다. 자연히, 우리가 이러한 범주와 그 하위 범주에 더 익숙해질수록 바로 지금의 가장 구체적인 순간에 도달하기가 더 쉬워집니다. 오온에 대해 막연하게만 알고 있다면 유용성이 떨어집니다. 왜냐하면 일반적인 개념에 갇히게 되기 때문입니다. 간단히 말해서, "눈도 없고, 귀도 없고, 코도 없고 …"라고 말하는 대신 반야부 경전의 목록에 있는 모든 단어를 "현재 순간의 경험을 보라, 현재 순간의 경험을 보라, 현재 순간의 경험을 보라."라고 번역할 수 있을 것입니다.

특히 위에서 설명한 것처럼 내외처는 의식의 발생을 위한 관문 또는 문입니다. 주석에 따르면 그것들은 또한 특징의 발생을 위한 관문이기도 합니다. 하지만 『반야심경』에 따르면 처가 실제로 존재하는 것은 아니기 때문에, 시각적인 형상과 안근眼根 등이 만나서 안식眼識이 일어나는 것은 아닙니다. 18계는 특징의 씨앗 또는 원인입니다. 그리고 그것들 또한 실제로 존재하지 않기 때문에 이러한 원인의 결과로서의 특징이 없습니다.

## 연기조차 공이다

『반야심경』은 12연기로 이어집니다.

> 무명도 없고, 무명의 다함도 없고, 늙고 죽음도 없고, 늙고 죽음의 다함도 없다.

이것은 무명에서 늙음과 죽음에 이르는 열두 고리를 일반적인 순서와 역순으로 나열한 것입니다. 지금까지 『반야심경』은 주로 오온과 같은 윤회의 현상을 다루어 왔습니다. 일반적인 순서에 따른 열두 고리 역시 중생이 근원적인 무명에 근거하여 생겨나고 머무르고 소멸하는 과정을 설명한다는 점에서 윤회의 현상을 보여 줍니다. 하지만 열두 고리의 순서를 역순으로 나열한 것은 윤회의 악순환이 끊어지는 방식을 나타냅니다. 위에서 언급했듯이 죽음에서 무명에 이르는 열두 고리를 거쳐 가는 것이 연각의 주요한 명상입니다. 그러므로 경전에서 열두 고리에 관한 이 구절은 윤회의 현상에서 윤회로부터 벗어나는 길의 현상과 이 길의 결실로 전환하는 분기점이 됩니다. 성문, 연각, 대승의 모든 불교적 접근에서 연기는 윤회의 혼란과 고통의 과정 그리고 그러한 혼란의 그물을 푸는 과정을 모두 설명하는 가장 근본적인 원리 가운데 하나입니다. 그러므로 12연기는 불교 가르침의 가장 핵심적인 특징 가운데 하나입니다. 하지만 반야부 경전은 오온과 같은 윤회의 현상을 버릴 뿐만 아니라 불교적인 길 자체의 신성한 원리에도 도전합니다.

12연기의 핵심은 모든 윤회(온, 처, 계)의 현상은 그 출발점인 무명에서 비롯된다는 것입니다. 상대적 실재의 관점에서 볼 때, 혼란은 현상의 상대적 본성에 대한 무명에서 비롯됩니다. 그것은 연기 그리고 업의 원인과 결과(네 가지 고귀한 진리 중 처음 두 가지인 고통과 그 원인)가 어떻게 작용하는지를 보지 못하는 데서 비롯됩니다. 궁극적인 실재에 대한 혼란은 마지막 두 가지 고귀한 진리(道와 滅) 또는 진여, 즉 사물의 참된 모습에 대한 무명에서 비롯됩니다. 무명은 열두 가지 연결 고리 가운데 첫 번째 고리로 설명됩니다. 윤회의 순환은 사물이 겉으로 보이는 실재와 궁극적인 실재의 수준에서 어떻게 존재하는지 지각하지 못하는 미혹에서 시작하기 때문입니다. 또한 무명은 사람과 현상이 실제로 존재한다고 가정하는 것뿐만 아니라 그 잘못된 생각에 집착하는 것을 가리킵니다.

두 번째 연결 고리는 "행(行, 형성)"으로, 이전의 연결 고리인 무명에 의존하여 발생합니다. 이 연결 고리는 첫 번째 연결 고리에서 설명한 무명으로 인해 생기는 집착, 혐오, 혼돈이라는 주된 정신적 번뇌의 발생을 가리킵니다. 그리고 이러한 번뇌로 인해 촉발된 긍정적이고 부정적인 업의 생성과 축적을 말합니다. 이 모든 것은 무명에 뿌리를 둔 우리의 습관, 선호, 집착에 따라 달라집니다. 이와 같이 우리 업業의 형성은 욕계, 색계, 무색계의 미래 생으로 우리를 이끕니다. 이러한 생의 장소와 구체적인 특징은 우리의 몸, 말, 마음의 선행과 악행에서 비롯됩니다.

세 번째 연결 고리는 특정한 업의 형성 또는 흔적의 총체를 포함하는 특정한 종류의 의식(識)이고, 그로 인해 업의 흔적에 따라 여섯 가지 윤회의 영역 가운데 하나에 들어갑니다. 이 의식이 자궁에서 잉태된 인간과 같은 새로운 존재로 들어가면 완전한 오온이 생성됩니다. 그것은 "이름과 형상(名色)"의 네 번째 연결 고리로 드러납니다. "이름(名)"은 네 가지 정신적 온을 가리킵니다. 왜냐하면 네 가지 정신적 온에는 형상이 없고 이름만 붙일 수 있을 뿐이며 감각으로는 볼 수 없기 때문입니다.

온을 개발하는 과정에서 다섯 번째 연결 고리인 여섯 가지 감각(六處)도 함께 발달합니다. 이는 다음 연결 고리인 대상과의 접촉(觸)으로 이어집니다. 이러한 접촉은 느낌(受)을 만들어 내고, 그것은 갈애(愛)로 이어집니다. 거기에는 즐거운 느낌을 즐기고 싶은 갈애와 불쾌한 느낌을 피하거나 없애고 싶은 갈애가 모두 포함됩니다. 갈애는 무언가를 갖고 싶거나 무언가를 없애고 싶은 것으로 나타날 수 있습니다. 하지만 두 경우 모두 원하는 것입니다. 갈애는 취착(取)으로 이어집니다. 무언가를 정말로 원한다면 우리는 그것을 잡기 위해 손을 뻗습니다. 취착은 "유有", 즉 고착으로 발전합니다. 무언가를 더 많이 붙잡을수록 그것을 더 단단하게 고착시키는데, 이 경우 그것은 새로운 탄생(生)으로 귀결되는 것을 의미합니다. 이 과정은 최신 고급 컴퓨터를 보고 그것에 대해 즐거운 느낌을 갖고, 그것을 갖고 싶고, 실제로 그것을 사고, 그것으로 인터넷 서핑을 하는 것과 비슷합니다. 하지만 그 순간부터 소모가 시작됩니다. 이는 그 컴퓨터를 집에 가져오는 순간 그것은 이미 구형 컴퓨터가 되어 버린다는 의미입니다. 마찬가지로 우리의 오온은 우리가 그것을 얻는 순간 이미 낡은 것이 되어 있습니다. 즉 늙음은 마흔이나 쉰 즈음에 시작되는 것이 아니라 자궁에서 잉태되는 순간에 이미 시작됩니다. 그 과정의 마지막 결과는 오온의 붕괴, 곧 죽음입니다. 그러면 우리는 다시 무명이라는 원점으로 돌아가서 처음부터 모든 것이 다시 시작됩니다. 즉 열두 고리에는 끝이 없습니다. 그것은 선형적인 연속이 아니라 악순환입니다. "윤회"라는 단어는 바로 이런 것을 의미합니다.

반야부 경전의 관점에서 볼 때, 12연기는 수행의 길에서 일시적으로 함께 일해야 하는 것일지라도 내려놓아야 할 또 다른 특징일 뿐입니다(앞에서 말한 것처럼 모든 현상은 "특성이 없는 것"입니다). 열두 개의 연결 고리는 윤회가, 무명 위에 세워진 카드로 만든 집과 같다고 말합니다. 이 집의 기초, 그러니까 카드의 맨 아래 줄은 무명입니다. 카드로 지어진 윤회의 집의 나머지는 이 무명 위에 세워져 있습니다. 맨 아래 카드를 빼내면 집 전체가 무너지는데, 이것이 바로 열두 고리를 해탈의 수단으로 삼는 기본 개념입니다. 무명이 실제로 존재하지 않는다는 것을 알게 되면 다른 모든 고리는 자연스럽게 무너집니다. 이런 식으로 열두 고리의 일반적인 순서는 윤회를 지키는 특성을 나타내고, 그 반대 순서는 정화의 특성을 나타냅니다.

## 네 가지 고귀한 진리의 소멸

다음으로 이 경은 네 가지 고귀한 진리를 다룹니다.

고苦, 집集, 멸滅, 도道도 없고…

불교의 성스러운 것에 대한 『반야심경』의 비판은 계속됩니다. 네 가지 고귀한 진리도 실제로 존재하지 않는다고 말합니다. 물론 많은 불교도에게 이와 같은 주장은 충격적입니다. 반야부 경전은 기본적으로 "고통도 없고, 고통의 원인도 없고, 고통의 소멸도 없고, 고통의 소멸에 이르는 길도 없다. 그래도 최선을 다하라. 기회는 없지만 그것을 활용하라."라고 말합니다. 말하자면 그것은 보살의 논리입니다. 네 가지 고귀한 진리 같은 모든 것들이 정말로 무엇인지 실제로 들여다보지 않는 한, 그것들은 존재하고 작용하는 것처럼 보입니다. 하지만 더 깊이 들여다보면 실제로는 그 어떤 것도 찾을 수 없습니다.

동시에 그 모든 것을 바라보면서 대상의 측면에만 갇히지 않는 것이 중요합니다. 그 모든 현상을 대상화하는 데 지나치게 관여한 나머지 우리 마음은 그것을 잊어버립니다. 마음이야말로 대상화하는 주체이자 이 대상화를 내려놓을 수 있는 것입니다. 모든 현상은 우리 마음이 그것을 어떻게 다루느냐에 따라 괴로움의 원인이 되기도 하고, 해탈의 원인이 되기도 합니다. 『반야심경』은 주로 대상으로서의 모든 현상(오온이나 사성제 등)이 아니라, 항상 주체로서 우리 마음, 그리고 그 마음이 이 모든 대상들을 어떻게 다루는지를 가리키고 있다는 것이 핵심입니다. 우리는 눈, 귀, 코, 혀, 몸을 어떻게 다룰까요? 우리는 감각 지각을 어떻게 다룰까요? 우리는 고통을 어떻게 다룰까요? 우리는 고통의 원인을 어떻게 다룰까요? 우리는 우리의 길을 어떻게 다룰까요? 그 길과 방법을 고착시키는 것이 있는 한, 그 길은 우리를 해방시키지 못합니다. 그것은 아마 어떤 도움을 줄 수는 있을 것입니다. 하지만 그것은 제한적이고 조건 지어져 있습니다. 그리고 완전한 해탈과 일체지를 주는 것은 아닙니다.

반야부 경전에서는 보살들에게 끊임없이 이 점을 상기시키며 "그것에 집착하지 않음으로써 바로 이것을 성취해야만 한다. 하지만 이제 이 위대한 성취를 했으니 앞으로 나아가라. 그것에 갇히지 말고 붙잡지 마라."라고 말합니다. 보살의 길에는 실제로 무언가를 깨닫는 여러 단계가 있습니다. 예를 들어 초지初地에서는 현상의 참된 본성을 직접 보는 것을 경험합니다. 하지만 이 깨달음조차 일종의 자기만족이나 미묘한 착각의 여정으로 바뀔 위험이 여전히 있습니다. 물론 이런 보살의 여정은 우리의 그것처럼 터무니없는 것은 아니지만, 여전히 자신에게만 특별한 무언가가 있다고 느끼는 미묘한 교만의 흔적이 남아 있을 수 있습니다. 그렇기 때문에 『반야심경』은 "그 어떤 것에도 교만해지지 말고, 심지어 교만해지지 않는 것에 대해서도 교만해지지 말라"고 끊임없이 경고합니다. 이처럼 공성과 그것을 깨닫는 지혜는 자아 팽창의 풍선에 구멍을 뚫는 칼이 되어 보살의 길을 지키는 안전장치입니다.

대승불교의 관점에서 볼 때 네 가지 고귀한 진리는 그저 또 다른 특징에 불과합니다. 고통의 진리는 괴로움의 특징을 나타냅니다. 고통의 원인은 취착(appropriation)의 특성을 나타내며, 이는 우리가 오온五蘊을 원인으로 하여 괴로움을 겪는 것으로 취착한다는 의미입니다. 고통의 원인에 대한 진리는 업(karma)과 번뇌(afflictions)로 구성되며, 이것들은 새로운 오온을 끌어들이거나 취착합니다. 이 과정은 한 생에서 다음 생으로뿐만 아니라 매 순간 일어납니다. 우리는 말 그대로 매 순간 우리의 존재를 다시 창조합니다. 우리의 삶과 경험은 전생이나 5일 전의 일뿐만 아니라 바로 이전 순간에 일어난 일에도 영향을 받습니다. 이것은 또한 다음 순간에 새로운 온의 조합을 구성하는 원인과 조건의 조합으로 들어갑니다. 소멸의 진리에는 평화, 즉 번뇌가 없다는 특징이 있습니다. 길은 지혜의 특징을 가지고 있습니다. 그것은 통찰 또는 깨달음입니다.

이 네 가지 고귀한 진리를 대승불교의 관점에서 어떻게 이해할 수 있을까요? 여기서 괴로움의 진리는 오온에 괴로움이 없음을 이해하는 것을 의미합니다. 그런데 그것은 오온이 괴로움이라고 말하는 원래의 가르침과는 정반대입니다. 불교에서 일반적으로 고통은 오온으로 구성되지만, 대승불교에서 첫 번째 고귀한 진리(苦聖諦)는 오온에는 본성이 없기 때문에 고통이 없음을 이해하는 것을 의미합니다. 그것은 『반야심경』에서 관자재보살이 처음에 오온의 본성이 공함을 보았을 때 말한 것과 같습니다. 오온에는 본성이 없기 때문에 자연히 고통이 없고, 다른 모든 것, 심지어는 그들 자신조차도 (본질적으로) 비어 있습니다. 그러므로 대승불교의 관점으로 볼 때 네 가지 고귀한 진리에 대해 어떤 것이 진리인지 의문을 가질 때, 오온이 괴로움이라고 말하는 것은 상대적인 진리일 뿐이고 궁극적인 진리는 아닙니다. 오온의 진정한 본질을 살펴보면 그것들이 실제로는 괴로움도 아니고 다른 어떤 것도 아니라는 것을 알 수 있습니다.

고통의 원인에 대해 대승불교의 관점에서 말하자면, 그것은 고통의 원인에 집착하거나 그것을 과장하여 덧붙이지 않는 것을 의미합니다. 일반적으로 고통의 원인은 업과 번뇌로 이루어져 있다고 하고, 그것들이 실제로 존재한다고 받아들여집니다. 하지만 여기서는 업과 번뇌가 고통의 원인이라는 개념을 내려놓습니다. 우리는 그것들이 실제로 고통의 원인이라는 본성을 가지고 있다는 생각을 덧씌우지 않습니다. 일반적으로 대승불교에서 고통의 주된 원인은 집착과 잘못된 견해입니다. 혼란스러워하고 그 혼란스러운 것에 집착하게 되는 것, 이 두 가지는 서로 끊임없이 강화됩니다. 실제로 우리는 명확히 아는 것보다 혼란스러워하는 것에 더 쉽게 집착하게 됩니다.

소멸의 진리에 관해 말하자면, 대개 평화라는 개념은 이전에는 고통이 있었고 이제 그 고통이 끝났다는 것을 의미합니다. 하지만 여기 대승불교에서 말하는 소멸의 본질은 오온이 애초에 결코 생겨나지 않고, 현재에 머물지 않으며, 나중에 사라지지 않음을 이해하는 것을 의미합니다. 다시 말해 소멸은 궁극적으로 아무 일도 일어나지 않는다는 것을 의미합니다.

마지막으로, 대승불교의 관점에서 볼 때 길의 진리(道聖諦)는 비이원적 지혜의 명상적 평정 속에 머물며 네 가지 고귀한 진리가 공임을 깨닫는 것입니다. 그것은 그 비이원적 지혜의 공성까지도 포함하는 것입니다. 다른 어떤 현상과 마찬가지로, 길(道)도 실질적이거나 실제 존재로 받아들여지지 않고 공空으로 여겨집니다. 그럼에도 불구하고 경전에서는 우리가 여전히 그 길을 가야 한다고 말합니다. 하지만 여기서 길을 간다는 개념은 길을 가는 사람도 없고, 길 자체도 없으며, 수단이나 목적지도 없다는 것을 의미합니다.

## 반야바라밀다조차 붙잡지 않기

하지만 최소한 이 모든 것을 깨닫는 반야에는 의지할 수 있다고 생각한다면, 『반야심경』은 그것마저도 인정하지 않습니다.

> 지혜도 없고, 얻음도 없고, 얻지 않음도 없다.

심지어 『반야심경』의 핵심인 비개념적이고 비이원적인 지혜인 반야바라밀다조차도 실제로 존재하지 않습니다. 반야는 존재하지 않습니다. 그러므로 반야의 최고 정점인 반야바라밀다도 존재하지 않습니다. 일반적으로 지혜는 결실 또는 성취라고 하지만, 엄밀히 말하면 무명이 없는 상태를 일컫는 이름일 뿐입니다. 그러므로 애초에 실제로 존재하는 무명이 없다는 것을 본다면, 무명이 없음이나 깨달음도 역시 없습니다. 특히 여기서의 "지혜"는 모든 번뇌장과 소지장을 버린 비이원적 지혜를 말합니다. 이것은 모든 현상을 알되, 그 어떤 현상에도 집착하지 않거나 방해받지 않는 상태를 의미합니다. 그러므로 지혜는 부처님의 일체지를 의미합니다. 모든 현상에 대한 부처님의 지각은 전혀 방해받지 않으면서도 지각하는 대상에 대한 소유 의식이나 집착이 전혀 없습니다. 하지만 그 지혜조차도 공하다는 것에서 예외가 아닙니다.

말할 필요도 없이, 도道와 과(果, 비개념적 지혜 또는 불성)가 없으면 그 어떤 것도 성취할 수 없습니다. 여기서 "성취"란 부처의 깨달음과 그것의 모든 특징(예를 들어 열 가지 힘〔十力〕과 네 가지 두려움 없는 마음〔四無畏心〕)을 의미합니다. 하지만 궁극적으로 이 깨달음은 성취할 수 없는 것입니다. 왜냐하면 부처의 지혜는 부처의 지혜로 식별할 수 없기 때문입니다. 하지만 만약 우리가 결국 아무것도 성취할 것이 없다고 포기하고 그것에 편안히 머문다고 해도 그것 역시 답이 아닙니다. 왜냐하면 "얻지 않음" 또한 존재하지 않기 때문입니다.

"얻지 않음"은 중생이 아직 부처님의 깨달음을 얻지 못했다는 의미로 이해할 수 있습니다. 또는 일반적으로 우리가 "얻음"에 대해 이야기할 때, 그것은 이전에 없던 무언가가 얻어지거나 새롭게 획득되었다는 것을 의미합니다. 그러므로 "얻지 않음"은 이전에는 존재하지 않았는데 새롭게 얻어진 것은 없다는 것을 의미할 수도 있습니다.

만약 불과佛果가 그런 것이라면 그것은 조건에 의해 만들어진 것이 될 것입니다. 만약 이전에는 존재하지 않다가 나중에 생겨난 것이라면 그것은 무상하여 결국 언젠가는 사라지게 될 것입니다. "얻음도 없다"는 말은 또한 불성이 모든 중생에게 고르게 내재해 있기 때문에, 불과와 관련하여 얻을 수 있는 것은 이미 우리의 마음속에 존재하고 있다는 것을 의미할 수 있습니다. 불성은 처음에는 없었다가 나중에 얻어지는 것이 아닙니다.

하지만 이것은 얻음이 전혀 없다는 것을 의미하는 것 또한 아닙니다. 왜냐하면 도道의 관점에서 보면 무언가를 얻은 것처럼 보이기 때문입니다. 즉 마음의 본성이 드러나고 그것을 있는 그대로 깨달을 때, 혼란의 관점에서는 이 본성을 처음에는 보지 못하다가 나중에는 본다는 점에서 변화가 있는 것처럼 보인다는 것을 의미합니다. 하지만 우리가 마음의 본성에게 "변화를 보았느냐?"라고 묻는다면 그 대답은 "아니오"일 것입니다. 그러므로 그것은 누구에게 물어보느냐에 달려 있습니다. 무명에게 물으면 고통이 있고, 번뇌가 있고, 도道가 있고, 과果가 있습니다. 하지만 불성에게 물으면 이 가운데 그 어떤 것도 실제로 존재하지 않습니다. 그러므로 불교에서는 올바른 질문을 하는 것뿐만 아니라 누구에게 질문하는가도 중요합니다. 우리가 설령 올바른 질문을 하더라도, 무명의 마음으로 묻는다면 그것은 여전히 충분하지 않을 것입니다. 마지막 답은 오직 지혜의 마음에서만 나올 수 있습니다.

불성의 관점에서 볼 때, 다섯 가지 길(五道)과 열 가지 단계(十地)에 대해 이야기할 때, 실제로 덕성이 늘어나거나 결함이 줄어드는 것은 아닙니다. 도道와 지地는 단순히 마음의 본성을 점진적으로 드러내는 과정입니다. 그것은 무명無明의 잠재적 경향이 점차 정화되거나 사라지는 과정을 통해 이루어집니다. 이러한 잠재적 경향은 알라야식이라고도 불립니다. 이 과정은 순수한 법계가 거울과 같은 지혜로 드러날 때 절정에 이릅니다. 무명의 관점에서는 거기에 어떤 변화나 진전이 있는 것처럼 보입니다. 예를 들어 태양이 구름에 가려졌다가 구름이 서서히 사라지면 태양을 점점 더 많이 볼 수 있습니다. 그래서 구름 아래 있는 존재들에게 물어보면 그들은 태양이 있거나 없다는 관점에서 변화가 있다고 말할 것입니다. 하지만 태양에게 물어보면 그런 변화는 없습니다. 마찬가지로 마음의 본성이나 법계法界의 관점에서는 이 본성이 증가하는 데 있어 어떠한 변화도 없습니다. 법계의 관점에서 보면 얻음도 없고 얻지 않음도 없습니다. 결국 이 "얻지 않음"을 어떻게 이해하든, 그것 역시 공성입니다.

이 마지막 구절은 흥미로운데, 그 이유는 지금까지 우리는 계속 "없다, 없다, 없다"라고만 말해 왔는데 경전이 갑자기 얻지 않음 또한 없다고 선언하기 때문입니다. 우리는 우리 마음이 모든 것에 대해 "없다"라고만 말하는 방식에 빠져드는 것을 볼 수 있고, 그것은 자칫하면 허무주의나 모든 것을 부정하는 극단으로 치우칠 수 있습니다. 하지만 그 부정 자체도 부정됩니다. 물론 그렇다고 해서 우리가 말했던 모든 "없다"를 되돌리고 원점으로 돌아간다는 의미는 아닙니다. 우리는 다시 돌아가는 것도 아니지만 그렇다고 더 나아가는 것도 아닙니다. 그래서 "얻지 않음"은 또한 얻어야 할 무언가를 위한 더 이상의 수행이 없음을 의미할 수 있습니다. 우리는 "얻지 않음"을 넘어서서 어떤 더 높은 성취에 도달하려고 하지 않으며, 그것을 실제적인 성취라고 생각하지도 않습니다. 그것은 마음이 점점 더 극단으로 치닫는 것을 지켜보며, 우리가 발 딛고 있던 모든 카펫(그리고 우리 자신의 발마저도)을 끌어당겨 극단적인 부정의 상태에 깊이 빠지게 되는 것을 의미합니다. 그리고 모든 것을 부정한 상태에 마음이 안착하고 "이제 알겠다."라고 생각하는 순간, 경전은 그 마지막 "없음"이라는 카펫마저도 빼앗아 갑니다. 그러면 우리는 떨어지게 됩니다, 왜냐하면 그것이 비유적으로 말하자면 마지막 카펫이었기 때문입니다. 우리는 그 어떤 토대도 없는 곳으로 끝없이 떨어집니다.

그러면 우리가 떨어질 절벽조차도 없고, 떨어지는 동안 바라볼 주변 환경도 없고, 착륙할 수 있는 그 어떤 곳도 없습니다. 우리에게 남은 것은 오직 추락하는 경험뿐입니다. 더 이상 디디고 설 수 있는 카펫도 없고, 발 딛고 내릴 곳도 없을 때 우리의 마음은 어떻게 느낄까요? 이 아무것도 기댈 것 없는, 아무런 토대가 없는 상태로의 추락은 이상한 추락입니다. 왜냐하면 실제로 그 어디에도 떨어지지 않고 떨어지는 사람도 없기 때문입니다. 그것은 움직이지 않으면서 떨어지는 것입니다. 우리는 같은 자리에 머물면서 떨어집니다. 그것은 우리가 경험하는 현재의 순간입니다. 다시 말해 우리의 마음은 있는 그대로 그 자리에 머물면서 그것이 어떤 것인지 온전히 경험합니다. 하지만 그것에 대한 더 이상의 언급이나 설명은 없습니다. 만일 있다면 그것은 *『반야심경』*의 목적에 어긋나는 것일 것입니다. 모든 카펫, 심지어는 날아다니는 카펫이나 카펫이 아닌 것들까지도 모두 사라진 그 지점에 도달했을 때, 우리는 무엇을 말할 수 있을까요? 우리가 말하는 어떤 것도 그저 또 하나의 카펫이 되어, 거짓된 안전의 느낌을 줄 뿐일 것입니다. 반면 반야부 경전의 핵심은 그 어떤 안전도 제공하지 않는 것입니다.

빠드마 까르뽀(Padma Karpo)는 여기에서 존재가 부정될 때, 이것이 공空이 비존재라는 의미는 아니라고 말했습니다. 만약 공이 단순히 존재의 부정이라면, 그것은 단지 비존재를 함의하지 않는 부정일 뿐인데, 이는 공의 진정한 의미를 제대로 이해하는 방식이 아닙니다. 왜냐하면 어떤 부정도 여전히 개념적인 대상일 뿐이며, 진정한 현상의 본성을 비개념적 지혜로 경험하는 것이 아니기 때문입니다.

**질문**: 이것은 보살의 길과 우리가 이러한 가르침을 일상생활에 어떻게 적용할 수 있는지로 돌아갑니다. 저는 누군가와 어려움을 겪고 있는 특정한 상황을 생각하고 있는데, 그 상황에서의 막힘과 고착의 경험이 매우 분명하게 느껴집니다. 그것은 상대방이 이 상황의 역학에 대해 매우 고정된 관점을 가지고 있기 때문입니다. 저에게는 무엇을 해야 할지 알 만한 방편이나 지혜가 부족합니다. 그저 열려 있으려고 하고, 매 순간 제 경험을 살펴보면서, 최소한 마음을 열고 도움을 주려고 시도할 수 있는 자원을 가지고 있다고 믿는 것 외에는 별다른 방법이 없습니다. 하지만 문제를 해결하려는 습관적인 패턴과 올바른 일을 하고 누군가를 돕고 싶어 하는 마음도 있습니다.

**KB**: 말씀하신 해야 할 일들을 넘어서서 우리가 살펴봐야 할 것은 다른 사람이 경직된 관점을 가지고 있다고 생각하는 것 자체가 경직된 관점이라는 점입니다. 개방적이라는 것은 다른 사람의 관점을 우리가 어떻게 바라보고 있는지, 그것이 실제로 경직되어 있는지, 아니면 우리가 어디에서 충돌하는지를 더 자세히 살펴보는 것을 의미하기도 합니다. 우리는 다른 사람의 관점이 우리에게 개인적으로, 어디에서 어떻게 경직되어 있는지 살펴볼 필요가 있습니다. 왜냐하면 그것이 또 다른 사람에게는 경직된 것이 아닐 수도 있기 때문입니다. 어떤 제3자는 "그래, 바로 그런 거야"라고 생각할 수도 있습니다. 그러므로 "충돌 구역"은 흥미로운 탐구의 영역입니다. 왜냐하면 그 어떤 경직된 관점도 오직 "다른 것"과의 비교 속에서만 경직된 것일 수 있기 때문입니다. 그 다른 것은 우리 자신의 관점 또는 우리 자신의 마음입니다. 그러므로 완전하고 진정한 개방성은 가장 경직되고 공격적인 관점에 대해서도 마찰을 일으킬 것이 없다는 것을 의미합니다. 거기에는 저항이 없고 충돌할 것도 없기 때문입니다. 마치 진공 속을 비행하는 미사일처럼, 그 어디에도 명중시켜야 할 목표물이 없습니다. 그러므로 다른 사람의 경직된 관점이 존재하는 것을 받아들이는 것도 열려 있음의 한 부분입니다. 내면에 공간이 클수록 그만큼 마찰은 줄어듭니다.

## 두려움 없는 투명한 금강

『반야심경』은 계속됩니다.

샤리뿌뜨라여, 이와 같이 보살들은 얻음이 없으므로 반야바라밀다에 의지하여 머물러 있다.

대부분의 주석에서는 이 구절이 "금강 삼매(the vajralike samādhi)" 라고 불리는 열 번째 경지의 마지막 순간을 의미한다고 말합니다. 이것은 깨달음을 얻기 전 마지막 순간입니다. 이 시점에서 보살들의 마음속 모든 기준은 완전히 평온해지며, 그들은 실제로 무언가를 집착하거나 깨닫거나 성취하려고 노력할 수 없습니다. 이 삼매는 모든 기준으로부터 자유로운 상태에 관한 것이지, 모든 기준에서 벗어나려고 노력하는 것이 아닙니다. 금강과 같은 삼매는 너무 미세하여 그 안에서 무언가를 하려고 하면 오히려 부처가 되는 것을 방해할 수 있습니다. 이 시점에는 우리가 어떤 명상 기법이나 해결책을 적용하더라도 그것은 오히려 걸림돌이 되고 더 장애가 될 뿐입니다. 이것은 이 시점에서 포기해야 할 것과 그 해결책의 마지막 희망을 완전히 놓아 버린다는 것을 의미합니다. 그 이름과는 다르게, 금강 삼매는 우리를 묶고 있는 마지막 밧줄을 적극적으로 끊는 것이 아니라, 어떤 기대나 두려움도 없이 있는 그대로의 마음의 본성에 머무는 것입니다. 금강(Vajra)이라고 하면 매우 단단하고 파괴할 수 없는 것을 나타내지만 파괴할 수 없는 것에는 두 가지 유형이 있습니다. "금강"은 어떤 것으로도 파괴할 수 없는 가장 단단한 것을 의미할 수도 있지만, 다른 모든 것을 파괴하는 가장 강력한 무기를 뜻하기도 합니다. 하지만 금강 삼매는 파괴할 수 없는 것입니다. 왜냐하면 그 안에는 공격받거나 파괴될 수 있는 그 어떤 것도 없기 때문입니다. 이는 포기해야 할 요소와 그 해결책이 모두 존재하지 않는다는 최종적인 깨달음입니다. 그것은 최고의 깨달음입니다. 이제 우리는 모든 대응책, 조작, 정화, 개선, 또는 다른 모든 것을 잊어버릴 수 있습니다. 이 삼매는 허공처럼 투명하고 그 어떤 장애도 없기 때문에 파괴할 수 없는 것입니다. 우주는 전혀 단단하거나 견고하지 않지만, 여전히 파괴할 수 없는 것입니다. 왜냐하면 그 안에 공격받을 수 있는 것이 아무것도 없기 때문입니다.

이 삼매는 견해(見), 명상(修), 결실(果)이 진정으로 분리되지 않는 마지막 지점이기도 합니다. 견해는 어떤 기준점도 없는 공성의 견해입니다. 명상은 그 공성을 이해하거나 그 공성의 절반 또는 4분의 3을 깨닫는 것이 아니라 마침내 완전히 그 공성이 되는 것을 의미합니다. 다시 말해 직접적인 체험 안에서는 기준점으로부터의 자유와 기준점으로부터 자유로워졌음을 깨닫는 것 사이에 차이가 없습니다. 그것은 단순한 개념이나 사실이 아니라 바로 그 순간 우리의 마음이 그러한 상태에 있는 것입니다. 이것이 바로 마음이 파괴될 수 없는 이유입니다. 마하 무드라의 입장에서, 금강 삼매는 평상심에서 쉬는 것을 의미합니다. 더 정확히 말하면, 단순히 이원론적인 데 머무르는 것이 아니라, 마음이 평범한 마음으로 존재하고, 본래의 마음으로 존재하며, 자신의 공간에서 집처럼 편안하고 자유로운 상태를 의미합니다. 티베트어에서 "명상(meditation)"이라는 단어는 익숙해지다라는 의미를 가지고 있습니다. 그것은 곧 견해에 익숙해진다는 의미입니다. 그러므로 익숙해짐의 마지막 지점은 우리가 익숙해진 것과 같아지거나 그것을 구현하는 것입니다. 익숙해진 대상과 익숙해지게 만든 주체 사이에 차이가 없는 것입니다. 그러므로 견해와 명상은 결국 완전히 구분할 수 없는 상태가 됩니다.

다음으로 경은 이렇게 이어집니다.

그들의 마음에는 장애가 없으므로 두려움이 없다.

보살지에 있는 보살이 명상의 평정 상태에 머물면 거기에는 더 이상 걸림이 없고, 깨달음에 있어서 그들은 부처와 같습니다. 하지만 명상에서 나오면 부처와 같지 않습니다. 그것은 명상 이외의 상황에서 깨달음을 온전히 유지할 수 없기 때문입니다. 그러므로 십지는 명상의 평정 상태에서의 깨달음을 우리가 마주치는 모든 상황으로 가져오는 훈련입니다. 명상할 때가 아니면 이 보살들에게 온갖 이원론적인 모습이 나타납니다. 하지만 보살과 우리의 차이점은 이러한 모습들이 환상처럼 나타난다는 것만이 아닙니다. 보살은 그것이 환상임을 즉시 알아차리고 더 이상 그것에 사로잡히지 않습니다. 그러므로 환상의 보살은 환상의 대상을 가지고 환상의 중생을 위해 환상의 행위에 참여합니다. 바로 이런 이유 때문에 직접적으로 공성을 깨닫는 명상의 평정 상태 밖에 있는 이 보살들의 마음 상태를 "여환삼매如幻三昧"라고 부르는 것입니다. 이와 같이 보살들에게는 우리가 "명상 후"(그것은 휴식처럼 들립니다)라고 부르는 것도 없습니다. 왜냐하면 그들의 "명상 후"는 또 다른 삼매일 뿐이고 그들은 그 안에서 온갖 이타적인 행위를 수행하기 때문입니다. 이것은 행위 가운데서의 삼매입니다. 그 가운데 보살은 그들이 하는 모든 일에 깨달음을 통합합니다. 우리는 늘 그렇게 하려고 노력하지만 대부분 실패합니다. 하지만 보살은 끊임없이 그렇게 합니다.

보살들이 정식 명상 상태에 있지 않을 때 경험하는 유일한 장애는 특징에 대한 약간의 느낌과 이중성에 대한 약간의 느낌일 뿐이며, 보살지(地)의 단계에서는 더 이상 실재에 대한 집착이 없습니다. 특징에 집착하는 것에 대해 말하자면, 예를 들어 꿈을 꾸고 깨어났을 때 꿈속에 나타난 사람이 갈색 머리와 파란 눈을 가졌다고 이야기하고 이름을 붙이는 것과 같습니다. 그런 특징을 말하지만 그 대상이 실제로 존재하지 않는다는 것을 완벽히 알고 있습니다. 하지만 특징을 부여함으로써 형상을 어느 정도 실체화할 수는 있습니다. 마찬가지로 초지初地에서부터 칠지七地에 있는 동안 보살들은 그 어떤 것이 나타나더라도 그것이 실제로 존재하지 않는다는 것을 항상 명확히 알고 있지만, 여전히 환영과 같은 형상에 이름을 붙입니다. 십지十地의 마지막 순간까지도 이원성의 미세한 인식이 있고, 주체와 대상의 차이를 경험합니다. 예를 들어 보살의 감각지각에 있어서 여전히 대상이 외부에 있는 것처럼 보이지만, 그들은 그것이 외부에 있지 않다는 것을 완전히 인식하고 있습니다. 이는 우리의 일반적인 지각과는 매우 다릅니다. 우리는 대상을 외부에 실재하는 것으로 여길 뿐만 아니라 그 대상이 진짜라고 생각하고, 나아가 그것을 지각하는 주체 역시 진짜라고 믿기 때문입니다. 마지막으로, 붓다의 경지에 이르면 "명상 후"에도 이러한 장애가 전혀 없고, 이는 "명상"과 "명상 후"의 차이가 더 이상 없다는 것을 의미합니다. 다시 말해 명상과 행위가 완전한 합쳐진 것입니다.

어쩌면 요즘 같은 시대에 『반야심경』의 가장 핵심적인 메시지는 "보살은 두려움이 없다"는 말일지도 모릅니다. 사람들은 세상과 다른 사람들로부터 분리되어 있다고 느끼고 모든 것을 두려워하는데, 그것이 요즘 세상의 주요 문제인 것 같습니다. 물론 나쁜 일에 대한 두려움도 있지만 좋은 일에 대한 두려움(예를 들어 사랑에 대한 두려움)도 있고, 심지어는 두려움 자체에 대한 두려움도 있습니다. 문자 그대로 모든 것을 두려워하는 사람도 있습니다. 그렇다면 보살과 부처님에게는 왜 두려움이 없을까요? 이 문장은 로종(*lojong*, 마음 수행) 가르침에서 "최고의 보호는 공성空性이다"라는 말에 해당합니다. 더 많은 벽을 세우거나 방어 기법을 사용하려고 할수록 두려움은 커집니다. 세계 곳곳에서 이런 것을 목격할 수 있습니다. 사람들을 막기 위해 벽과 울타리를 아무리 높이 쌓아도 점점 더 피해망상이 심해질 뿐입니다.

앞에서 얼음과 물의 비유에 대해 이야기한 적이 있습니다. 수행의 길에서 큰 얼음 덩어리인 윤회의 존재나 오온으로 시작하면, 그것은 차갑고 단단하며 날카롭고 울퉁불퉁해서 쉽게 상처를 입을 수 있습니다. 물과 달리 얼음은 부드럽거나 유연하거나 순응적이지 않습니다. 수행의 길에서 우리의 역할은 이 윤회의 얼음 덩어리를 녹이는 것입니다. 얼음을 녹일수록 물이 많아집니다. 그 물은 얼음을 녹인 결과물이라는 성질 외에도 얼음을 더 빨리 녹이는 성질을 가집니다. 큰 얼음 덩어리를 싱크대에 그냥 놔두면 녹는 데 시간이 오래 걸리지만, 싱크대의 배수구를 막아서 녹은 물이 얼음을 둘러싸게 하면 얼음은 더 빨리 녹습니다. 그렇게, 녹은 물은 얼음을 녹이는 촉매제가 됩니다. 이와 마찬가지로 수행의 진전과 번뇌와 장애의 해소는 처음에는 다소 느릴 수 있습니다. 얼음이 실제 물로 변하기 전에 부드러워지는 것처럼 우리의 경직된 견해와 습관적인 패턴이 먼저 부드러워지고, 그것이 녹아 공성과 자비의 물로 변합니다. 그 물이 많이 생길수록 나머지 장애가 더 빨리 녹아내립니다.

이제 버려야 할 요소들과 그에 대한 해독제의 실체가 없다는 것을 알게 되면, 두려움이 점점 사라지게 됩니다. 정말로 상처받을 것이 없고 우리에게 상처를 줄 것도 없다는 것을 깨달을 때 두려움의 근원이 사라집니다. 이것을 "영웅의 보행 삼매(the samādhi of a hero's stride)"라고 하며, 그것은 경전에서 설명하는 또 다른 삼매입니다. 일반적인 의미에서 이것은 보살들이 보살지에서 두려움 없이 나아간다는 것입니다. 그들은 좋든 나쁘든, 유익하든 해롭든 모든 것을 환상처럼 인식할 뿐만 아니라 점점 더 자신감을 가집니다. 이것은 일반적인 의미에서 영웅의 자신감, 예를 들어 대단한 근육, 압도적인 화력, 방탄조끼 등을 갖는 것이 아니라, 우리 자신과 우리가 처한 상황의 투명성에 대한 자신감입니다. 이것은 어떤 사람이나 상황에 대해서도 가장 적절하게 대응할 수 있다는 자신감을 의미합니다. 우리 자신과 우리를 둘러싼 상황이 투명해질수록 최악의 상황을 대비한 확정된 계획을 세울 필요가 없어지고, 실제로 무슨 일이 일어나는지 더 잘 볼 수 있게 되어 자연스럽게 문제 해결을 위한 아이디어가 많아집니다.

우리는 대개 모든 상황에 대비하기 위해 천 가지 시나리오를 위한 천 가지 계획을 세워야 한다고 생각합니다. 하지만 만약 1,001번째 시나리오가 발생하면 어떻게 해야 할까요? 그때는 준비된 계획이 없기 때문에 어떻게 해야 할지 몰라 당황하게 됩니다. 예상치 못한 사람이나 상황에 대처하기 전에 다시 생각을 정리하고 새로운 계획을 세워야 한다고 느낍니다. 이러한 접근법은 분명히 한계가 있고, 조건적이며, 이분법적입니다. 여기서 두려움 없음이라는 개념은, 아무리 좋아 보이는 계획과 전략이라도 모두 버리고, 우리 존재가 본질적으로 기댈 수 있는 그 어떤 토대도 없다는 사실에 편안히 머물며, 그 여유로움 속에서 행동하는 것입니다. 그 여유로움 안에는 올바른 일이 일어날 수 있는 충분한 여지가 있습니다. 특히 티베트 전통에서는 계획을 세우지 않는 것이 좋은 것으로 여겨집니다. 어떤 계획을 가지고 있든 간에 어차피 그것은 잘 되지 않을 것이기 때문입니다. 이것이 큰 틀의 계획입니다.

일반적으로 말하자면 두려움은 불교의 "사법인四法印"과 반대되는 것에 집착하는 데서 비롯됩니다. 즉 "네 가지 잘못된 견해"에 집착하는 데서 생긴다고 할 수 있습니다. 사법인은 이렇게 말합니다.

조건 지어진 모든 것은 무상하다.
오염된 모든 것은 고통이다.
모든 현상은 공하고 자아가 없다.
오직 열반만이 평화다.

우리는 보통 조건 지어진 현상의 영원함에 집착하고, 번뇌와 업에 의해 생성된 오염된 현상을 행복으로 여기며, 현상들이 실제로 존재하고 고유한 본성을 가지고 있다고 믿습니다. 그리고 윤회에서 평화를 찾으려 합니다. 이 모든 것은 두려움을 야기하며, 이는 기본적으로 고통의 근본적인 경험을 다른 말로 표현한 것입니다. 그것은 우리가 원하는 것을 얻지 못하거나 잃어버리는 것에 대한 두려움, 원하지 않는 것을 만나는 것에 대한 두려움입니다. 이런 의미에서 두려움은 다음에 일어날 일을 통제할 수 없다는 것을 의미합니다. 사실 모든 계획과 안전 조치가 있다고 해도 다음 순간에 어떤 일이 일어날지는 아무도 알 수 없습니다.

마찬가지로 "네 가지 잘못된 견해"라는 관점에서 보면, 보통 사람들은 자신의 몸이 적어도 어느 정도는 순수하다고 여기고 집착합니다. 우리는 몸이 온갖 종류의 완전히 더러운 물질로 이루어져 있다는 것에 대해 명상하지 않습니다. 이것은 몸의 더러움에 대한 명상(不淨觀)에서 다루는 것입니다. 우리는 또한 감정을 행복이라고 여기고 집착합니다. 우리가 어떤 감정을 느끼든, 심지어 부정적이거나 고통스러운 감정이라고 해도 거기에는 존재의 생생함의 느낌이 있습니다. 설령 기분이 나쁘더라도 적어도 감정이 없는 것보다는 어떤 식으로든 살아 있음을 느낍니다. 다음으로, 우리는 어떤 의미에서든 우리의 마음을 자기 자신이라고 여기고 집착합니다. 마지막으로, 우리는 모든 현상을 영원한 것으로 여기고 집착합니다. 반드시 영원하지는 않더라도 일정한 시간 동안 변화하지 않고 지속된다고 생각합니다. 우리는 정말로 현상이 말 그대로 매 순간 변화한다는 의미에서 무상한 것이라는 생각을 하지 않습니다.

최근의 사건들을 보면 특정한 사람, 상황, 국가, 또는 민족이나 종교 집단을 견고한 것으로 만듦으로써 두려움이 어떻게 만들어지고 확대되는지를 쉽게 알 수 있습니다. 그것은 마치 자신의 꿈을 견고하게 만드는 것과 같습니다. 꿈에서 깨어나지 않으려고 안간힘을 쓰며 꿈을 더 악화시키는 것 같고 심지어는 일부러 악몽을 꾸는 것과도 같습니다. 간단히 말해서, 사람과 사물을 더 견고하게 만들면 만들수록 그것은 더 실제적인 것이 되고, 더 두려운 것이 될 수 있습니다. 사물들이 보이는 것만큼 견고하지 않다는 것을 깨닫는 것만으로도 우리의 두려움은 근본적으로 줄어듭니다. 심지어 조금 다른 관점만 가져도 두려움은 줄어듭니다. 반드시 공성을 깨닫지 못해도 마음의 공간을 더 많이 갖고 긴장을 풀기만 해도 두려움은 줄어듭니다. 정신적인 공간이 부족하다는 것은 두려움이 커지는 것을 의미하고, 정신적인 공간이 넓어진다는 것은 두려움이 줄어드는 것을 의미합니다. 마침내 윤회에서 단단하게 굳어진 현상에 대한 우리의 온갖 조작적인 생각과 행동에 깃든 환상의 본질을 직접 볼 때, 이를 가리켜 공성의 깨달음이라고 합니다.

## 어디에도 머무르지 않음에 이르다

경전은 계속됩니다.

그들은 무명을 다 여의고 완전한 열반에 이른다.

보살들이 모든 종류의 무명을 완전히 초월했다는 것은, 부처님의 깨달음의 결실인 법신法身에 어떠한 결함이나 오류도 없다는 뜻으로 해석할 수 있습니다. 또는 무명이란 현상을 실재하는 것으로 보고 실재성을 부여하는 것임을 말합니다. 다른 말로 하자면 진정한 실상을 잘못된 방식으로 보는 것을 의미하는데 이는 마치 정원의 호스를 뱀으로 착각하는 것과 같습니다. 그것은 또한 보살(견도 이후의)과 부처가 무명의 잠에서 깨어난 것을 의미하기도 합니다. "완전한 열반에 이른다."는 것은 법신("무명을 완전히 초월했다"는 것으로 표현됨)의 자연스러운 흐름으로 나타나는 두 가지 색신色身을 가리킵니다. 이는 불과(buddhahood)—보이지 않고 만질 수 없는 법신—의 측면에 해당하고 다른 존재들을 위해 보이고 만질 수 있는 모습을 취한 것입니다. 부처님이 다른 존재들에게 자신을 드러내고 그들을 가르치고 이롭게 하는 방식은 바로 색신을 통한 것입니다. "완전한 열반"은 대승불교의 머무르지 않는 열반, 즉 무주열반無住涅槃을 의미하기도 합니다. 부처님은 지혜(般若)를 통해 윤회에 머무르지 않지만, 대자비를 통해 열반에 머무르지도 않습니다. 그때의 열반은 온갖 편의시설이 있고 윤회의 세계가 잘 보이는 좋은 전망을 갖춘 자신의 펜트하우스에 머물면서 더 이상 윤회에 관여하지 않는다는 의미입니다.

더 나아가 "완전한 열반"은 부처가 무명의 잠에서 깨어났을 뿐만 아니라 그 마음을 모든 현상으로 확장하여 일체지를 가진 존재가 되었다는 의미입니다. "붓다"라는 단어의 두 가지 중요한 의미 가운데 하나는 "깨어나다"입니다. 그렇기 때문에 부처님을 "깨어난 자"라고도 부르는 것입니다. 다른 하나는 "펼쳐지다"이고 마치 연꽃의 꽃봉오리가 피어나는 것과 같습니다. 또한 마음이 꽉 쥔 주먹처럼 윤회에 갇혀 있다가 그 주먹을 놓고 펼치는 것이 열반이라고 이해할 수 있습니다. 마음의 본성은 혼란스럽고 이원론적이며 편집증적인 꽉 쥔 주먹 안에서도 언제나 그대로입니다. 하지만 열반은 마음의 본성이 마침내 스스로를 온전히 펼치고 그 완전한 열림과 생생함 가운데서 그 자체로 존재할 수 있는 공간을 갖게 된다는 의미입니다. 보살도의 끝에서 완전한 열반은 단순히 자연적 열반, 즉 모든 현상의 본성인 자연적 공성으로 돌아가는 것을 의미한다고도 할 수 있습니다. 마지막 깨달음은 공성이 누군가(이를테면 부처) 또는 어떤 것(이를테면 비개념적 지혜)에 의해 깨달아지는 것이 아니라 공성이 그저 있는 그대로 존재하는 경험입니다.

다음으로 경은 이렇게 말합니다.

> 삼세에 머무시는 모든 부처님들은 반야바라밀다에 의지하여 무상정등각에 완전히 이르신다.

『반야심경』은 궁극적으로 얻음도 없고 얻음이 없음도 없다는 것을 분명하게 밝힌 다음, 여기에서는 상대적인 길 또는 겉으로 보이는 길의 관점에서 보살들이 완전한 열반을 얻고 최고의 깨달음에 이른다고 합니다. 상대적인 관점에서 볼 때, 그것을 실체화하거나 고정된 것으로 집착하지 않는 한 열반과 부처의 경지를 성취하는 것이 존재합니다. 다시 말해서 무언가를 얻으려고 하거나 무언가를 위해 애쓰는 한 진정한 성취는 없습니다. 원하는 것, 애쓰는 것, 목표 지향을 내려놓고 자기 자신은 돌보지 않은 채 타인의 안녕을 위해 그저 보살행을 실천하면 깨달음이나 부처가 되는 것은 자연스럽게 옵니다. 다른 말로 하자면 부처가 되는 것은 보살도의 과정에서 나오는 부산물일 뿐입니다. 보살도의 주된 목적과 기능은 모든 중생이 고통에서 벗어나도록 돕는 것이지 자기 자신을 위해 부처가 되는 것이 아니기 때문입니다. 그러므로 우리는 부처의 경지를 실제로 성취할 수는 없지만, 그것이 자연스럽게 일어나도록 허용할 수는 있습니다. 부처가 되는 것을 방해하는 모든 장애를 없애는 수단은 바로 반야바라밀다이고, 그래서 반야바라밀다는 모든 부처의 어머니라고 불리는 것입니다. 반야바라밀다를 통해 공성에 익숙해지면 무명의 잠에서 깨어나는 결과를 얻게 됩니다. 그렇기 때문에 『반야심경』에서는 삼세의 모든 부처님들이 반야바라밀다를 통해 깨달음을 완전히 이루었다고 말합니다.

앞에서 말했듯이 반야바라밀다는 수단인 동시에 결과이기도 합니다. 그것은 부처가 되는 것이 비개념적이고 비이원적인 붓다의 지혜인 반야의 궁극적인 완성이기 때문입니다. 이와 같이 반야는 얼음이 녹아 물로 변하는 것처럼 물과 매우 비슷하게 작용합니다. 앞에서 말한 것처럼 얼음이 녹은 결과가 물이지만, 이 물은 남은 얼음을 더 녹이는 과정에 적극적으로 참여합니다. 마찬가지로, 반야바라밀다 또는 우리 마음의 본성인 불성은 무기력하고, 중립적이고 비활동적인 것이거나 우리가 발견하기를 기다리고 있는 수줍은 잠자는 숲속의 미녀와 같은 것이 아닙니다. 그것은 우리에게 늘 깨우는 신호를 보냅니다. 하지만 우리는 대부분 그 신호를 무시합니다. 만일 우리 안의 불성이 보내는 깨어남의 신호에 귀 기울이고, '조금만 더 자기' 버튼을 계속 누르지 않는다면, 결국 우리는 완전히 깨어나 마음의 넓은 하늘 아래, 비이원적 지혜의 밝은 빛 속을 걸어가게 될 것입니다.

이 모든 것을 견해(見, view), 명상(修, meditation), 행위(行, conduct), 결실(果, fruition)의 측면에서 요약하자면, 견해는 어떤 번뇌의 현상이나 정화된 현상을 관찰하지 않음으로써 자유로워지면 거기에는 생겨남도 없고 사라짐도 없다는 것입니다. 명상은 바로 그 상상할 수 없는 공성 안에 머무는 것을 의미합니다. 여기서 말하는 견해는 엄밀히 말하면 개념적 마음의 대상으로서의 견해가 아닙니다. 물론 처음에는 그렇게 시작하지만, 참된 견해란 공성이나 마음의 본성을 처음으로 진실하게 체험하는 것을 가리킵니다. 그때 우리는 정말로 우리가 무엇을 말하고 있는지 알 수 있습니다. 그전에는 공성이 단지 모호한 개념일 뿐입니다. 관점은 반야부 경전이 말하는 것을 실제로 보는 것을 의미합니다. 그렇게 해야만 그것에 진정으로 익숙해질 수 있습니다. 그것이 무엇인지 명확하고 직접적으로 경험하지 못하다면 단지 모호한 개념에 익숙해지는 것일 뿐입니다. 족첸과 마하무드라 전통에서 이것은 직접적으로 본질적인 깨달음을 가리키는 가르침을 의미합니다. 족첸과 마하 무드라에서의 견해는 개념적 분석을 통해 확립하는 것이 아니라 직접적으로 경험해야만 하는 것입니다. 마하 무드라에서의 "평상심" 또는 족첸의 "알아차림(*rigpa*)"은 마음의 본성을 경험하는 것을 뜻합니다. 그러므로 명상은 그 경험에 익숙해지고 그것을 계속 유지하여 빈틈이 없게 만드는 것을 의미합니다. 우리가 마음의 본성을 경험할 때 미혹한 이원론적 마음의 경험에는 틈이 있습니다. 이것은 "좋은" 틈입니다. 그리고 우리는 그 틈의 경험을 틈이 없는 것으로 만드는 훈련을 하여, ***릭빠***(*rigpa*)에 있지 않은 "나쁜" 틈이 없도록 해야 합니다. 이 "나쁜" 틈은 무명(티베트어로 *marigpa*)을 의미합니다.

그다음으로 행위는 우리가 무엇을 하든 그 알아차림의 경험에서 분리되지 않는 것을 의미합니다. 이것은 실제로 견해와 명상에 어떤 것도 더하지 않습니다. 그 핵심은 단순히 우리가 하는 모든 신체적, 언어적 행위에 그 견해와 명상을 이어가는 것입니다. 좀 더 전문적으로 말하자면, 행위는 부처님 가르침의 핵심 의미를 반복적으로 되새기면서 결코 공성으로부터 분리되지 않는 것을 의미합니다. 사람들은 종종 일상적인 삶에서 법을 어떻게 적용할 수 있을지 궁금해 합니다. 많은 사람들이 공성, 불성, 마하무드라, 족첸에 대한 온갖 가르침을 들은 후 20년, 30년이 지난 지금도 "어떻게 하면 일상적인 삶에 법을 적용할 수 있을까요?"라고 묻습니다. 그들은 여전히 이 모든 가르침을 넘어서 다른 무언가를 찾고 있습니다. 이를테면 삶의 모든 상황에 대처할 수 있는 어떤 요령이나 5가지 계획 같은 것을 찾고 있는 것입니다. "상사와 문제가 생기면 어떻게 해야 하나요?" "배우자와 문제가 생기면 어떻게 해야 하나요?" "반려견과 문제가 생기면 어떻게 해야 하나요?" 우리는 늘 방석 위나 법당 안의 법의 삶이 우리가 하는 나머지 모든 것과는 다르다고 생각하면서 각각의 모든 상황에 맞는 상세한 처방을 찾고 있습니다. 하지만 일상의 삶에 법을 적용하는 실제적인 방법은 우리가 마주하고 참여하는 모든 것에 견해와 명상을 접목하는 것입니다. 이것은 모든 상황에서 마음의 본성에 대한 경험과 연결되는 것을 의미합니다. 그것이 바로 계획입니다. 하지만 이것은 사실 계획이 아닙니다. 그래서 아마 계획 지향적인 서양인이 "일상적인 삶 속의 법"을 위한 정교한 조언으로서 우리가 만나는 모든 것에 견해와 명상을 결합시키라고 하는 개념에 매력을 느끼지 못하는 듯합니다.

마지막으로, 이 모든 것의 결실은 가능한(그리고 불가능한) 모든 상황에 견해와 명상을 적용하는 데 성공하는 것입니다. 명상과 명상이 아닌 것, 명상과 행위, 법의 삶과 일상적인 삶 사이에는 더 이상 아무런 차이가 없습니다. 좀 더 전문적으로 말하자면 부처님에게는 지혜의 마음의 대상이 없고 중생에게는 의식의 대상이 없습니다. 또한 비개념적인 지혜나 알 수 있는 대상의 더러움도 존재하지 않습니다. 그러므로 얻을 것도 없고 잃을 것도 없습니다.

### 만뜨라 – 경계 너머로의 도약

이것으로 『반야심경』의 가르침 부분이 끝났습니다. 다음은 반야바라밀다의 만뜨라입니다.

그러므로 반야바라밀다의 위대한 만뜨라, 위대한 통찰의 만뜨라, 위없는 만뜨라, 비할 데 없는 것과 같은 만뜨라, 모든 고통을 평온하게 하는 만뜨라인 반야바라밀다의 만뜨라는 속임이 없으므로 참된 것으로 알려져야 한다.

만뜨라는 일반적으로 금강승과 관련이 있지만, 만뜨라가 등장하는 경전은 많습니다. 말 그대로 "만뜨라"는 "마음을 보호한다"는 뜻입니다. *만*(*Man*)은 *마나스*(*Manas*, "마음"을 뜻하는 많은 산스끄리뜨어 가운데 하나)의 약어이며, *뜨라*(*tra*) 또는 *뜨라야*(*traya*)는 "보호"를 의미합니다. 이것은 마음의 본성이 우발적인 더러움(stain)이나 번뇌 또는 장애로부터 보호된다는 것으로 해석할 수 있습니다. 또는 *만*(*man*)은 지혜를, *뜨라*(*tra*)는 자비 또는 방편을 의미하기 때문에 만뜨라는 지혜와 자비의 결합을 가리킵니다. 여기서 *만*(*man*)과 *뜨라*(*tra*) 이 두 음절은 지혜와 자비가 자연스럽게 흘러나온 것입니다. 그러므로 실제 만뜨라는 지혜와 자비의 분리할 수 없는 상태입니다. 위대한 보살들과 부처님들은 음절이 어떤 효과를 발휘할 수 있도록 가피를 내릴 수 있다고 합니다. 음절에 성수 같은 것을 뿌려서가 아니라 마음이 삼매에 머무르게 하기 때문에 그렇습니다. 그러므로 만뜨라의 음절은 그 삼매의 자연스러운 흐름이나 결과를 나타냅니다. 이와 같이 실제 만뜨라는 마음의 본성에 안주하는 삼매의 상태이며, 이는 지혜와 자비의 궁극적인 결합을 의미합니다. 이것은 특정 음절로 상징될 뿐만 아니라, 이 음절들은 삼매의 유익한 에너지로 "충전"되어 있기 때문에 명목상의(nominal) 만뜨라가 됩니다. 여기서, 공성의 깨달음은 매우 강력하기 때문에 이원론적 투사나 기준점으로부터 마음을 보호한다는 점에서 만뜨라와 같습니다.

이 반야바라밀다의 만뜨라는 안과 밖의 모든 장애를 없애기 때문에 "위대한" 만뜨라입니다. "위대한 통찰의 만뜨라"에 대해 말하자면, 문자 그대로 "통찰"을 뜻하는 산스끄리뜨어는 비드야(*vidyā*, 티베트어 *rigpa*)입니다. 이는 "앎"을 의미하며 무명(*advidyā* 또는 *marigpa*)과 반대되는 단어입니다. 그것은 위대한 통찰의 만뜨라, 또는 비드야(*vidyā*) ***만뜨라***라고 불립니다. 왜냐하면 그것이 어떤 견고한 외부 현실에 대한 미혹도 다 극복하기 때문입니다. 또는 무명을 없애고 통찰이나 지혜를 낳아 아비드야(*advidyā*)를 없애고 비드야(*vidyā*)를 일으킨다고 해서 그렇게 불립니다. 또한 외부와 내부 차원의 견고한 실재에 대한 모든 미혹을 극복하기 때문에 "위없는 만뜨라"라고도 합니다. 또는 주체, 대상, 행위의 세 가지 영역으로부터 자유롭다는 의미에서 위없는 만뜨라라고 합니다.

이 만뜨라가 "비할 데 없는 것과 같은"이라고 할 때, "비할 데 없는" 것은 불과(佛果, Buddhahood)를 의미하며, 공성空性이 바로 그 비할 데 없는 것, 즉 불과와 같은 만뜨라입니다. 이것은 공성이 중생들을 불과에 이르게 할 수 있기 때문입니다. 공성은 붓다가 되는 것에 이르기 위한 수단이고, 만뜨라는 특정한 목적을 위해 쓰이기 때문에 그런 의미에서 공성은 만뜨라와 같은 것입니다. 이것은 공성이 그 자체가 목적이 아니라 도구라는 사실을 다시 한 번 강조합니다. 또는 "비할 데 없는 것과 같은"이라는 표현은 붓다의 법신은 같지만 그들의 색신은 같지 않다는 의미로 이해될 수 있습니다. 또한 반야바라밀다는 모든 붓다의 지혜, 깨달은 행위와는 같지만 중생, 성문, 연각의 마음, 그리고 행위와는 같지 않습니다.

반야바라밀다 만뜨라는 "모든 고통을 평온하게 하는 만뜨라"이기도 합니다. 반야바라밀다는 괴로움뿐만 아니라 괴로움의 원인과 조건도 없애 줍니다. 또는 반야바라밀다는 모든 고통을 끝내는 길을 가르치기도 합니다. 어떤 주석서에 따르면 반야부 경전을 암송하고 마음에 새기고 외우고 마음속으로 끊임없이 독송하고 다른 사람에게 설명하면 모든 문제와 질병이 사라지고 부처님과 보살의 보호 아래 있게 된다고 합니다. 다시 말해서 반야바라밀다를 수행하면 번뇌의 바다를 완전히 뒤엎을 수 있습니다.

반야바라밀다의 만뜨라는 "속임이 없으므로 참된 것으로 알려져야 한다."고 했습니다. "알려져야 한다"라는 말은 반야바라밀다가 불과를 이루는 원인임을 가리킵니다. 그것은 우리가 적극적이고 개인적으로 일구어야 하는 것입니다. 그것은 단지 종이에 적힌 글자로 남겨 두는 것이 아니라 우리 마음속에 통합해야 하는 것입니다. 반야바라밀다는 유일한 궁극적인 "진리", 또는 궁극적인 실재입니다. 해탈에 이르는 세 가지 문이라는 측면에서, 궁극적으로 그것은 몸의 측면에서는 상이 없고(無相) 참된 것입니다. 왜냐하면 그것이 몸으로 수행되는 것이 아니기 때문입니다. 말의 측면에서는 바람이 없고(無願) 참된 것입니다. 왜냐하면 말로 표현되지 않기 때문입니다. 마음이라는 측면에서 그것은 공하고 참된 것입니다. 왜냐하면 마음으로는 상상할 수 없기 때문입니다. 다른 모든 것들과는 달리 반야바라밀다(또는 공성)는 어떤 형태의 속임수로도 이어지지 않기 때문에 참되며, 그렇기에 붓다가 되는 참된 길입니다. 반야바라밀다(또는 공성)로는 혼란스러워질 수 없습니다. 만약 더 혼란스러워진다면 그것은 우리가 공성과 함께 수행하지 않고 다른 것을 했기 때문입니다. 또한 반야바라밀다는 속이지 않는다고 합니다. 그것은 우리가 모든 소원을 이루기 때문입니다. 여기서 소원은 보살의 동기와 길에 상응하는 것을 의미합니다. 반야바라밀다는 또한 의심을 없애기 때문에 속이지 않습니다. 앞에서 말했듯이 반야의 주요 특징 가운데 하나는 사물이 실제로 어떻게 존재하는지에 대해 돌이킬 수 없는 확신을 얻는 것입니다.

반야바라밀다의 만뜨라에 대한 이러한 설명 뒤에 만뜨라가 이어집니다.

반야바라밀다의 만뜨라는 다음과 같이 암송된다.
옴 가떼 가떼 빠라가떼 빠라삼가떼 보디 스와하
(OṂ GATE GATE PĀRAGATE PĀRASAṂGATE BODHI SVĀHĀ.)

옴(OṂ)은 아무것도 의미하지 않습니다. 옴은 모든 것을 의미합니다. 옴은 옴을 의미합니다. 옴은 만뜨라의 첫 음절인 경우가 많고 힌두교와 불교에는 옴의 의미에 대한 수많은 설명이 있습니다. 간단히 말하자면, 불교에서의 옴은 모든 부처의 가피를 상징하고 전하며, 이 만뜨라의 상서로운 시작을 나타냅니다. 이 가피는 모든 무명을 없애고 위대한 지혜, 즉 릭빠(*rigpa*)의 결실을 가져옵니다. 옴은 세 개의 산스끄리뜨 문자 A, U, M으로 이루어져 있기 때문에 깨달은 몸과 말, 마음의 세 가지 금강이라고도 이해할 수 있습니다.

다음 두 음절인 가떼 가떼(GATE GATE)는 문자 그대로 "사라졌네, 사라졌네"를 의미합니다. 공성을 깨닫는 반야의 바람과 함께 모든 기준점이 사라집니다. 한 주석에서는 이 두 음절이 만뜨라이기 때문에 두 가지 의미의 관정(*abhiṣeka*)을 상징한다고 설명합니다. 관정의 한 가지 의미는 "없애다"이고 또 다른 의미는 "붓다" 또는 "뿌리다"입니다. 이것은 만뜨라를 통해 걸림돌과 장애와 방해, 미혹을 없애고 그 대신 우리 존재에 지혜를 가득 부어 준다는 의미입니다. 특히 꽃병 관정은 장애를 없애는 것으로 알려져 있습니다. 꽃병 속의 물을 마시면 소위 지혜가 우리 안에 가득 부어지는 것입니다.

빠라가떼(PĀRAGATE)는 "저 너머로 갔네", "피안으로 갔네", "저 편으로 갔네"라는 뜻입니다. "저 너머"는 뛰어넘을 수 없는 것, 즉 반야바라밀다, 공성 또는 깨달음을 의미합니다. 그곳으로 가거나 이미 갔다는 것은 반야바라밀다경의 근본적인 의미에 익숙해진다는 뜻입니다. 명상의 평정 상태에서 이러한 익숙해짐은 아무런 기준점 없이 마음의 광대한 개방성에 머무른다는 점에서 마치 공간과도 같습니다. 보살들은 명상 세션 사이에 보리심이나 육바라밀 등 다양한 반야의 중심 대상을 수행하는데, 이는 환상 삼매를 수행한다는 뜻입니다. 이렇게 보살들은 윤회를 넘어, 자아의 마음을 넘어, 이원성을 넘어 나아갑니다.

하지만 그것만으로는 충분하지 않습니다. 왜냐하면 빠라삼가떼(PĀRASAṂGATE)는 "완전히 넘어가다"를 의미하기 때문입니다. 우리는 심지어 "넘어가는 것"을 넘어갑니다. 이것은, 단순히 윤회를 넘어갔다는 사실은 성문이나 연각에게도 존재하지만, 그들이 도달한 경지는 보살들에게는 충분하지 않다는 의미입니다. 왜냐하면 성문이나 연각은 다른 사람들에게 더 도움이 되는 것이 아니라 개인적인 작은 열반에 갇혀 버리기 때문입니다. 보살은 그것까지도 넘어서 무주처 열반에 들어갑니다. 그러므로 보살은 윤회와 열반에 대해 모든 기준점과 집착을 초월합니다.

보디(BODHI)는 "완전한 깨달음", "밝게 빛나는 혹은 깨달은 마음", 또는 "지혜"를 의미합니다. 여기서는 네 가지 깨달은 활동—평화, 풍요, 매혹, 진노—을 포함한 최종적인 불성 상태를 나타냅니다. 스와하(SVĀHĀ)는 문자 그대로 "그렇게 되기를!"이라는 의미를 가지고 있습니다. "아멘"과 같은 의미입니다. 기독교의 "아멘" 대신 불교에서는 "스와하"라고 할 수 있습니다. 그러므로 보디 스와하(BODHI SVĀHĀ)는 "깨달음이 있기를!" 또는 "깨달음이 이루어지기를!"이라는 의미입니다. 이는 마음이 "넘어가는 것"을 넘어가 비차원의 "돌아오지 않는 장소"에 도달했을 때 도달하는 곳입니다. 불성에서는 삼사라, 이원적인 마음, 또는 심지어 보살의 길로도 돌아가지 않습니다. 하지만 그것은 우리가 오랫동안 떠나왔던 근본적인 본성으로의 마지막 회귀입니다. 그런 점에서 이국땅에서 길고 지루한 여행을 마치고 집으로 돌아오는 것과 같습니다.

어떤 사람들은 반야바라밀다 만뜨라가 견해, 수행, 행위, 결실이라는 반야부 경전의 네 가지 주요 측면을 요약한다고도 말합니다. 그것은 환상과 같은 존재와 해탈의 세 가지 문(공성, 무상, 무원)으로 구성되어 있습니다. 이런 의미에서 가떼 가떼(GATE GATE)는 모든 마음챙김이 환상처럼 되어 가는 것을 의미합니다. 그 길에서 우리는 마음챙김(첫 번째 GATE)으로 시작하고 그런 다음 마음챙김을 내려놓습니다(두 번째 GATE). 마음챙김을 잃는 것은 아닙니다. 왜냐하면 의도적으로 마음챙김을 기르려 할 때의 많은 노력, 개념, 이원성이 사라짐으로써 마음챙김이 훨씬 더 강력해지기 때문입니다. 마음챙김이 환상과 같아지면 그것은 더 가볍고 자연스러워지는데, 여기서 말하고자 하는 것이 바로 이것입니다. 이것을 "마음 없는 마음챙김"이라고 부를 수 있습니다." 빠라가떼(PĀRASAṂGATE)는 환상 같은 마음챙김까지도 넘어섰다는 것이고, 이는 공성까지도 넘어섰다는 것을 의미합니다. 빠라삼가떼(PĀRASAṂGATE)는 환상 같은 마음챙김과 공성을 모두 넘어선 것을 말합니다. 그것은 공을 포함한 모든 특징이 사라진 완전한 무상無想의 상태를 뜻합니다. 마지막으로 보디 스와하는 모든 번뇌장과 소지장을 정화하여 무원에 이르렀거나 아예 마음을 완전히 초월한 상태(티베트어 *lodé; blo 'das*)를 의미합니다. 후자의 표현은 마하무드라나 족첸에서도 자주 사용됩니다. 샨띠데바(Śāntideva)는 『입보리행론(入菩提行論, *Bodhicaryāvatāra*)』의 9장에서 같은 말을 했습니다.

> 궁극은 인식의 영역이 아니네.*

"마음" 또는 "인식"은 이원론적 마음을 의미하므로, 우리는 말 그대로 마음에서 벗어납니다. 곧 이원론적 마음에서 벗어나는 것입

* IX.2c.

니다. 우리는 이원론적 마음의 영역에서 벗어나 실제로 마음이 무엇인지로 들어가는 것입니다. 이것은 그 순간에 정신을 잃거나 죽거나 무로 사라지는 것을 의미하는 것이 아닙니다. 하지만 일상적인 경험의 영역에서 완전히 벗어난다는 것을 의미합니다. 이것은 우리가 알고 있는 세상의 종말입니다.

반야바라밀다 만뜨라는 다섯 가지 길을 반영한다고도 합니다.

가떼 가떼는 쌓고 준비하는 길(자량도資糧道와 가행도加行道)을 의미합니다.

빠라가떼는 보는 길(見道)을 나타냅니다.

빠라삼가떼는 명상의 길(또는 익숙해짐의 길, 수도修道)을 상징합니다.

보디 스와하는 더 이상의 학습이 없는 길(무학도無學道을 의미합니다.

아띠샤(Atiśa)는 여기서 흥미로운 주석을 합니다. 그는 만뜨라 이전에 경전에서 언급되는 모든 내용은 더 무딘 근기를 가진 사람들을 위한 것이라고 설명합니다. 그들에게는 만뜨라에 응축된 경전의 간략한 내용이 여전히 드러나지 않는다고 말합니다. 다시 말하자면 만뜨라를 통해 『반야심경』의 의미를 이해하지 못하면 경전 전체를 읽어야 하지만, 예리한 근기를 가진 사람에게는 만뜨라만으로도 충분하다는 것입니다. 이러한 이유로 만뜨라가 경전의 끝에 위치하고 있는 것으로 보입니다.

관자재보살은 가르침을 끝마칠 때 만뜨라를 읊는데, 이것은 가르치는 방식 전체에 급진적인 전환을 의미합니다. 『반야심경』의

해체적인 접근 방식에도 불구하고, "삼세에 머무시는 모든 부처님들은 반야바라밀다에 의지하여 무상정등각에 완전히 이르신다."는 부분까지의 모든 것—네 가지 공성, 여덟 가지 심오함, 온도 없고, 계도 없고, 처도 없고, 연기도 없고, 사성제도 없고, 지혜도 없고, 얻음도 없고, 얻지 않음도 없음—은 여전히 분석적이고 개념적이며 이원론적입니다. 그러므로 그것은 이성적인 마음에 바탕을 두고 있습니다. 그 지점까지 경전은 여전히 관조적이며, 최소한 약간의 기본적인 내용을 포함하고 있습니다. 하지만 만뜨라는 전체에 대한 우리의 접근 방식에서 질적 도약을 의미합니다. 만뜨라는 경전이 지금까지 이야기해 온 것을 직접 경험하는 비이성적이고 비개념적인 공간으로 도약하게 하는 지점입니다. 관자재보살은 지금까지 말한 것을 통해 우리가 절벽의 끝을 향해 점점 더 나아가도록 밀어붙였습니다. 만뜨라는 절벽에서 우리를 마지막으로 밀어냅니다. 말이나 지적 이해라는 측면에서 이제는 더 이상 말하거나 생각할 것이 없기 때문입니다. 만뜨라는 어떤 개념도 없이, 그 어떤 것도 붙잡지 않고 공성의 경험으로 뛰어들도록 격려합니다. 틱낫한(Thich Nhat Hanh) 스님은 『반야심경』에 대한 해설에서 이렇게 말합니다.

> 만뜨라를 들을 때는 관자재보살에게서 뿜어져 나오는 힘을 받을 수 있도록 주의와 집중의 상태에 있어야 합니다. 노래를 부르듯이 또는 지성만으로 『반야심경』을 암송해서는 안 됩니다. 공성에 대한 명상을 수행하면서 온 가슴과 몸과 마음으로 연기의 본성을 꿰뚫으면 매우 집중된 상태를 체득하게 될 것입니다.

그때 온 존재를 기울여 만뜨라를 외우면 만뜨라에 힘이 생기고 진정한 소통을, 관자재보살과의 진정한 소통을 할 수 있을 것입니다. 그리고 깨달음의 방향으로 자신을 변화시킬 수 있을 것입니다. 그러므로 이 텍스트는 단순히 독송하거나 예경하기 위해 불단 위에 올려놓으려는 것이 아닙니다. 그것은 우리의 해탈, 모든 존재의 해탈을 위한 도구로 주어진 것입니다.*

경전을 관조의 지침서로 사용하여 읽어 나가면, 만뜨라를 말하는 지점에 도달했을 때 우리의 상태는 단순히 만뜨라만 외우는 것과는 상당히 다릅니다. 그것은 우리의 마음이 경전의 말과 그 의미에 대한 정신적 집중으로 인해 매우 다른 상태에 있기 때문입니다. 여기서 우리는 적어도 어느 정도는 마음이 개념적인 옷을 벗은 삼매 상황에 있습니다. 그런 마음 상태에서 만뜨라를 말하면 그것은 훨씬 더 큰 힘을 갖게 됩니다. 실제로 절벽에서 뛰어내릴 가능성이 더 높아진다는 뜻입니다. 그러면 절벽의 메모들을 다 읽을 수 있고, 그저 천천히 떨어지면서 경치를 즐기기만 하면 될 것입니다.

어떤 의미에서 만뜨라는 정말 멋진 농담의 강력한 한 방과도 같습니다. 만약 그 한 방에 이르는 과정 없이 무작정 그 한 방만 던진다면 그 농담은 아무런 의미가 없고 효과도 없을 것입니다. 누구도 웃기는커녕 그 농담을 이해하지도 못할 것입니다. 어떤 의미에서 만뜨라는 『반야심경』의 우주적 농담에 대한 마지막 웃음입니다. 우

* 틱낫한 1988, pp.50－51.

리가 재미있는 농담을 듣고 정말 크게 웃을 때, 우리는 더 이상 그 농담의 한 방에 이르게 한 말이나 심지어는 그 한 방 자체에 대해 더 이상 생각하지 않습니다. 대신 개념을 초월한 즐거움의 공간에 들어가 모든 긴장을 풀고 그 순간을 만끽합니다. 마찬가지로 만뜨라는 윤회와 열반이라는 영원한 농담을 마침내 이해한 것과 같습니다.

## 부처님의 찬사

마지막으로 관자재보살의 가르침의 결론에 도달합니다.

> 샤리뿌뜨라여, 이와 같이 보살마하살은 깊은 반야바라밀다를 수행해야 하느니라.

몇몇 주석가들은 샤리뿌뜨라에 대한 관자재보살의 전체 답변은 다섯 가지 길을 나타내는 부분으로 나눌 수 있다고 말합니다. 까말라쉴라(Kamalaśīla)에 따르면, 여전히 분석적이고 추론적인 지식에 의존하는 자량도와 가행도는 다음 구절로 표현됩니다. "고귀한 관자재보살이 … 마찬가지로 수, 상, 행, 식도 공이다." 견도는 "이와 같이, 샤리뿌뜨라여, 모든 현상은 공이며, … 줄어듦도 없고 늘어남도 없다"라는 여덟 가지 심오함으로 이루어집니다. 수도는 "그러므로 샤리뿌뜨라여, 공성에는 색도 없고 … 그들의 마음에는 장애가 없으므로 두려움이 없다."입니다. 무학도는 다음 구절로 이루어집니다. "무명을 다 여의고 완전한 열반에 이른다."(法身) 그리고 "삼세에 머무시는 모든 부처님들은 반야바라밀다에 의지하여 무상정등정각을 이루신다."(이는 화신化身과 보신報身이라는 두 가지 형태로 드러납니다.)

빠드마 까르뽀(Padma Karpo)는 이렇게 설명합니다. "고귀한 관자재보살이 … 마찬가지로 수, 상, 행, 식도 공이다."라는 구절은 견해를 나타내는데, 그것은 가야 할 곳의 방향을 바라보는 것과 같습니다. "이와 같이 샤리뿌뜨라여, 모든 현상은 공이며 … 얻음도 없고, 얻지 않음도 없다"는 명상을 가리킵니다. 그것은 목적지를 향해 걸어가는 것과 같습니다. 특히 "그러므로 샤리뿌뜨라여, 보살들은 얻음이 없으므로 반야바라밀다에 의지하여 머물러 있다. 그들의 마음에는 장애가 없으므로 두려움이 없다"는 금강 삼매를 궁극적인 명상으로 나타냅니다. "무명을 다 여의고 … 반야바라밀다에 의지하여 무상정등정각을 이루신다."는 결실을 의미하며 목적지에 도착한 것과 같습니다. "그러므로 반야바라밀다의 위대한 만뜨라 … 옴 가떼 가떼 빠라가떼 빠라삼가떼 보디 스와하"는 행위를 나타내며 이는 보살의 비밀스러운 길입니다.

처음에 샤리뿌뜨라가 선남자 선여인이 깊은 반야바라밀다 수행을 어떻게 해야 하는지를 묻자, 관자재보살은 보살들이 부처가 되기 위한 길을 어떻게 가는지 설명했습니다. 이제 부처님은 이것이 진정으로 가야 할 길임을 확인시켜 주었습니다.

그때 삼매에서 일어나신 세존께서 고귀한 보살마하살 관자재보살에게 말씀하였다. "훌륭하구나, 참으로 훌륭하구나. 선남자여, 그러하니라. 선남자여, 그러하니라."

경전의 시작에서 부처님은 "심오한 것에 대한 지각이라는 삼매"에 들어갔고, 이제 마침내 그 일에서 벗어나십니다. 관자재보살은 부처님의 마음을 완벽하게 전하는 역할을 했고, 샤리뿌뜨라의 질문에 답하는 일을 맡아서 했습니다. 그럼으로써 소위 부처님이 다시 평상시로 돌아갈 수 있게 됩니다. 하지만 부처님은 관자재보살의 말에 명시적인 승인도 주십니다. 부처님은 관자재보살의 말이 부처님이 직접 한 말만큼이나 훌륭하다고 하십니다. 게다가 관자재보살은 부처님으로부터 한 번이 아니라 두 번이나 완전한 승인을 받았습니다. 일부 주석에 따르면, 첫 번째로 "참으로 훌륭하구나, 선남자여. 그러하니라."라고 말한 것은 부처님께서 관자재보살이 제시한 길을 승인하신 것을 의미합니다. 그것은 반야바라밀다의 원인의 측면입니다. 두 번째로 "참으로 훌륭하구나, 선남자여. 그러하니라."라고 말한 것은 반야바라밀다의 결실의 측면, 그러니까 붓다가 되는 것을 승인하는 것을 의미합니다. 경전에서 "샤리뿌뜨라여, 어떤 선남자 선여인은 … 이와 같이 보아야 한다.…"부터 "… 그들은 두려움이 없다."까지는 길을 나타냅니다. 그리고, "삼세에 머무시는 모든 부처님들은 반야바라밀다에 의지하여 무상정등각에 완전히 이르신다."는 결실을 가리킵니다. 부처님이 "그러하니라."라고 말씀하실 때, 이것은 심오한 실상을 깨달은 후에 마음이 완전히 자유로워지는 것을 의미합니다. 이것은 마음의 자연스러운

“진여”를 의미하며, 이는 결코 다르거나 어떤 것에 의해 오염되지 않은 상태입니다.

부처님은 다음과 같이 결론을 지으십니다.

그대의 가르침대로 깊은 반야바라밀다를 수행해야 하느니라. 그러면 여래들이 크게 기뻐하실 것이다.

이것은 부처님의 마지막 보증입니다. 관자재보살이 설한 대로 반야바라밀다를 수행하면 부처가 되지 않을 수가 없습니다. 뿐만 아니라 모든 부처님을 기쁘게 만드는 보너스도 얻게 됩니다. 하지만 물론 보살도를 수행하는 핵심은 모든 중생을 행복하게 하는 것이지 부처님을 행복하게 하는 것은 아닙니다(부처이기 때문에 그들은 이미 행복합니다). 보살이 모든 존재를 행복하게 하기 때문에 부처님들이 보살의 행을 찬탄하고 기뻐하는 것입니다. 그리고 중생을 이롭게 하는 보살의 이러한 활동은 동시에 부처님을 행복하게 하는 가장 좋은 방법이기도 합니다.

## 에필로그

경전의 나머지 부분은 에필로그(또는 결론)로 이루어져 있는데, 이는 모든 반야부 경전에 공통적으로 있는 부분입니다.

세존께서 이 말씀을 하셨을 때, 샤리뿌뜨라 존자와 고귀한 보살

마하살 관자재보살, 그들을 둘러싼 모든 이들, 그리고 천신과 인간, 아수라와 간다르바의 세상이 세존의 말씀을 크게 기뻐하고 찬탄했다.

비록 부처님께서 많은 말씀을 하지는 않았지만, 경전 전체에는 부처님의 말씀의 힘이 담겨 있습니다. 경전의 서두에서는 청중으로 오직 인간—출가자와 보살들—만 언급하고 있지만, 그 외에도 분명히 많은 존재들이 있었습니다. 이를테면 온갖 종류의 신들입니다. 아수라는 윤회의 여섯 가지 세계에서 항상 신들과 싸우는 반신半神입니다. 그들은 가장 맛있는 열매를 맺는 거대한 기적의 나무를 둘러싸고 신들과 싸우는 존재입니다. 이 나무의 뿌리는 아수라 세계에 있지만 열매가 달린 가지는 신들의 세계에서 자라납니다. 우리 모두가 알고 있듯, 우리 정원의 나뭇가지가 이웃의 정원으로 뻗어나갈 때 발생하는 분쟁처럼 말입니다. 건달바는 신들을 위해 연주하는 천상의 음악가들로, 오직 냄새로만 살아갑니다. 틀림없이 그들은 "구름 9번"에서 계속해서 연주하는 죽은 록 음악가들일 것입니다. 이 모든 존재들이 "세존의 말씀을 기뻐하고 찬탄했다."는 것은 단순히 경전의 마지막 부분에서 부처님이 실제로 하신 말씀을 찬탄하고 기뻐했다는 의미뿐만 아니라, 부처님께서 삼매에 들어 있을 때 관자재보살이 부처님의 축복의 힘으로 하신 모든 말씀을 의미하기도 합니다.

# 반야바라밀다와 『반야심경』에 대한 명상

반야바라밀다 수행과 관련하여 티베트 대장경(*뗀귤, Tengyur*)에는 다리카(Dārika)라는 성취자가 쓴 짧은 사다나(sādhana)가 있습니다. 그것은 『반야심경』의 내적 재현을 의미합니다. 축약하면 다음과 같습니다.

마음속 연꽃과 태양 원반 위에 있는 맘(MAṂ) 음절에서 빛이 뿜어져 나와 모든 부처님과 보살을 우리 앞의 공간으로 초대한다고 상상하는 것으로 명상을 시작합니다. 그들의 현존 가운데서 우리는 삼보에 귀의하고 보리심을 일으킵니다. 그리고 사랑, 자비, 기쁨, 평정심이라는 한량없는 네 가지 마음을 일굽니다. 그런 다음 공성의 만뜨라인 "옴 스바바바 수다 사르바 다르마 스바바바 수도 함(OṂ SVABHĀVA ŚUDDHA SARVA DHARMA SVABHĀVA ŚUDDHO HAṂ)을 외웁니다. 문자 그대로 이것은 "옴(OṂ), 모든 현상은 본래 순수하며, 나 또한 본래 순수하다"라는 뜻입니다. 그것은 내부와 외부의 모든 것이 본질적으로 공하다는 것을 의미합니다. 흔히 사다나는 이 만뜨라 뒤에 모든 것이 공이 된다고 말하는데, 이는 대개 이전에는 공하지 않았다가 이제 공하게 되거나 공한 것으로 만들어진다고 잘못 이해되는 경우가 많습니다. 이 사다나는 모든 것이 근본적으로 공성이라는 것을 명상하라고 명시적으로 알려주는 몇 안 되는 수행법 가운데 하나입니다. 이 만뜨라는 모든 것이 무로 녹아 없어진다고 상상하거나 눈을 감고 아무것도 없는 것처럼 가장하라는 의미가 아닙니다. 그것은 모든 것이 본질적으로 항상 공했고 앞으로도 공할 것이라는 사실을 마음에 새기라는 뜻입니다. 그러므로 중요한 것은 만뜨라가 아니라 모든 현상의 자연스러운 공성에 대해 명상하는 것입니다.

이 자연스러운 공성의 상태에서 네 가지 요소(四大), 수미산, 그 위에 아름다운 궁전과 8마리의 사자가 받치고 있는 좌대와 연꽃, 태양 원반을 시각화하는 데 익숙한 사람들은 그렇게 시각화를 구축해 나갈 수 있습니다. 만약 그것에 익숙하지 않은 사람들은 우주에 사자의 좌대가 있고 그 위에 활짝 핀 연꽃이 있고 연꽃 안에 태양 원반이 놓여 있다고 상상할 수 있습니다. 태양 원반 위에는 우리 자신을 반야바라밀다로 시각화합니다. 우리는 평범한 몸과 마음을 잊고, 네 개의 팔과 응신의 모든 장식을 갖춘 노란색의 반야바라밀다로 자신을 대체합니다. 이 사다나에서 시각화할 때 그녀는 오른손에 검이 아니라 금강저를 들고 있습니다. 위에 있는 왼손은 경전을 들고 있습니다. 아래 두 손은 보통 명상 자세를 취하지만, 이 수행에서는 아래에 있는 오른손이 보호의 자세(손목을 오른쪽 무릎에 얹고 손바닥이 위쪽과 바깥쪽을 향함)를 취하고 있습니다. 아래에 있는 왼손은 법을 설하는 수인을 취하고 있습니다. 이때 엄지와 검지는 서로 맞닿아 있고 나머지 세 손가락은 위로 뻗어 있지만 약간 구부러져 있습니다. 이 수인은 지혜(엄지)와 자비(검지)가 결합되어 있고, 그로부터 모든 존재(나머지 세 손가락으로 상징됨)를 위한 가르침이 흘러나오는 것을 상징합니다. 반야바라밀다의 중심에는 노란색 음절인 맘(MAṂ)이 똑바로 세워진 연꽃이 있습니다.

가운데의 반야바라밀다가 다른 네 명의 인물에 둘러싸여 있는 형태로, 전체 시각화는 마치 하나의 만달라처럼 배열됩니다. 반야바라밀다 앞에는 달 원반 위 사자좌에 앉아 있는 석가모니 부처님이 있습니다. 뒤쪽에는 연꽃과 달 원반 위에 관자재보살이 가부좌 자세로 앉아 있습니다. 오른쪽에는 샤리뿌뜨라가 합장을 한 채 무릎을 꿇고 있습니다. 왼쪽에는 아난다 존자가 연꽃 위에 앉아 있습니다. 아난다는 『반야심경』에 등장하지는 않지만 암묵적으로 존재하므로 여기서 이 만달라에 포함됩니다. 위에서 언급했듯이, 아난다는 부처님께서 반야부 경전의 보존과 전승을 맡긴 인물입니다. 이는 경전의 서두에서 아난다가 "이렇게 나는 들었습니다."라고 한 말에서 알 수 있습니다. 이 다섯 인물은 말하자면 경전의 출연진, 즉 중심 배우들입니다. 물론 주연 여배우는 중앙에 있는 반야바라밀다이며, 그녀는 모든 주제와 서사를 아우릅니다. 그 시각화가 완성되면, 우리는 반야바라밀다의 심장에 있는 맘(MAṂ) 음절에서 모든 부처와 보살(즈냐사트바 또는 지혜의 존재)에게로 빛이 퍼져나가 그들에게 공양하고, 그들이 만달라의 다섯 형상 속으로 녹아드는 것을 상상합니다. 이 다섯 인물은 모든 부처님들로부터 관정을 받으며, 비로자나불, 아촉불, 보생불, 아미타불, 불공성취불(또는 이들에 상응하는 음절 옴, 훔, 뜨람, 흐리흐, 아흐〔OṂ, HŪṂ, TRAṂ, HRĪḤ, ĀḤ〕)이 각각 반야바라밀다, 부처님, 샤리뿌뜨라, 관자재보살, 아난다의 머리 위에 있습니다. 또한 다섯 인물 모두 이마에 있는 흰색 음절 옴(OṂ), 목에 있는 빨간색 음절 아흐(ĀḤ), 가슴에 있는 파란색 음절 훔(HŪṂ)을 통해 축복을 받습니다.

일반적으로 우리의 시각화는 거울에 비친 모습이나 무지개처럼 맑고 명료하고 생생하지만 전혀 실질적이지 않다고 합니다. 이 만달라에 집중하고 그것을 선명하게 떠올린 다음, 부처님이 반야바라밀다로서 우리 심장에 있는 연꽃 위로 가서 삼매에 들어가는 모습을 시각화합니다. 부처님이 반야바라밀다의 심장에 들어가면, 그는 반야바라밀다와 하나가 됩니다. 그 삼매는 반야바라밀다 안에서 쉬는 것을 의미하기 때문입니다. 이것은 관자재보살이 샤리뿌뜨라의 질문에 답하도록 힘을 불어넣고, 아난다는 그의 연꽃 위에 앉아 있습니다. 이제 네 인물은 모두 반야바라밀다로서 우리 심장의 중심에 있습니다.

우리가 마음을 어떻게 다루어야 하는지, 즉 이 시각화 동안 어떻게 삼매에 머물러야 하는지에 대해 사다나는 다음과 같이 설명합니다.

> 이와 같이 온갖 마음의 작용들은
> 모든 현상이 본래 평화로운 상태에서 비롯되어
> 어머니로 상징되는 근원적 실재에 구현되네.

특징이 있는 삼매 안에서
문자 맘(MAṂ)을 명확히, 아무런 개념 없이 관찰하라.

모든 현상은 근본적으로 평화롭거늘
조건의 힘에 의해 잘못 나타날 뿐이라네.
실상을 깨달으면 그것들은 평화롭네.
평화로울 때, 그것들은 환상처럼 나타나네.

그것들을 네 가지 극단으로 개념화하지 않는 상태에서 벗어나지 말라.
동요나 무기력에 머무르지 않는
있는 그대로의 마음은 밝게 빛나며
그 어떤 것도 명상하지 않는다네.
이것이 무상無相 요가의 완성이라네.

그러므로 우리는 여기서 두 가지 유형의 삼매를 활용합니다. 첫 번째는 반야바라밀다의 중심부에 있는 명료하지만 비실체적인 음절인 '맘(MAṂ)'에 집중하는 것입니다. 여기서 부처님은 삼매에 들어 있고 관자재보살은 가르치고 있습니다. 이것은 특징이 있는 삼매, 곧 시각화된 삼매입니다. 여기서 중요한 것은 시각화가 공성과 형상(또는 명료함)의 결합이라는 느낌을 갖는 것입니다. 다음으로 우리는 특징 없는 삼매로 전환하는데, 이는 모든 현상은 환상이며, 나타나지만 실제 존재는 공함을 명상하는 것을 의미합니다.

그러므로 그것들은 존재하는 것도 아니고, 존재하지 않는 것도 아니며, 존재하는 것이기도 하고 존재하지 않는 것이기도 하며, 존재하는 것도 존재하지 않는 것도 다 아닙니다. 우리는 그 어떤 기준점도 찾지 않고, 어떤 것에 대해서도 명상하지 않고 그저 마음의 밝고 광활하게 열린 공간에서 도거와 혼침 없이 쉬고 있을 뿐입니다. 다시 말하자면, 아무것도 시각화하거나 붙잡지 않은 채 그저 내려놓고 마음이 있는 그대로의 본성에 편안히 깃들도록 내버려 두는 것입니다. 한 번 명상하는 동안 이 두 가지 삼매를 여러 번 번갈아 가며 할 수도 있습니다.

마지막으로 이 사다나에서는 피곤할 때 『반야심경』의 요체인 "옴 가떼 가떼 빠라가떼 빠라삼가떼 보디 스와하(OṂ GATE GATE PĀRAGATE PĀRASAṂGATE BODHI SVĀHĀ)" 만뜨라를 외우라고 합니다. 이는 깊은 반야바라밀다 경전을 요약한 것입니다. 티베트 불교의 일반적인 관행과 달리 인도의 사다나에서는 시각화와 명상 시간 전체에 걸쳐 만뜨라 암송을 하는 것이 아니고 세션 끝에 휴식 수단으로만 사용한다는 점에 유의해야 합니다. 만뜨라를 암송하면서(마음속으로 고요히 또는 조용한 목소리로) 마음속에 심상을 떠올리는 동안, 만뜨라의 음절들이 반야바라밀다로서 우리 심장 중심에 있는 맘(MAṂ)을 둘러싸고 있는 것을 시각화합니다. 만뜨라의 음절에서 빛이 모든 지혜 존재(모든 부처님과 보살들)에게 퍼져 나가 그들에게 공양을 올리고, 그들의 축복과 함께 되돌아온다고 상상합니다. 이어서 빛이 모든 중생을 향해 퍼져 나가 그들의 마음을 정화하고, 그들을 반야바라밀다의 상태에 머물게 합니다.

마지막으로 열여덟 가지 공성을 암송하며 심상을 바깥쪽에서 안쪽으로 녹입니다. 그리고 마지막에 '맘(MAṂ)'이라는 음절이 밑에서 위로 녹아내리면서 심상을 해체합니다.

# 반야바라밀다심경

이와 같이 나는 들었다. 한때 세존께서는 왕사성 영축산에 구족계를 받은 많은 비구 대중, 많은 보살 대중과 함께 머물고 계셨다. 그때 세존은 현상의 다양한 모습을 살펴보는 "심오한 것에 대한 지각"이라는 삼매에 드셨다. 그와 동시에 고귀한 보살마하살 관자재보살은 깊은 반야바라밀다를 수행하면서 다음을 보았다. 그는 오온의 본성이 공이라는 것을 보았다.

그때 샤리뿌뜨라 존자는 부처님의 힘으로 고귀한 관자재보살 마하살에게 이렇게 말씀하셨다. "어떤 선남자 선여인이 깊은 반야바라밀다를 수행하고자 한다면 어떻게 닦아야 합니까?"

고귀한 보살마하살 관자재보살이 샤리뿌뜨라 존자에게 말하기를, "샤리뿌뜨라여, 깊은 반야바라밀다를 수행하고자 하는 선남자 선여인은 이와 같이 보아야 한다. 그들은 오온의 본성이 공임을 보아야 한다. 색은 공이고, 공 또한 색이다. 공은 다름 아닌 색이고, 색은 다름 아닌 공이다. 마찬가지로 수, 상, 행, 식도 공이다. 이와 같이, 샤리뿌뜨라여, 모든 법은 공이며, 특징이 없고, 생겨남도 없고, 사라짐도 없고, 더러움도 없고, 더러움이 없음도 없고, 줄어듦도 없고, 늘어남도 없다. 그러므로 샤리뿌뜨라여, 공에는 색도 없고, 수도 없고, 상도 없고, 행도 없고, 식도 없다. 눈도 없고, 귀도 없고, 코도 없고, 혀도 없고, 몸도 없고, 마음도 없다. 형상도 없고, 소리도 없고, 냄새도 없고, 맛도 없고, 만질 수 있는 대상도 없고, 법도 없다. 눈의 계界도 없고, 마음의 계까지도 없고, 법의 계도 없고, 의식의 계도 없다. 무명도 없고, 무명의 다함도 없고, 늙고 죽음도 없고, 늙고 죽음의 다함도 없다. 고苦, 집集, 멸滅, 도道도 없고, 지혜도 없고, 얻음도 없고, 얻지 않음도 없다.

"샤리뿌뜨라여, 이와 같이 보살들은 얻음이 없으므로 반야바라밀다에 의지하여 머물러 있다. 그들의 마음에는 장애가 없으므로 두려움이 없다. 그들은 무명을 다 여의고 완전한 열반에 이른다. 삼세에 머무시는 모든 부처님들은 반야바라밀다에 의지하여 무상정등정각을 이루신다.

"그러므로 반야바라밀다의 위대한 만뜨라, 위대한 통찰의 만뜨라, 위없는 만뜨라, 비할 데 없는 것과 같은 만뜨라, 모든 고통을 평온하게 하는 만뜨라인 반야바라밀다의 만뜨라는 속임이 없으므로 참된 것으로 알려져야 한다. 반야바라밀다의 만뜨라는 다음과 같이 암송된다.

옴 가떼 가떼 빠라가떼 빠라삼가떼 보디 스와하

(OṂ GATE GATE PĀRAGATE PĀRASAṂGATE BODHI SVĀHĀ)

"샤리뿌뜨라여, 이와 같이 보살마하살은 깊은 반야바라밀다를 수행해야 하느니라."

그때 삼매에서 일어나신 세존께서 고귀한 보살마하살 관자재보살에게 말씀하셨다. "훌륭하구나, 참으로 훌륭하구나, 선남자여. 그러하니라, 선남자여, 그러하니라. 그대의 가르침대로 깊은 반야바라밀다를 수행해야 하느니라. 그러면 여래들이 크게 기뻐하실 것이다."

세존께서 이 말씀을 하셨을 때, 샤리뿌뜨라 존자와 고귀한 보살마하살 관자재보살, 그들을 둘러싼 모든 이들, 그리고 천신과 인간, 아수라와 간다르바의 세상이 세존의 말씀을 크게 기뻐하고 찬탄했다.

*이 경전은 인도의 대학자 비말라미트라가 티베트어로 번역했고, 번역가이자 구족계를 받은 린첸 데 스님이 번역했습니다. 위대한 편집자이자 번역가인 겔로, 남카 등이 편집했습니다.

*여러 티베트어와 산스끄리뜨어 판본을 바탕으로 카를 브룬홀츨(Karl Brunnhölzl)이 영어로 번역했습니다.

# 참고 문헌


Bokar, Rinpoche, and Khenpo Donyo. 1994. *Profound Wisdom of the Heart Sutra and Other Teachings*. San Francisco: ClearPoint Press.

Conze, Edward, trans. 1973. *The Perfection of Wisdom in Eight Thousand Lines & Its Verse Summary*. BoLinas: Four Seasons.

______, trans. 1975. *The Large Sutra on Perfect Wisdom*. Berkeley: University of California Press.

______, trans. 2002. *Perfect Wisdom. The Short Prajñāpāramitā Texts*. (Reprint; orig. publ. 1973 by Luzac, London). Totnes (UK): Buddhist Publishing Group.

Dārika. *Prajñāpāramitāhṛdayasādhana*. Tibetan Tripiṭaka: D2641.

Hixon, Lex. 1993. *The Mother of the Buddhas*. Wheaton: Quest Books.

Lopez, Donald S., Jr. 1988. *The Heart Sūtra Explained*. Albany: State University of New York Press.

______. 1996. *Elaborations on Emptiness*. Princeton: Princeton University Press.

Red Pine. 2005. *The Heart Sutra: The Womb of Buddhas*. Berkeley: Counterpoint Press.

Sangharakshita. 1993. *Wisdom Beyond Words: The Buddhist Vision of Ultimate Reality*. Birmingham: Windhorse Publications.

Soeng, Mu. 2010. *The Heart of the Universe: Exploring the Heart Sutra*. Boston: Wisdom Publications.

Tenzin Gyatso, the Fourteenth Dalai Lama. 2005. *Essence of the Heart Sutra*. Boston: Wisdom Publications.

Thich Nhat Hanh. 1988. *The Heart of Understanding: Commentaries on the Prajñaparamita Heart Sutra*. Berkeley: Parallax Press.

지은이 카를 브룬횔츨(Karl Brunnhölzl)

독일 뮌헨에서 태어나 의학을 공부한 뒤, 불교 번역가이자 연구자로서의 길을 걸어왔다. 그는 불교 철학에 대한 5년간의 체계적 공부를 마친 후, 불교학의 기초와 티베트어를 익히고, 티베트학과 산스크리트어 등 관련 분야를 폭넓게 연구했다. 1989년부터는 유럽과 인도, 네팔에서 번역자·통역자·불교학 연구자로 활동해 왔으며, *The Center of the Sunlit Sky*, *A Lullaby to Awaken the Heart* 등을 비롯한 다수의 불교 저작을 집필하고 번역했다. 브룬횔츨의 관심 분야는 마하무드라, 족첸(Dzogchen), 유식학, 불성 사상, 도하(깨달음의 노래) 전통 등 티베트 불교의 핵심 사상과 수행 체계를 폭넓게 아우른다. 현재는 니타르타 연구소(Nitartha Institute)와 날란다보디(Nalandabodhi)에서 번역과 교육을 중심으로 활동하며, 티베트 불교의 교학과 수행 전통을 현대에 계승하고 발전시키는 데 힘을 기울이고 있다.

옮긴이 권선아

현대 사회의 고통에 구체적으로 응답하는 불교에 관심을 두고, 서양 심리학과 과학, 그리고 동·서양 불교의 소통과 대화에 주목해 왔다. 틱낫한 스님, 노먼 피셔, 툽텐 진파 등의 방한 행사를 기획하고 통역했으며, 동국대학교 불교학과에서 「현대 서양의 자비 명상 연구」로 박사학위를 받았다. 역서로는 『틱낫한 불교』, 『젊은 틱낫한의 일기』, 『마음은 사라지지 않는다』가 있으며, 공역서로 『일상에서의 호흡 명상』, 『그림자 효과』, 『자비과학 핸드북』 등이 있다. 스탠퍼드대학에서 개발한 자비 명상 프로그램 CCT(Compassion Cultivation Training)를 국내에 처음 도입해 소개했으며, 명상과학에 기반한 다양한 프로그램을 배우고 탁마해 왔다. 현재는 공감과자비연구소, MindSpace를 중심으로 연구와 실천을 아우르며 마음챙김과 자비 명상의 사회적 확산을 위해 힘쓰고 있으며, 티베트 불교 전통의 자비와 보리심 수행에 깊은 발원을 품고 있다.

대원불교 학술총서 41 반야심경 새롭게 읽기

초판 1쇄 인쇄 2026년 1월 8일 | 초판 1쇄 발행 2026년 1월 16일

지은이 카를 브룬횔츨 | 옮긴이 권선아

펴낸이 김시열 | 펴낸곳 도서출판 운주사

(02832) 서울시 성북구 동소문로 67-1 성심빌딩 3층

전화 (02) 926-8361 | 팩스 0505-115-8361

ISBN 978-89-5746-877-909-5 03220 값 18,000원

http://cafe.daum.net/unjubooks 〈다음카페: 도서출판 운주사〉